[美] J.L. 海耳布朗 著

刘兵 译

普朗克传
正直者的困境

云南人民出版社

John L. Heilbron
The Dilemmas of an Upright Man:
Max Planck and the Fortunes of German Science
California University Press, 1986
根据加州大学出版社 1986 年版译出

果麦文化 出品

目录

	译者序	001
	作者序	005
01	**建立世界图景**	009
	普朗克公式	014
	不情愿的原子论者	018
	热情的相对论信仰者	035
	热心的教师	039
02	**捍卫世界图景**	051
	反对马赫	052
	在科学院	064
	在战争中	072
	与命运抗争	082

03	**科学博士**	087
	关于肉体	089
	国际关系	098
	反对反相对论	109
	关于精神	116

04	**在灾难中**	141
	作为有经验的指挥者	147
	作为牧师	168
	作为救援者	179
	凭着他们的果子,就可以认出他们来	184

	译后记	189
	附录:重评纳粹时期的普朗克	193
	注释	221
	参考文献	286

译者序

《普朗克传：正直者的困境》，是由美国著名科学史家海耳布朗（J. L. Heilbron）于1986年出版的一部关于科学家普朗克的传记。此书，曾由我译成中文，并收在由我主编的"科学大师传记丛书"中，于1986年由东方出版中心出版。现在，二十多年过去，此版本在市场上早已买不到了，其间也曾有出版社有意再版此书，但终因版权等问题未能如愿。但此书确实可以说是一本科学史领域中科学家传记的经典名著，而经典名著则意味着其对于学习者和研究者均具有长期的、持续的、不可替代的价值。如今，果麦文化购得版权，重新出版中译本的新版，对于科学史领域的研究者和学习者，实为幸事。

在原来中译本的"译后记"中，我已经将有关翻译此书的一些背景做了简要的介绍。在此，仅借新版中译本出版之机，再补充一些信息，讲几点想法。

对科学本身和科学史稍有了解的读者，恐怕都不会对普朗克这个名字感到陌生。作为一位德国科学家，他最著名的科学贡献，可以说是在19世纪与20世纪之交的物理学革命中，基于其对黑体辐射的研究，最先提出了"量子"的概念。正如1918年在他获得诺贝尔奖的授奖仪式上，瑞典皇家科学院院长的致辞中所称，他的理论研究是具有划时代意义的研究工作，"普朗克辐射理论是现代物理学研究的最重要的指导原则，而且可以看出，普朗克的天才发现作为科学的财富将在以后很长时间内发挥其作用。"实际上，这个"很长时间"应该是一直延续到今日。在今天，无论是令人目不暇接的无数科学技术应用创造，还是对于我们认识这个世界的当代科学方式，如果没"量子"这个最为基础性的科学概念，自然也不会有后来的量子力学和与之相关的一系列发展，恐怕一切都无从谈起。当然，普朗克的科学贡献显然还有更多，他的研究工作还涉及热力学、电动力学和相对论等诸多领域。

更重要的是，普朗克又是当时德国科学界最重要的组织者和领导者，用此传记曾用过的副标题的形容，即是"德国科学发言人"。而且他又恰恰生活在德国的一个特殊的历史时期，经历了像第一次和第二次世界大战、希特勒的纳粹政权的统治，和纳粹对犹太人的迫害和对某些科学的批判等诸多在和平年代难遇之事。由于他的科学贡献和名望，也由于他在当时德国科学界的位置和身份，因而，在传记作者将其称为"正直者"的前提下，其"困境"也就显而易见了。

这部传记便正是将主题集中在其科学工作和特定的政治环境的困境下，对科学等相关事务的处理上，不过，对其人生、工作、哲学和宗教等方面的内容也有所涉及，但总体上看，这并不像是一本"标准"的人物传记，而更是一本语言优雅、议论与叙述结合得恰到好处、以专业科学史家的方式精到地利用历史文献写就的很有作者个人特色的传记。阅读这本传记，其风格也会让人不禁联想起科学史学科创始人萨顿当年曾写过的那些极具人文色彩的科学家传记。

与牛顿、爱因斯坦、居里夫人等这些更知名科学家有成千上万的传记被撰写和出版相比，普朗克这样一位对科学贡献之巨大和持续重要，又在特殊的社会政治环境下生活和工作，承担着科学组织领导者任务的科学家，有分量的相关的传记的出版可以说是少而又少了。但这也更为突显了海耳布朗所写的这本经典的研究传记的重要学术价值。在此传记出版之后，又曾有一位名叫布朗的美国科学家和科普作家撰写的普朗克传记问世，而且也出版了中译本（《普朗克传——身份危机与道德困境》，尹晓冬等译，新星出版社，2021）。但比较起来，两者可以说是各有千秋。布朗所写的普朗克传在形式上更符合"标准传记"的要求，内容上更为系统丰富，相对更好读，更有科普的特点，而海耳布朗所写的这本普朗克传，则因其作者作为著名专业科学史家的背景，学术含量和价值更高，对史料的运用更为严谨和精到，思想性更强，语言更典雅，人文色彩更浓厚。

后来，在海耳布朗出版更新版本的英文版和德文版的普朗克传中，除了补充了一些史料之外，对传记主体的原文只字未动，却新写了一个很有意思、很有价值的"跋"，其中对普朗克的评价也有了一些变化。2008年，中国科学院自然科学史研究所的方在庆教授曾将此"跋"译成中文，发表在《科学文化评论》上。承方在庆教授和《科学文化评论》杂志的慷慨允诺，在这次普朗克传记的新版中，我们将其作为附录收入书中，以期为读者提供参考。

在此序中仅提供一些以上的补充信息和想法。希望读者能够喜爱和欣赏这本经典的科学家传记，也希望能对译者的翻译有所指正。

刘兵
于北京清华园荷清苑
2022 年 7 月 20 日

作者序

在世纪之交的前后若干年中，马克斯·普朗克是德国理论物理学的泰斗和标准。他不屈不挠地与一个令人费解的技术性问题进行长期较量，结果在1900年以一场他既不希望其发生也不欢迎其到来的革命而告终。他开创了量子理论，这种理论与通常的物理学观念不一致，却构成了现代物理学的基础。

就在普朗克对科学的实质性问题做出了这一重要贡献之后不久，他又担负起了构造科学的体制和科学的哲学的责任。他在德国一些资助物理学研究的机构中担任关键性的职位，还广泛地发表演讲，讨论自然的本质和人们为了解这种本质而发明出来的理论。他的科学政策和他关于自然的哲学，他的物理学和他个人的生活，这一切最初是十分协调的，并且作为一个整体与他关于自我、国家和社会的看法相一致。但在第一次世界大战、魏玛共和国和第三帝国期间，甚至当他的权力在机构中膨胀之时，他在帝国中发展起来的世界图景的统一性却破碎了。在这之后他对其世界图景和政治主张的重新建立，构成了本书的大部分内容。

我们要特别注意普朗克的策略，因为他是一个极其正直的人，又被置于极其敏感的位置上。他从不轻易做出任何抉择。他为对付不断变化的政治局面而进行的斗争，以及为改变他在1900年以前已形成的科学和平民生活的形象以适应20世纪德国之现实而付出的努力，都具有英雄悲剧的成分。他的生平是一个可供借鉴的榜样。

普朗克的藏书以及他所有的个人论文都在1944年被同盟国的轰炸给毁掉了。因此，关于他的材料，必须要到他曾供职过的机构的档案馆和他残存的书信手稿里寻找，有关他公务的众多记录和私人生活的印记幸存在这些文件中。我曾极大地受益于德意志民主共和国（本书完成于德国统一之前——编注）的学者们，特别是极有价值的《德意志民主共和国科学院史研究》的作者们的劳动。因为伯克利的加利福尼亚大学科学技术史办公室编排了20世纪物理学史资料目录[1]，以及欧洲和美国的那些图书馆工作人员慷慨地满足了我对资料复制本的索求，从而使搜集普朗克的书信变得容易了。因得到这些文件，我尤其要感谢的人是：戴维·卡西迪（David Cassidy，波士顿大学爱因斯坦文献部）、阿明·赫尔曼（Armin Hermann，斯图加特大学）、迪特里希·霍夫曼（Dietrich Hoffmann，德意志民主共和国科学院）、奥托·迈尔（Otto Mayr，慕尼黑的德国博物馆）、鲁道夫·海因里希（Rudolf Heinrich，慕尼黑的德国博物馆）、罗宾·赖德（Robin Rider，伯克利的班克罗夫特图书馆），以及西尔瓦·桑多（Silva Sandow，马克斯·普朗克学会）。艾伦·拜尔钦（Alan Byerchen）、杰拉尔德·费尔德曼（Gerald Feldman）、芭芭拉·里夫斯（Barbara Reeves）和斯潘塞·沃特（Spencer Weart）以批评的眼光对本书原稿的阅读，使作者受益匪浅。

我愿感谢以下的机构和个人，因为他们允许我引用他们所收藏的书信。这些机构和个人是：在费城的美国哲学学会；在伯克利的加州大学量子物理学史档案和班克罗夫特图书馆；在哥本哈根的尼耳斯·玻尔文献馆和尼耳斯·玻尔研究所，以及奥格·玻尔（Aage Bohr）教授；在科布伦次的联邦档案馆；在纽约州伊萨卡的康奈尔大学图书馆；在慕尼黑的德国博物馆；在耶路撒冷的希伯来大学爱因斯坦文献部和希伯来大学的美国同盟会；在哥廷根的哥廷根大学图书馆；在杜塞尔多夫的海因里希—海涅研究所；在斯德哥尔摩的诺贝尔档案馆；在马尔巴赫的席勒国家博物馆；马克斯·普朗克遗产管理委员会；在柏林的马克斯·普朗克学会；在莱顿的伯尔哈夫博物馆；在德累斯顿的萨克林地方图书馆；在奥斯陆的奥斯陆大学图书馆；在纽约州特洛伊的伦塞勒工学院；在纽约州北塔利城的洛克菲勒档案中心；在柏林的国家图书馆普鲁士文化遗产部；在伦敦的心灵研究协会；在斯德哥尔摩的斯德哥尔摩大学图书馆；在蒂宾根的蒂宾根大学图书馆；还有在波茨坦的中心国家图书馆。

本书是普朗克非专业著作目录未曾设想到的产物，而普朗克非专业著作目录是作为资料目录[2]的一个副产品发行的。Hirzel出版社是普朗克著作的主要出版者，这份著作目录促使该出版社的汉斯·罗塔（Hans Rotta）提议重印普朗克意义深远的文章。重印本中已计划好的导言，逐渐扩充成了目前这本书。我特别感谢罗塔先生对此计划的发起,以及在此计划扩大时他的宽容。本书的德文版既包括以下译文,也包括重印的普朗克最重要的论科学本质的文章。它还附有在这里以翻译的形式所引用的普朗克书信的原文。

海耳布朗

01

建立世界图景

普朗克公式 \ 不情愿的原子论者

热情的相对论信仰者 \ 热心的教师

马克斯·普朗克这位经典物理学家的典范，出身于一个牧师、学者和法学博士的家族。向上追溯三代，他的曾祖父戈特利布·雅各布·普朗克（1751—1833）是莱布尼茨的直系门徒的学生，曾在哥廷根大学任神学教授将近50年之久。作为信仰的核心，他关于理性和宽容的启蒙思想，在19世纪末以上帝而不是基督的概念再度得到体现，这种思想构成了他的曾孙的那种坚定、自由和联合统一的亲教的基础。

戈特利布·普朗克的榜样通过他的儿子和孙子被继承下来。他的儿子同样也是一位哥廷根的神学家，而他的孙子威廉·约翰·尤利乌斯·普朗克一反家族中对于宗教戒律的强烈热爱，成了一位法学教授。威廉·普朗克在基尔教书教到1867年，后来又到慕尼黑教书，并于1900年在那里去世。他的第6个儿子马克斯出生于1858年。威廉的第二位妻子，马克斯·普朗克的母亲，出身于一个牧师的家庭。据说她是一个充满活力，甚至富于激情的女人。普朗克一直与她眷恋相依，直到1914年8月她以93岁高龄去世。[1]

普朗克与家族根深蒂固的联系纽带远及他的姑婶和堂表兄妹。这个男孩与他们一起所分享的，是威廉家中教授、律师、牧师和高层政府官员的孩子们被压抑了的欢乐。从信件中，就可以隐约地看到这种生活的片段：埃尔德纳的波罗的海旅游胜地的夏天，这在他的记忆中是童年的天堂；草坪上的槌球游戏；夜读沃尔特·司各特爵士的小说；双向飞碟射击；戏剧演出；以及社交音乐会。[2]我们看到，作为一个诚挚的年轻人，普朗克与同样诚挚的朋友们交流着对生活的感想，这些朋友把他们的想法轮流用两个星期的时间写成了一本大书，但这本书没有保存下来。此外还有去奥地利和意大利的旅行，追求银行家的女儿玛丽·默克并赢得了她，以及到一位叔叔在东普鲁士的狩猎小屋的远足。[3]

1885年，在这些远足旅行中，有一次普朗克遇到了一个比他年长6岁的人，这是一位学习物理的学生，其关于理论与实验的工作将是他自己对科学最重要贡献的出发点。这个年轻人就是威廉·维恩，一个普鲁士贵族家庭的儿子，他成为普朗克的朋友并与普朗克合作长达四十多年，但他们长期的友谊和共同的专业兴趣并没有扩展到政治的联盟上来。虽然普朗克一家按通常的衡量标准看是保守的，但与反动且拥护沙文主义的维恩家族相比，却显得几乎算是开明的了。维恩家族认为，俾斯麦的解职是德国历史上最大的灾难，并为皇帝没力量去摧毁他祖母维多利亚的店小二之国[1]而遗憾。普朗克的父亲不赞成俾斯麦的吞并政策，他

---

1. 对英国的蔑称。——译注

和普朗克也都不支持反对英国的预防性战争。[4]普朗克认为自己在政治和社会方面比他家庭中的大多数成员更加开明。[5]他在社会和科学方面都不是极端保守反动的。在本原的意义上，说一个人保守，是指他给人的特殊深刻印象在于：能够接受甚至引导当前的现实，同时保留传统的价值并照其行事。

普朗克不是一个天才。在慕尼黑马克西米连高中的教师们，把他排名在班上接近拔尖但从来又不是拔尖的位置：1868—1869年是在28人中排名第4，然后是在37人中排名第5，在23人中排名第8，在21人中排名第3，在19人中排名第4。他所有的功课——语言、数学、历史、音乐——都学得不错，并且极为勤奋，尽心尽力，但除了他的人品之外，教师们没有看到他任何特殊的才华或天赋。他们尊重他个性中文静的力量，尊重他性格中腼腆的坚强，他们给他的鉴定是："理所当然地受到教师和同学的喜爱。"[6]

对于物理学来说，普朗克总是认为自己没有特殊的才能[7]，但他在物理学中，以及在许多其他智力和行政管理活动中的成功，都来自长期地吸收素材和缓慢地酝酿观点。对新奇的东西，他不盲目追随（"因为我天性平和，不喜欢靠不住的冒险"），也不马上做出反应（"不幸的是，我没有被赋予那种对智力上的激励马上做出反应的能力"）。[8]对于其他人在许多研究方面上齐头并进的能力，他表示惊讶。正像他在给当代理论物理学家、他的老友阿诺德·索末菲的信中所写的那样，他发现，"在进入一个课题之后，要想迅速地离开它，并在适宜的时机迅速地（再次）拾起来"[9]，这是非常困难的事。"迅速"不是他的速度。但一旦普朗克掌握了某种东西，他就能以有力明晰的智力来理解它，而按笛卡儿的说法，这正是对我们观点的真理性的最佳保证。

随着普鲁士在战场上的节节胜利，随着新的帝国在欧洲各国中统治地位的上升，普朗克对他自己和他的观点的自信心也在增强。虽然就个人来说普朗克是一个最谦逊的人，但他把自己的发展如此完全地等同于德国的发展，以至于无法将他对德国文化资本的维护与他对他个人价值和职业生涯的维护区分开来。在所有这些价值之上，矗立着统一性的理想，在政治界，这种理想激励着威廉皇帝君权的建立；在学术界，这种理想激励着对于所有值得尊崇的学术分支的内在联系的信仰。普朗克提出，其科学政策的精神支柱，就是他对德意志帝国的自豪感，以及他对知识之统一性的学术理想的信奉。

尊重法律、信任已确立的机构、恪守职责，以及绝对坦诚——有时甚至过分地顾忌，这就是普朗克人品的标志。面对他的美德、声望和权威，人们经常谈论的是他的谦虚。他同时代的人们就像钦佩科学家一样地敬重他。这里只举一个例子：在1929年普朗克获博士学位50周年纪念时，他在柏林科学院的一位老同事注意到，人们不仅赞扬他的科学，还赞扬"他内心的纯净无瑕"[10]，而这在学术界是很少见的。普朗克评价说，清澈纯净的内心是人类可以享有的最了不起的神赐。

面对外部世界，内心的明澈这种内在的天赐恩惠可能表现为对心智的改变的一种巨大阻碍。瓦尔特·迈斯纳是普朗克的学生之一，他曾有这样的印象："不仅在科学中，而且在人际关系上"，普朗克从不"因他人的观点而动摇"。他明澈的内心是他所需要的唯一指南。有一次，普朗克曾对他的学生和继承者马克斯·冯·劳厄描述他确定自己方向的办法："我的座右铭总是：审慎地考虑前进的每一步，然后，如果你相信你能承担对之所负的责任的话，就不让任何东西阻挡你前进。"[11] 当然，普朗克也确曾改变过他的观点，而且是在重要的问题上，但他不轻易地改变观点。

在两次世界大战之间，使普朗克成为德国科学首席发言人的，既不是他执拗的性格，也不是他的正直，尽管在与同事和官僚们打交道时，这两点他都需要，甚至还需要更多的韧性。普朗克本人的权威是从他作为一个改变了国际科学发展进程的德国自然哲学家的声望中派生出来的。

普朗克公式

普朗克对物理学的颠覆行动，最早发生在世纪之交，这是由普朗克这方面的折中甚至屈从而导致的。这种颠覆带来了令人不安的现状，因为他无法用他曾相信的理论来解决一个他研究了许多年的问题。在很大程度上可以减少这种令人不安的感觉的是，这个问题或许并不值得一个成年人对之如此关注。普朗克为自己所设定的任务是要从第一性原理出发，计算从一个特殊的电烤炉或者说空腔的小孔里逸出的辐射中，各种颜色的相对强度。用不甚严谨的话来说就是，他想算出任何指定的温度下炉内的色调（像"热得发红"，"热得发白"，如此等等）。

有两个不同的理由，使人们渴望了解空腔辐射的颜色强度，或者说能量分布。基础性而且貌似有理的论据表明，在平衡状态下，这种分布与空腔的大小或形状无关，也与腔壁的材料无关。对于空腔的单位体积，有关这种分布的公式将提供对于每种颜色的光波所携带能量的具体说明。可以推断，公式中将只包括温度、波长（这是对颜色的度量），以及一个或几个对于所有的空腔、颜色和分布都相同的"普适常数"。对普朗克来说，找到这样一个公式，就意味着发现了一种具有非常普遍的理论重要性的关系，它"与特定的物体和物质无关，而对所有的时代和文化，甚至对于地球以外和人类以外的文明，都必然保持其重要性"。[12]

人们关注空腔辐射的第二个理由完全是实用性的。因为对于给定的光（波长较短），平衡分布使热（波长较长）的量达到最大值。所以普朗克所寻找的公式描述了在可能中最差的光源，从而可以作为为新电灯分等的零点标准。于是，帝国物理技术研究所这个帝国的标准机构，对测量空腔辐射的平衡分布很感兴趣。1896年，威廉·维恩和在帝国研究所物理部的其他物理学家，把一个昂贵的瓷制空心圆柱和铂放在一起，并记录下从其一端的小孔中被允许逸出的辐射的颜色分布。他们最初是利用从近红外到紫光的较短波长来进行研究。在柏林技术高等学校，另一位普朗克与之关系密切的同事海因里希·鲁本斯利用另一个电炉，接着把测量做到了远红外。有相当多的经验公式被拼凑出来，它们或多或少地与事实相符。有一段时间，由维恩在1896年提出的一个半理论性的公式似乎是最出色的。[13] 普朗克则是打算要从电动力学和热力学的基本定律出发，导出维恩的公式。

因为平衡分布与腔壁的性质无关，所以普朗克以最容易的方式自由地对它们设定模型。他把空腔壁描述成"振子"的集合，把每一个振子描述成一个无质量的弹簧，并在其端点带有一个电荷。这些弹簧可以具有任意可能的硬度，从而可以以所有可能的频率来振动。加热腔壁使弹簧运动起来；根据麦克斯韦的电动力学，加速的电荷把能量辐射到空腔中，也吸收那些波长与它们共振的辐射；平衡最终建立起来，在平衡态，具有某一给定频率的所有振子从空腔中吸收的能量，都与它们向空腔辐射的能量一样多。

麦克斯韦方程讲述了，或者说在过去讲述了有关发射、吸收以及辐射从振子传播的一切内容，却一点也没有告诉我们有关在最终的平衡状态能量分布的事。普朗克认为，通过作一特殊的假定，把振子的平均能量与它们的熵联系起来，他就可以得到维恩的公式。（熵是普朗克所喜爱的概念，现在我们将关心它在物理上的重要性。）他的乐观被来自路德维希·玻耳兹曼的批评无情地粉碎了，在这些问题上，玻耳兹曼是世界上的权威，他曾细致地研究过气体的平衡和达到平衡的途径。虽然普朗克并不赞同玻耳兹曼的气体理论，但他钦佩这一理论的提出者；[14] 他接受了玻耳兹曼从他的理论中派生出来的批评，并找到了另一个有关熵和能量的特殊假定，重新推导出维恩的公式。这是在1899年。因为这个公式仍然与事实相吻合，除了因普朗克的特殊假定而没有牢固的基础，或因其他人排斥这种假定而带来的烦恼之外，任务似乎已经完成了。[15]

1900年，帝国研究所中那些一直在向红外挺进的实验家，发现在维恩的定律和他们的测量之间有不可消除的差异。在这年的5月，普朗克曾向柏林科学院提出了一个有利于他的假定、得到改进并且貌似可信的论证；但在10月，屈从于事实的压力，他把维恩的定律归纳为仅在短波下近似地成立。普朗克的内心不允许他长时间地相信无可争辩地与精密测量不相符的理论。这就像是哲学家。正像他在几年后写信给维恩时所讲的那样，他批评英国物理学家詹姆斯·金斯，因为金斯在面对比说服了普朗克的那些差异更强有力的证据时，仍在抵抗，"他是理论家所不应学习的榜样，就像哲学中的黑格尔：如果与事实不相符合，那么这些事实该是多么的糟糕"。[16]

理论物理学家像自然一样厌恶真空：在放弃了作为真理的维恩公式之后，普朗克就在那个位置补上了另一个公式，这是凭借来自灵感的猜测、科学的鉴赏力以及清醒的妥协的结果，简而言之，是修修补补的结果。新的关系式与所有可靠的测量都相吻合，而且这种吻合是利用了两个经验性的普适常数，但并不比维恩所需要的更多。

妥协到此为止。下一步就是有条件的投降了。在试图推导出他折中的公式时，普朗克将它改写，来表示在给定频率下所有振子的熵。在这种表示中，他发现与玻耳兹曼对平衡态气体的熵的表述相当类似。玻耳兹曼的表述是建立在这样一个命题的基础之上的，即平衡不是最终的、不变的状态，而只是最可能的状态。普朗克曾最不情愿接受这一命题，并且坚持了一段时间。因为它对普朗克关于科学的看法，以及关于他自己毕生工作的看法构成了威胁。

不情愿的原子论者

对于普朗克毕生的工作来说，他是从经典物理学的宏大综合中汲取的灵感，此综合即热力学，或者说是能量的守恒、转换和退降的学说，由鲁道夫·克劳修斯和威廉·汤姆逊在19世纪50年代完成。此学说对普朗克家中的律师和神学家颇有吸引力。它要求一种所有的物理学定律对之都必须服从的支配权，涉及永恒和不变，自从亚里士多德以来，它们被物理学家们等同于真与善。在接近他漫长的生命的终点时，普朗克写道，正是这种高深玄奥的思考将他带入物理学中，而不是带入数学，或历史，或音乐之中。[17] 当时，选择物理学，并不像今天那样，可以给选择者带来某种声望。人文学科在学院中占据重要的地位。"在那时，受过教育的人通常认为自然科学是一种次等的知识。我记得很清楚（普朗克告诉他的第一位传记作者），历史学家马克斯·楞次是我的侄子和我（在大学中）的同事，他开玩笑地把我们自然科学家称为森林管理员[1]。"[18]普朗克并不在乎追名逐利的成功,"我宁愿由一种内在动力驱使而踏实地工作"。[19]

普朗克把对自己职业才能的发现,追溯到高中时代赫尔曼·缪勒这位指导教师的教学,正是他唤醒了一种兴趣,要"探索在数学的严格性和自然规律的多样性之间起支配作用的和谐",后来,这种兴趣变成了激情。1878年,在20岁时,普朗克选择热力学作为他博士论文的主题,他用4个月的时间来写这篇论文。他回忆说,他在慕尼黑大学的教授菲利浦·冯·乔利曾忠告他不要以物理学做职业,根据是热力学原理的发现已经让理论物理学的结构大功告成了。但这没能劝住普朗克,普朗克有他自己的内在动力,也有与当今物理学家们最大的抱负截然不同的目标。普朗克告诉乔利说,他不想做出发现,只想理解已经确立了的基础,或许还想深化它们。[20]

普朗克在1879年的博士论文中回顾总结了经典热力学的两个原理。第一条原理叙述了能量的守恒;而第二条原理,通过定义熵这个在所有实际的物理过程中都增加的量,建立了时间的方向,普朗克称它具有最普遍的重要意义。[21]他第一项首创性的科学工作,即他在1880年为取得大学授课资格而写的论文,就是专门研究"各向同性物体的平衡态"。普朗克在不对物质的内部结构做出任何假定的情况下,从热力学原理中抽取出一些具体

---

1. 自然科学家和森林管理员这两个词在德文中分别是 Naturforscher 和 Naturförstern,其发音相似。——译注

的、尝试性的结论。他只添加了一个前提假定，即稳定的平衡出现在熵最大的时候，按照他严格的理论构造，在此之后，系统中不会出现进一步的变化。普朗克极力强调了热力学不依赖于原子假说也能够得出有用的结果，（因而他在1882年写道）他认为，原子假说充其量只是在来自能量与熵定律的推导无能为力之后，才要求助的辅助性假说。[22]普朗克对熵原理的推崇，以及他为数不多的实验方案，几乎没给物理学家们留下什么印象。他在慕尼黑的教授们不懂他的博士论文；在他曾有过一年学习经历的柏林，理论物理学教授古斯塔夫·基尔霍夫断定他的博士论文是错误的，能量原理的发现者之一赫尔曼·冯·亥姆霍兹对之未置可否；至于在玻恩的克劳修斯，普朗克甚至无法追上去送他一份论文的副本。[23]在普朗克的父亲或许还有点影响力并有一些朋友的基尔大学，不管人们是否读过，普朗克的著作被认为是在1885年聘用他为理论物理学"特命"（副）教授的理由。当时，在理论物理学这种很新的领域中，位置极少。普朗克写信给他的朋友卡尔·荣格："不用说，我非常幸运。"[24]

在普朗克就任他的新职位不久，他抓住了一个机会来改正那些他认为对自己和对热力学都不公正的东西。他加入了竞争"能量之本质"奖的角逐，此奖是由哥廷根大学哲学系提供的。结果一等奖空缺，普朗克赢得了二等奖；他从评判人对自己工作的批评中，猜想是由于他对哥廷根的物理学教授威廉·韦伯的怠慢，导致了哥廷根的学界授予他较低的奖项。[25]但在这方面也有补偿。在哥廷根部分地遭排斥，促进了柏林在某种程度上对他的接纳。[26] 1889年，普朗克应邀到那里，去接替基尔霍夫的工作，但仍是作为副教授。

他发现首都依然抵御热力学的绝对真理，无视对于熵原理的需要。他在德国物理学会的首次表现也不成功，而后来他却成了这个学会的装饰品。普朗克在黑板上写满了他有关电解质的最新成果，这些结果出色地说明了近来的一些实验，他以一则新闻结束了演讲，这则新闻就是：他可能对基础性的问题做出了一项决定性的贡献。没有人说一句话。后来，会议的主席埃米耳·杜·伯依斯－雷蒙德觉得必须打破这种沉寂，于是以批评的口吻讲起话来。普朗克回忆说："对于我满腔的热情，那真是一盆凉水。我有些沮丧地回到家中，但很快就用这样一种想法来安慰了自己：没有巧妙的宣传，一个出色的理论也将会成功。"[27] 普朗克的观点最终占了上风。到1891年时，他不得不频繁地把他的论文借给那些想对近乎崩溃的熵概念进行启蒙的同事。[28] 毫无疑问，自己最终几乎是正确的，这种愉快的体验加强了他朴素的信念和决心。

1892年，普朗克晋升为正教授。两年后，由亥姆霍兹提名，他成为柏林科学院的普通（正式）成员，亥姆霍兹赞扬普朗克，因为他用热力学得出了那些物理化学家从关于原子和离子的特殊假说中得到的确切无疑的结果。亥姆霍兹预言说，从他的观点来看，原来物理学和化学被分开的部分将表现为一个整体，为此普朗克感到很愉快，甚至感到证明了自己的无辜。[29] 看来普朗克没有因为别人的冷漠和怀疑而气馁，他不走弯路地登上了科学的最高峰。1897年，在把他的各种研究合并为统一的文本时，他写道，他发现没有什么重要的东西需要修改。他成了世界上关于经典热力学的权威，并保持了这种权威地位。[30]正像我们所知道的那样，他并不轻易地改变想法。

然而，要把热力学推广到普朗克曾从事研究的热化学问题的领域之外，需要有一种根本性变更。这种变更推翻了普朗克关于这一课题之基础的看法：这等于要限制熵原理的应用范围，并彻底检验有漏洞的定律。为了保护他的辐射定律，1900年他开始默认了这种大逆不道的行为。关于在熵原理和原子论假说之间的关系，在一场持续了20年之久的内心争辩中，这是倒数第二步。

在慕尼黑做学生的时候，普朗克就听说了化学家赫尔曼·科耳柏激烈地谴责原子论是一种没有道理的、使人误入歧途的对化学规律性的诠释。到1881年时，他自己已经认识到，原子论或许并不有助于科学的进步。那时，在他看来，原子论没有指令自然过程的方向，处于与熵增加原理相对立的位置。他期望在这两种理论之间将会有一场得体且决定命运的战斗，而且对于哪个理论将败北也有不错的想法："虽然到目前为止原子论享有巨大的成功，但最终它将不得不被放弃，以有利于连续物质的假定。"[31]

尽管在将近20年的时间中，普朗克对连续结构可能与熵原理相容一直心存希望，但他很快就发现，不求助于关于物质的分子观点，他就无法待在热化学的最前沿。从1887年到19世纪90年代中期，他一直在从事对斯万特·阿伦尼乌斯和J.H.范霍夫的新的物理化学的研究,而只靠热力学原理的装备,他就无法发展也无助于传播这种新的物理化学。正如他在1890年的一封信中所讲的,要解释液体的传导和渗透压,物理学家没有别的选择,只能下降到分子的世界,因为没有其他富于成果的理论存在。[32] 在1887年,普朗克把阿伏伽德罗关于气体的分子构成的假说,包括在"那些……对我们来说似乎是理论探索最可靠的基础的定律"之列。他这样写时,没有对溶液中分子数目的限定,没有对离子的行为的限定。在他的哥廷根获奖论文中,普朗克指出,能量守恒原理很自然地伴随着普遍的信念,即所有的自然过程都可以被表述为力学的过程;他明确地把自己与那些怀疑者区分开来,那些怀疑者断言说,力学还原的方案建立在"一种整体上过于狭义的关于自然现象的概念"[33] 的基础之上。

不过,与此相反,普朗克1891年在德国科学家与医生的年会上讲,自从热力学在19世纪50年代建立以来,应用气体分子运动论,人们取得了最惊人的成功,而且就是在这方面,进步似乎不再和人们的努力成正比。他说,"对于物理学的敏锐和数学的精湛技能令人敬畏的运用",曾被用来理解分子的运动,任何熟悉这种运用的人都恐怕不会有助于得出这种游戏不合算的结论。[34] 因此,对于善于分析的人,应尽其所能不用原子论的假设,或者说根本不用任何其他假设干下去;早些时候的假设,不论多么成功,一旦工作完成了,它们就变成了当前的危险,变成"进步最危险的敌人"。[35] 无论如何,正如普朗克在1894年加入柏林科学院时所讲的那样,力学的还原,不论是还原成原子还是还原成任何别的什么东西，都不大会吸引有品位的理论家，因为这在规定上是不充分的。标准的反对意见认为，力学为表述物理现象提供的基础太窄了，与此相反，普朗克的反对是因为它太分散了："现在没有单一的、确定的力学模型，只有众多完全不同的力学模型，每一个模型都断言说反映了单个物理过程的经过……所有的力学模型都是极度复杂的，而且没有一个模型明确地优越于其他模型。"〔36〕

再者，通过对液体分子的应用，新的物理化学使初步的气体分子运动论的考虑和方程得以成功。普朗克和其他人提名范霍夫就任柏林科学院唯一的教授席位，正像他们大声宣告的那样，他们的人是"分子物理学的一个富于成果的新分支的创立者"。〔37〕普朗克在物理学家与医生年会上说，如果范霍夫提出的洞察与热力学的定律一致，那它可能带来了一种知识，这种知识"甚至能比气体分子运动论更深入地认识分子的世界，它恰恰是从有关这个世界的明确观点出发的"。〔38〕

随着对离子溶液理论渐渐产生的好感，普朗克接受了一种确定的力学还原的可能性，并对它抱有希望。似乎唯有被能量原理所巩固的力学，才能提供统一的基础："最深刻的协调一致的形式……在于同一性，而这在任何物理学领域中都不会比在力学中更好地实现。"〔39〕以这种心态，普朗克可以把热力学的分析仅仅看作一种权宜之计，不但与科学的力量相称，也与科学的无知相称。通过能量和熵的概念暂时把物理学的各部分串在一起，这或许比渴望同时编织力学世界图景最终的图案更为明智。然而，这种编织不能无限地推迟：科学的本性要求理论家开动其织机，热力学第一定律鼓励理论家开动其织机。⁽⁴⁰⁾

皈依 1895年，普朗克的助手恩斯特·泽迈罗加剧了在这些不同的看法之间的紧张（暂且不说是矛盾），他似乎堵住了在反对熵的力学表述的常见论据中的一个漏洞。这里举一个例子可能更便于理解。我们从两份体积相等的同种气体出发，它们一份冷，一份热，被不传热也不会让分子透过的壁所分开。现在，这个壁倒下，气体混合起来，进入处在中间温度的平衡态。如果在平衡态所有分子的速度都奇迹般地被反转，那么，气体将会（或者说也许会，因为人们从未计算过这样的过程）在约定的过程中回到其最初的状态，这与熵原理相矛盾。在力学中，没有任何理由阻止这种速度被反转的态存在，因而也没有任何理由阻止一个减少熵的过程。物理学家们宣称，这种速度被反转的态虽然是允许的，但不会出现，他们以此来回避这一论据的逻辑结论。然而，按照泽迈罗的新论据，气体的分子将自发地呈现速度被反转的态，因为只要给予足够的时间，运动定律就将使它们回到，或者说非常接近于原来的位置和速度。如果它们的熵在循环的某一部分增加，则必定就要在另一部分减少。⁽⁴¹⁾

玻耳兹曼对此引人注目的反对意见的回答，是不断地把热力学第二定律解释为一种统计的原理：熵并不总在增加，而只是几乎总在增加。为了击败泽迈罗的论证，玻耳兹曼不得不说，气体在平衡时，从熵较高的态向熵较低的态转移所用的时间，与反方向转移所用的时间相比，少到转眼即逝的程度。按玻耳兹曼的说法，对于这种巨大的差异，在物理上的原因就是，与熵增加相伴随的分子组态的数目，以绝对的优势大于与熵减少相伴随的分子组态的数目。[42] 在与玻耳兹曼的讨论中，普朗克支持泽迈罗，尽管不是在排除熵原理的力学基础的可能性这种程度上支持。

1897 年春天，普朗克在给他从前的研究生利奥·格雷兹的一封最有趣的信中，概括了一种妥协的立场。[43] 如果在一特殊气体样品中的分子碰巧处于一种不可几的组态，那么这种气体就将仅仅按力学的规律以一种奇特的方式演变，或许是分成较冷和较热的部分，而一旦初始的组态或状态被确定了，概率就不再起作用。普朗克仍然不愿让熵增加，按照他的看法，玻耳兹曼是被迫排除掉那些其演化给熵增加带来任何减少的初态的。对此，似乎没有什么充分的理由："要假定在自然界中变化的发生总是从较小的概率向较大的概率，这是完全没有道理的。"由此看来，普朗克并不认为玻耳兹曼的方法是绝对错误的，而只是认为——用气体理论的术语来说——它是无限不可几的。

与乞灵于"在数学上很难公式化的有关宇宙初态的假定"来拯救气体理论相比，认为第二定律普遍有效并对气体理论提出怀疑，这显然更加容易，更有希望。前一种做法将会把无知变成一道不可逾越的障碍："这是要回绝任何更加深刻的洞察的。"但是，放弃任何像泽迈罗所要求的那种力学表述的可能性，也将会阻碍进步。因而，妥协的方案是：泽迈罗的考虑只适用于离散的物质，例如在气体理论中；而在连续的情况下，物体的行为可能会有所不同，普朗克也预期情况会是这样。"我甚至相信和希望，以这种方式，将会找到对第二定律的一种严格的力学解释。"但他并没有期望胜利会很快或很容易到来。[44]

到1897年时，普朗克已经开始认为，协调力学和热力学的问题，是当时物理学所面临的最重要的问题。他承认自己的看法是少数派的看法；他告诉格雷兹，在柏林的所有人当中，只有他和泽迈罗认真地对此问题感兴趣。几年后，1900年，在巴黎国际物理学大会上官方的历史学家评判说，在世界上，因为对原子论和熵之间的矛盾而感到忧虑的物理学家不超过4个人。[45]普朗克继续坚持着他非主流的探索。在1897年，他潜心于一组新的问题，希望这组问题能够在连续性力学的基础上，带来一种令人满意的对熵的表述。他的希望是在一种匹克威克[1]式的意义上实现的：3年时间中，他解决了力学和第二定律之间表面的对立，但又在被人们接受的物理学和他自己工作的推论之间，制造了一种真正的对立。

新的问题涉及空腔辐射的平衡。与处理离散的物质粒子的气体理论截然不同，在空腔辐射的平衡态，所要研究的物理系统由连续的电磁波构成。普朗克在向一位同事解释他对问题的选择时说，它既为麦克斯韦理论也为熵的学说提供了一种根本性的检验。[46]普朗克预期，麦克斯韦方程和热力学将迫使在空腔辐射中熵的任何分布迅速地达到平衡，而不退回到玻耳兹曼的概率所允许的分布。我们已经知道，这一计划失败了，要想用理论表达

---

1. 狄更斯小说《匹克威克外传》中的主人公。——编注

他已成功的辐射公式,普朗克必须从玻耳兹曼的观点出发来处理空腔振子的熵。以这样的皈依——这个词恰如其分——普朗克变成了一个热情的原子论者,变成了一个直言不讳的反对者——反对那些仍然认为原子理论不利于科学的进步的人。

为了在他关于空腔辐射的妥协公式与他对玻耳兹曼方法的应用之间达成一致,普朗克需要两个事后看来是革命性的假设。首先,他计算出在他的振子中各种能量分布的概率,这些概率与玻耳兹曼关于气体分子的相应计算不同。其次,他把在给定频率 v 由全部振子分享的总能量划分成正比于 v 的单位 ε_v,由此得出著名的表达式 $\varepsilon_v=hv$。后来人们知道,第一个假设引入了对一种新的实体的统计描述,这种实体即是光子,或称光粒子,它与经典的分子和振子不同;第二个假设则必须要修改成适用于单个的振子,而不是振子的集合。在普朗克之前,爱因斯坦和其他人就已经认识到了这一限制形式的必要性,在这种限制中,一个振子的能量必须或者是零,或者是一个"能量量子"hv 的整数倍。[47]几乎无须再多说,这种量子化与普朗克提出的能量概念相冲突,按照他的老教授的说法,这是在理论物理学中最后的重大发现。在普通物理学或经典物理学中,能量是一个连续的量,对于一个振子,它可以像普通人喝啤酒那样,以任何人们所希望的数量给出。在由爱因斯坦重新解释了的普朗克理论中,振子只能以某些确定的数量占有能量,就像一个酒徒坚持只以品脱为单位来消费啤酒一样。为什么自然界宁可狂饮而不一小口一小口地喝,对于物理学家来说,这成了一个根本性的问题。

到 1906 年或 1908 年，普朗克已经开始看出，他对空腔辐射的妥协释放出了某种全新的、对物理学界构成威胁的东西。当时，他寻找对常数 h 的一种诠释，要把由于对振子能量的限制的发现而带给物理学的混乱降低到最小的程度。1910 年，他自己以一种保护受到威胁甚至面临失败的事业的人的口吻说道："把作用量子 h 引入理论，应尽可能谨慎地进行，也就是说，只有在证明变动是绝对必需的情况下，才应做出。"到那时为止，基于他自己构想出来的普遍规则，对于普朗克来说，总是一致的保守态度成了一种责任。他说，随着科学家逐年成熟并获得权威，他们必须表现出"在踏入新的道路时的一种愈发增加的谨慎和沉默寡言"。[48]

中流砥柱 令人费解的 h，是普朗克成功的辐射公式中两个普适常数之一的确定的值。另一种普朗克定名为 k 的常数，把力学上对能量的测量和对温度的测量联系起来。他证明，k 也把熵和概率联系起来，并且在致谢的表示中，称其为"玻耳兹曼常数"。这是一种他后来后悔了的赞词。[49]虽然普朗克是一位谦虚的典范，但他公正的意识也延及自身。确切地讲，对于 k 的定义，以及计算它的可能性来自帝国研究所对空腔辐射的测量，这是他的新理论最初的成果，也是几年中唯一的成果。

虽然在 1900 年 h 还没有明确的意义，但 k 在原子物理学中却具有根本性的作用。普通的分子运动论将乘积、LkT 与标准数量理想气体可测量的压力联系起来（L 为洛喜密脱数或阿伏伽德罗数，表示标准情况下的分子数，T 代表绝对温度）。1900 年，在出版物的传播中 T 的值差了一个 10 倍或更大些的系数。因为对 L 的了解确定了在分子运动论中许多其他基本量的值，包括分子的绝对重量，所以普朗克对辐射平衡态的成功处理出人意料地提供了关于原子最重要的信息。而且还不仅限于此。从对电解过程的测量中，人们知道中和 L 个离子电量所需的总电荷 Q。因而普朗克可以计算在单个离子上的电荷，Q/L；按照汤姆孙在当时的新理论，这一电荷的大小应等于阴极射线粒子或电子所携带的电荷 e。在普朗克的辐射理论中出人意料地重新得出的常数 k，给出了在电动力学和原子假说之间，或者用当时的术语来说，给出了在以太和物质之间的联系的线索。[50] 这是一项重大而且近乎空前的成就。

对于原子常数的计算，除了其实用价值之外，还有这样一种功绩，即为支持原子的客观存在提供一种异常有力量的论据。对普朗克来说，这种计算以及对其基础的分析表明，与他曾做的推测相比，能量的概念和热力学第二定律具有更为深刻的基础。它们并非彼此独立无关地成立：它们植根于概率论，概率论反过来假定了基本粒子的存在。"不可逆性必然导致原子论。"[51] 在自身经历了一种不可逆的变化后，普朗克批评了这样一些理论家，因为他们试图以一种普遍的数学的方式来系统阐述其问题，而不是求助于有关物质分子构成的确切假说。[52]

大约在世纪之交的时候，当普朗克告诉他儿子，说他关于辐射的工作将使他跻身于物理学中伟大的发现者之列时，他脑海里无疑想到了自己对原子论的证实和对于常数的计算。[53] 在 1907

年和1908年，这些工作的确是因之而使普朗克被考虑授予物理学诺贝尔奖的成就。在1909年，他几乎就要得到了这个奖：瑞典科学院物理学奖委员会推荐了他，尤其称赞他使关于自然的原子论观点变得"极为可能"。委员会曾争论是否提议让普朗克和维恩平分此奖；但当时在遴选物理学和化学获奖者方面有决定性发言权的阿伦尼乌斯，利用普朗克对于常数和原子的研究来论证普朗克的贡献超过了他对维恩辐射公式的改进。[54]

阿伦乌尼斯对普朗克有力的支持，只不过是用诺贝尔奖有远见的赠予来证明原子理论的计划的一部分。在他对普朗克的正式推荐中，阿伦乌尼斯强调了在由 k 计算得出的电荷值和在1908年由欧内斯特·卢瑟福和汉斯·盖革所发现的电荷值之间的一致。卢瑟福和盖革曾各自计数离子（a 粒子）。"以这种方式"，阿伦乌尼斯写道："使这样一种观点变得看来极其有道理，即物质由分子和原子构成在本质上是正确的……毫无疑问，这是普朗克了不起的研究工作最重要的结果。"[55] 同一年，也即1908年，诺贝尔化学奖委员会推荐了卢瑟福。对于普朗克，不幸的是，阿伦乌尼斯仔细策划的方案未能在科学院全体通过。尽管卢瑟福得到了化学奖，但让许多认为他是一位物理学家的人（包括他自己）极为诧异的是，对于普朗克，相应的奖——它将使嬗变的理由明确可信——却没有得到。[56]

瑞典科学院的大多数人，感到了来自以下一种或两种反对意见的压力：普朗克只是在维恩工作的基础上提出了他成功的公式，因而不应单独获奖；不论这一公式如何出色地为实验所证实,它仍然缺少令人满意的理论基础。第二种反对意见求助于莱顿大学理论物理学教授亨德里克·安东·洛伦兹的权威,一切有判断力的人都赞扬洛伦兹是所有时代最伟大的物理学家之一。爱因斯坦对其高水准的评价是:"从他卓越伟大的头脑中所散发出来的一切,都像一部伟大的艺术作品那样清晰美妙;人们的印象是,所有这一切得来都如此娴熟轻巧……对我个人来讲,他的意义超过了我在生命旅程中遇到过的所有其他人。"洛伦兹对普朗克也有极大的影响。但暂时地,他的权威无意中帮了普朗克的倒忙。1908年4月洛伦兹在罗马对数学家们所做的演讲中,证明普通物理学不能导出普朗克的公式,这一证明使瑞典科学院感到不知所措。在斯德哥尔摩,没有人知道"普朗克提出了一种新的、以前不可设想的思想,一种关于能量的原子化结构的思想"。[57]科学院没有将能量并入原子论范围的思想准备,并因在彩色摄影方面的发明而将1908年度的物理学奖颁发给了巴黎的加布里埃尔·李普曼。

普朗克自己对1908年物理学奖的选择是卢瑟福。从1901年到1908年,瑞典科学院由评奖机构每年邀请他提交推荐,这是对普朗克的学术声望和公正的一种衡量。普朗克的建议一点也没有表现出在当时盛行的民族主义偏见:提名威廉·康拉德·伦琴一次,是在他获奖那年(1901年);提名瑞利勋爵3次,直到他获奖(1902—1904);提名玻耳兹曼2次,直到他去世(1905—1906);提名卢瑟福2次,直到他获奖(1907—1908)。在发现了普朗克辐射公式上的瑕疵之后,直到1911年以前,科学院没有再邀请他提名。在1911年,他提名了瓦尔特·能斯特。此后又一直到1916年他才再次被邀请提名,当时他选择了约翰尼斯·斯塔克。(58)两人最后都获了奖。普朗克的转机出现在1919年,这是在从他的工作中导出的量子理论为许多领域带来了丰硕的成果之后,也是在几十位物理学家就他理应得奖而向斯德哥尔摩的授奖者提出强烈的要求之后。

因为普朗克认为他在1900年和1901年已经解决了空腔辐射的问题,所以在洛伦兹有说服力地指出在普通物理学和普朗克理论之间的不一致之后,一直到1908年,他对此问题没有再给予很多的关注。1908年10月,他写信给洛伦兹,说他现在将把振子的能量限制为hv的整数倍作为他的体系的基础;几个月后,他参照以不可逆性为基础的原子论提出了这种限制的合理性。他论证说,辐射具有的是熵而不是物质;因此,所讨论的原子论必须涉及能量:"在热辐射中,某些能量要素起着本质性的作用。"然而,这种思想也许看上去不是那么的革命,因为原子论并非必须涉及在真空中的辐射过程,而只涉及"仍然最神秘的领域",即连接以太和物质的想象中的地方。(59)在任何情况下只要这样做似乎有道理,普朗克就继续把由他引入物理学中的困难限制在辐射与电子之间相互作用的范围内。(60)

到1910年,爱因斯坦、能斯特、斯塔克和其他一些人应用能量量子概念的范围远远超出了空腔辐射。在能斯特这位当时普朗克在柏林大学的同事看来,似乎已经到了就辐射和量子的问题举行一次最高级会议的时候了。普朗克仍然还为他所做的工作感到不安，在他看来举行最高级会议还为时过早，他告诉能斯特说：与这些问题相关的事实还太少，意识到"迫切需要改革"的物理学家还人数太少。能斯特不像普朗克那样容易泄气。他说服了喜欢扮演哲学家角色的比利时工业家欧内斯特·索尔维，使他相信迫切需要开一次会议。索尔维同意承担由21位欧洲带头的物理学家组成的审议"委员会"的费用。1911年11月，这些物理学家聚集在布鲁塞尔。柏林的实验家——鲁本斯、能斯特和埃米耳·瓦尔堡——证实，普朗克的公式依然符合所有的事实，而且此公式向固体比热的延伸准确地再现了他们的测量。洛伦兹、爱因斯坦、索末菲，以及其他的理论家确定说，"普朗克常数"h预示了物理学中某种全新的东西，尽管对于这种新颖性位于何处他们意见并不一致。[61]

普朗克本人论证说，量子物理学和普通物理学之间的裂痕太宽了，用人们已经接受了的观点是无法跨越的。尽管像他所预料的那样，索尔维秘密会议没有解决它召集人们要讨论的问题，但这次会议对他仍是一次难忘的经历。这次会议标志着在他自己开创性工作的基础上一个新的、广阔的物理学领域的确立，而且向他表明了世界上物理学家们个人对他的尊重。这次会议紧张而且使人疲倦，当它结束时，普朗克得到了解脱；但是，由于在科学方面的激动人心和在个人方面最大的满足，他时常记起在布鲁塞尔的那段时光。[62]

热情的相对论信仰者

普朗克在恢复对量子理论的研究之前,有几年时间专心于扩充爱因斯坦在1905年发表的相对论。爱因斯坦可以被看作普朗克在物理学中的第二个伟大发现;普朗克是第一位追随爱因斯坦之先导的重要物理学家,在对爱因斯坦的评判中,就使得物理学家们迅速接受这种新观点而言,他的支持起了推动作用。[63] 在1905—1906年冬季讨论班的第一次学术报告会上,普朗克回顾评论了相对论,并更正了在爱因斯坦原始发言中的一处差错;[64] 1906年,他在科学家与医生年会上面对瓦尔特·考夫曼貌似否定的实验,捍卫了相对论。

普朗克说,在当时流行的各种预言质量随速度变化的理论中,考夫曼的方法和测量不能做出裁决。[65] 除了爱因斯坦的相对论之外,所有这些理论都假定了一种球状的或可变形的电子模型,电荷分布于整体或分布在表面上,对于普朗克来说,这全都是任意的图像,都不合他的口味。爱因斯坦的理论则无须这样的假定;此外,它还有一个特殊的长处:用起来不需要一个特殊的坐标系。在当时,普朗克认为,相对论仅仅由于把简单性引进到动体的电动力学中,它就值得名列理论物理学议事日程中的首位。后来,他还谈到爱因斯坦观点的确立给令人困惑的电动力学带来的"解救"。[66]

相对论的悖论——空间的收缩、时间的膨胀、空间和时间的交混——显然并没有使普朗克感到不安。实际上,就像他后来所解释的那样,这些悖论引起他的兴趣:这些悖论的出现,仅仅是由于人类敏感，物理学家甚至能够超越像空间和时间这样一些根深蒂固的直觉，这种能力支持着一种希望：人类可以得到一种真正普适的、对人类和对火星人一样可接受的物理学。大约与此同时，普朗克竭力主张一种类似的灵丹妙药以帮助消化对第二定律的概率解释：由于在旧式热力学分析中，思想实验起着重要的作用，所以通过把理论家从这种旧式的分析中解放出来，玻耳兹曼的方法取消了拟人化的熵概念，使它不受"人类的实验技能"的束缚，并将第二定律提升为一种"真正的原理"。[67]

相对论最惊人的奇特之处之一，就是对于沿一条直线速度求和，通常的规则 w=u+v 不再成立。爱因斯坦假定，在自由空间中光速对于所有的观察者都相同，从这一假定中导出的对通常求和规则的违反，表明需要修正神圣的牛顿力学，因为在牛顿力学中通常的求和规则是一个直接的推论。普朗克开始着手从事这一冒犯神圣之事。早在 1906 年，他就能够用一个简单的例子来表明，怎样按相对论的精神来重新写出牛顿的运动定律。

在随后两年中，基于最小作用量原理，普朗克完成了相对论[性]动力学这样一种对普通力学普遍的公式化，其独一无二的优越之处在于，在所有相对论意义上等价的参考系中，它都可以以相同的形式来表述。能量和动量守恒定律不享有这种相对论不变性。"在这两种守恒定律之上，最小作用量原理起支配作用，似乎控制着所有可逆的物理过程。"[68]自从最小作用量原理在 18 世纪中叶首次得到系统阐述以来，其目标或意图中的暗示强烈地吸引了有哲学取向的物理学家。（它要求所有的力学过程都以这样一种方式来发生：使得"作用量"——一个所包含的粒子的动量和位置的函数——具有极小值。目的论者可能希望把它看作对格言"自然界不做无益之事"的精确表述。）普朗克的老师和同事亥姆霍兹曾证明了最小作用量原理的广泛适用性，而普朗克则又沿着它所开辟的道路继续前进，"走向关于自然界所有力的一种统一的概念"。[69] 毫无疑问，在其表述中目的论的意味以及其历史来源，也使这一原理为普朗克所欢迎。

在对相对论和最小作用量之推论的充分展开中，普朗克是从这样的一个物理系统出发的，他说，这个物理系统的一些具有特殊假定的性质——动力学的、电动力学的以及力学的性质——能够以绝对的精确性而且独立地来陈述。这正是他自己关于封闭在空腔中的辐射的系统，在1907年年中，他显然仍认为这个系统服从普通的物理学。他的扩展研究带来的成果包括：对著名的质量和能量的相对论等价性 $m=E/c^2$ 的普遍证明；对于熵就像定义它的概率计算一样，必须是一个相对论性不变量的论证；对于压力和温度的变换方程；以及一份不变量的清单。在这种联系中，普朗克指出了物理—历史—目的论的最小作用量原理之不变性的一个最令人满意的推论。"如果考虑到存在有完全确定的作用量基本量子这样一种规律……人们也就可以说：一个与对参考系的选择无关的作用量基元的确定数目，对应于自然界中所有的变化。"[70] 显然，量子的数目必须是不变量，而它们的度量——即普朗克量子 h——必定具有真正深刻的重要意义。

普朗克和爱因斯坦之间的个人关系，就像在量子和相对论之间的关系那样复杂，令人困惑。普朗克曾极高地赞扬爱因斯坦的工作，他喜欢将爱因斯坦的工作与哥白尼的工作相提并论。[71] 爱因斯坦最初把普朗克评价成哥白尼的反对者，"顽固地坚持无疑是错误的先入之见"。这是在1911年，两个人在索尔维会议上相遇之后。在1913年，爱因斯坦曾诋毁普朗克和所有德国带头的理论家，因为他们抵制他扩大相对论的应用范围："劳厄（普朗克的得意门生）不能以根本性的考虑来领悟，普朗克也是一样……一种自由的、不受约束的观点不是一位（成年）德国人的标志（盲人！）。"[72] 但是，正像爱因斯坦所承认的那样，如果抵制来自坚持非常普遍的原则以及这些原则被证实的推论，就像普朗克那样的情况，那么，抵制本身也可以是一种力量。"这是他整个工作方式的特点，或许一般地也是纯理论家的方法的特点。"[73]

1913年，普朗克和能斯特一起提供了几个诱人的高薪闲职：柏林科学院领高薪的普通院士、大学中无教课责任的教授，以及尚空缺着的威廉皇帝物理研究所的所长，把活跃且不循常规的爱因斯坦带入稳重的柏林物理学界。[74] 在第一次世界大战期间，普朗克和爱因斯坦在个人方面开始彼此尊重，并作为物理学家团结一致起来。在仔细的研究和说服自我之后，普朗克接受了广义相对论，"但只是作为一个理论家，"爱因斯坦写信给他的老朋友米凯耳·贝索说，"他是好样的。""我与同事的其他经历，表明他令人敬畏地在众多方面极富有人情味。"[75] 他们的关系很牢固，能够承受他们尖锐敌对的政治立场的分化力量。但是到了最后，极富人情味是无法否认的，他们在魏玛时期真诚的个人和同事关系也没能阻止他们在第三帝国时的最后决裂。

热心的教师

爱因斯坦的第一次婚姻很快就以离婚告终，他还把两个孩子留给了母亲，普朗克与爱因斯坦的情况迥然不同，他完美无缺地供养了一家四口，一直到他的第一个妻子在结婚23年之后于1909年去世。时年50岁的普朗克在一年半以后再次结婚；尽管经受着妻子去世的悲伤对他的折磨，但为了家庭和孩子，为了有个伴侣，也由于教授惯常的做法，他需要另一位妻子。他的第二个妻子玛格丽特·冯·赫斯林是他前妻的侄女，也是他巨大力量的来源。爱因斯坦在35岁时与他的第一个妻子分手，过着独身的生活，直到1919年与他的堂姐结婚，主要是为了使他的衬衫在家中被洗熨好这种便利。[76] 普朗克立场偏右且拥护帝国，是一个忠于家庭的人；爱因斯坦立场偏左且拥护人道主义，是一个孤独的人。爱因斯坦喜欢开粗俗的玩笑，当与学生和新闻记者在一起时并不鄙视这种放纵。普朗克虽然好交际，却非常矜持寡言，只有当他与同阶层的人在一起时才感到快乐，与这些人在一起，他才可能会端起一杯葡萄酒，点上一支雪茄，甚至极为愉快地讲一个温和的笑话。[77] 但他总是偏爱家人的聚会。"把一切事都抛到一边，"年轻时他曾这样写道，"整天都在家中生活，那该有多好。"在家中，而不是与同伴在一起时，他才让自己热情的天性充分表现出来。玛格丽特·普朗克也注意到了这一特点:"只是在家庭中,他才充分展现出他所有人性的品格。"[78]

普朗克把家安在带有宽阔花园的一所大房子里,按他的具体要求,房子建在带有乡村风味的绿森林,地处大学教授所喜爱的柏林近郊住宅区。他的近邻与同事包括汉斯·德耳布吕克,以及德耳布吕克的表弟阿道夫·冯·哈纳克——神学家、历史学家和行政官员。前者是一位杰出的军事史学家,在第一次世界大战期间曾帮助淡化了普朗克的政治观点;而后者,在德国科学的组织方面,普朗克曾与之密切合作。[79]

普朗克的花园住宅充满了音乐。他具有专业音乐家的钢琴演奏技能。当学生时,他曾为在教授家中举办的音乐晚会上的一些歌曲和一整出轻歌剧谱曲;他曾在学校的合唱团中担任第二指挥,在学生教堂里负责演奏管风琴,指挥一个管弦乐队,并学习过和声学和对位法。在他家里的表演中,他或是为好朋友约瑟夫·约阿希姆这位伟大的小提琴家伴奏,或是在一个包括爱因斯坦在内的三重奏小组中演奏,或是指挥他的朋友、邻居的孩子们以及他的一对孪生女儿一起合唱。他的孪生女儿也继承了他的音乐才能。在战争之前,这个成分混杂的合唱团每两周聚会一次。在那些日子里,他对音高的感觉是如此之完美,使他都几乎无法去欣赏一场音乐会,而邻居的孩子们在这方面则要差得多;但是,就像他的政治见解和热力学一样,他的耳朵逐渐地丢掉了专制主义,从而带给了他更大的满足。[80]

普朗克自己的演奏不仅是一种放松和消遣的手段,而且就像他的表侄汉斯·哈特曼所写的那样,还是他在生活中唯一使精神不受约束的领地。虽然他演奏所有伟大作曲家的音乐，但他喜爱舒伯特和勃拉姆斯甚于喜爱巴赫，并且赞赏舒曼。对于巴赫，他尤其欣赏《马太受难曲》中那些哀怨动情、催人泪下的部分。所有这一切选择，都揭示了在他平静的外表下浓郁的浪漫主义气质。[81]这种浪漫主义的气质与他对超越人类的世界图景的追求十分相似，与他对于传统和国家的看法也十分相似。

普朗克的世界的中心，是在主要的学术中心里面主要的学术机构中，即大学和柏林科学院中。此外，还要加上世界上最重要的物理学专业团体：德国物理学会（原柏林物理学会），这个学会掌握着世界上最重要的物理学期刊《物理学杂志》。每周一次，大学有学术报告会，科学院有会议；每两周，物理学会要聚会一次；普朗克出席所有这些活动。除此之外，他还担负着一所大型大学中教授的日常职责，"无休无止的会议、考试和撰写报告"。[82]为此，他得到4400马克的薪水和900马克的住房补贴。这两项加起来，再加上他从科学院领的900马克薪水，他来自职业的基本收入是6200马克（不算其他酬金和版税），这个数目比1900年前后普通物理学教授的平均收入要稍低一些。[83]毫无疑问，对于维持在绿森林舒适的花园住宅来说，数目可观的其他酬金和版税，也许还有他夫人的收入，都是必不可少的。[84]

普朗克的责任感以及对行动的深思熟虑，使他成为一个杰出的公民，甚至是大学的一位保护人。实验物理学教授奥古斯特·孔特在1894年去世，就孔特的继承者的选择问题，他与掌权的普鲁士教育部部长弗里德里希·阿尔特霍夫进行过较量。这一继承权是最重要的：它不仅涉及柏林大学这个普鲁士学术的中心，而且还涉及由于它当时因与技术越来越相关而引起的入学人数迅速增长这一问题。[85]校方推荐的是埃米耳·瓦尔堡，而阿尔特霍夫却穿梭往返于其他候选者之间，"只是要（在普朗克看来）回避校方的推荐"。这激怒了普朗克。"一个人不需要赞成犹太主义（瓦尔堡是犹太人），也能发现这样一种程序是极为成问题的，它从根本上无视客观的考虑……尤其是不尊重校方的权威，而校方是在深思熟虑后才得出其结论的。"普朗克寻找机会向部长敞露心扉。也许他找到了机会：对世界的总体看法与普朗克相同的瓦尔堡得到了任命。[86]

关于普朗克的学术管理工作的另一个例子，是他在著名的阿伦斯案例中的立场。这一案例使大学的特权与对普鲁士政府所负的责任对立起来。作为由大学在1895年任命的一个特别委员会的成员，普朗克帮助对普鲁士文化部（公众崇拜与教育部）要处罚物理学无公薪教师（讲师）利奥·阿伦斯的命令做出回答。阿伦斯的过错在于他是社会民主党党员，并以言论和金钱来支持该党。作为一位学者，以及——像普朗克一样——作为一位银行家的女婿，阿伦斯从两方面都得到不少的生活费用。在很长的时间中，他为党的主要出版物《社会民主党月刊》提供资助。

按照法律和习惯，无公薪教师不是政府雇员，对其进行处罚的权力属于大学，而不属于文化部。更早些时候，普朗克曾赞扬他在部里寻找孔特的继承者期间，致力于使实验室的工作继续进行；[87]普朗克的委员会发现，阿伦斯是一位出色的教师和合格的科学家,他并没有把他的政治观点引入课堂上来。委员会拒绝处罚他。委员会的决定引起了新闻界观点的尖锐交锋,保守的报纸谴责校方"鲁莽的行为",开明的报纸则赞扬校方是"科学自由的捍卫者"。1898年,普鲁士立法机关通过了一项以阿伦斯法而闻名的法律,此法指定处罚无公薪教师的权力属于文化部。部长再次要求大学把阿伦斯赶走;普朗克的委员会立场坚定,政府只好自己去干卑鄙的勾当。[88]与本国政府作对普朗克不会感到愉快,但当他珍爱的学术界与政府发生冲突时,他知道应站在什么立场上。至少,在1900年前后,他是这样做的。

对当时大学中的另一件事,普朗克也表现出他站在开明的一方。在回答1897年提出的对许多著名大学的质询时,普朗克承认,在原则上不应否认妇女在大学中学习的权利。他自己也曾尝试进行试验,"起码这与学校的秩序是协调的",并许可少数几位妇女参加他的讲座,但这许可是可取消的。以此,他把早年被易卜生的《玩偶之家》中女主角娜拉唤醒的对妇女权利的同情付诸实践,娜拉在一个男性世界中的樊笼生活与他的正义感是相悖的。他讲到,但这还不足以怂恿妇女离开她们的社会和生物职责为她们所设定的位置。"一般而言,人们不能足够有力地强调说,自然界本身限定了妇女作为母亲和家庭主妇的地位;不能足够有力地强调说,在任何情况下都不可能忽视自然规律而不蒙受尤其将在下一代身上表现出来的严重损失。"用这个特殊方式反抗自然的勇气在德国的大学中逐渐增大。在普朗克作为大学校长的1913—1914年间,有不少于770名妇女在柏林学习,在整个帝国,她们的人数几乎达到3500人,大约占大学学生人数的百分之六。[89]

到此时,普朗克已成为杰出的妇女科学家的声援者。在维也纳大学理论物理学研究所的那间接待室里,他就意外地遇见了这样一位妇女科学家。第二定律的统计表述就是在那里提出的。普朗克被要求接替在1906年自杀的玻耳兹曼。在那个地方的众多吸引力——无穷无尽的音乐,邻近普朗克喜爱的在蒂罗林远足的地方,以及对一个新研究所的许诺——当中,有一项就是玻耳兹曼的学生丽丝·迈特纳。普朗克倾向去就任玻耳兹曼的位置,他曾学习过这个人的工作,赞誉其工作是"理论研究最美妙的成功之一",但最终谢绝了,他告诉维恩说,这主要是由于柏林的教职员对挽留他表现出超出预料的兴趣。[90]于是,迈特纳也来到柏林,在普朗克的帮助下,她在研究教授和院士埃米耳·菲舍尔的化学研究所中获得了一个位置。1912年,普朗克任命她为自己的助手,并在两年后与菲舍尔一道挫败了一些人想把她赶到布拉格大学的努力。迈特纳与她的合作者奥托·哈恩一起,定期参加普朗克的音乐晚会。她成了普朗克最亲密的朋友之一。[91]

1900年以后,普朗克作为教育者的义务迅速增加。他对《物理学杂志》难以计数的撰稿者提供建议,为此,在1895年,他接替亥姆霍兹成为物理学会的编辑负责人。1906年以后,普朗克对刊物的参与可能更多了,当时维恩接替保罗·德鲁德负责日常编辑工作。(1905年埃米耳·瓦尔堡去领导帝国研究所,德鲁德接替了他。德鲁德在1906年的自杀把鲁本斯推上了孔特旧日的教授职位,这使柏林的实验家们稳定了15年之久。)[92]就处理有关理论课题的手稿，普朗克提供建议；在此过程中，他提出了在物理学这一方和在他认为是从属性的数学与哲学的另一方之间明确的划界。这些界限和普朗克对数学陈列品的抵制，有助于限定正在形成中的理论物理学的范围和方法。[93]

从1894年到1905年，普朗克在瓦尔堡的教授任期中（为使内阁放心？），负责对大学中实验物理研究所以及他自己的小型理论物理研究所的整体管理，他自己的小研究所还附属一名助手和一个图书馆。最大的工作要求还是来自选修他课程的学生人数的剧增：1890年为18人；1900年为89人；1909年为143人。他每周讲4次课，在第5天则处理问题、解决问题。每6个学期，他就要把整个的课程——力学、流体力学、电动力学、光学、热力学、分子运动论轮流讲一遍。[94]最终，他出版了几本书，涵盖了所讨论的大多数论题，他关于热力学和热辐射的课本是明晰性的典范，以数种语言出版了好几版。

当然，这种论述是有条理的，统一的。对于那些习惯于支离破碎而且经常是结结巴巴的英语教学风格的人来说，印象尤其深刻。化学家帕廷顿评价说，普朗克是他所曾聆听过的最出色的讲演者。曾在剑桥学习过的印度物理学家玻色，在柏林经历了他所称的一次"革命"。"在听了普朗克的讲课后，（我知道）一个物理学的体系意味着什么，其中整个的论题是从一种统一的观点和最少的假定所展开的。"[95]然而，理想的讲课也许不会鼓舞那些初学者，就像普朗克本人在对基尔霍夫的例子所做的评论那样。[96]或许是由于这一缘故，也由于他让博士候选人自行发展的政策（就像他的教授对他自己的那样），普朗克只吸引了极少超前的学生，而且没有建立学派。

在普朗克40年的教学中，大约二十多人在他的指导下得到了博士学位，在此过程中，他至少耐心地参加了650次的博士学位考试。最著名的是马克斯·阿布拉罕（1897年），马克斯·冯·劳厄（1903年），莫里茨·石里克（1904年），库尔特·冯·莫森吉耳（1906年），瓦尔特·迈斯纳（1906年），弗里德里希·赖歇（1907年），恩斯特·兰姆拉（1912年），瓦尔特·肖脱基（1912年），瓦尔特·玻特（1914年），或许还有更多的一两个人。这份名单包括了两位诺贝尔奖获得者（劳厄和玻特），其他几位重要的物理学家（阿伯拉罕、迈斯纳、赖歇、肖脱基），以及一位著名的哲学家（石里克）。莫森吉耳是最有希望的学生之一，他完成论文（普朗克帮助了它的出版）后不久在一次登山事故中丧生。[97] 这篇论文是关于相对论的，主要是在1906—1914年间，普朗克至少有三分之一的博士候选人研究过这一课题。在普朗克的指导下，一些学生以获得大学无公薪教师的资格开始了他们对学术阶梯的攀登。这些人有：写力学论文的奥托·克里格尔-门泽耳（1894年）；写热力学论文的阿尔伯特·拜克和劳厄（1906年）；写辐射理论论文的赖歇（1913年）；写放电理论论文的鲁道夫·西里格尔（1915年）；写量子论论文的格哈德·黑特纳（1921年）以及写光电效应论文的玻特。在所有这些人当中，劳厄在普朗克的指导下攀登了所有较低层的学术阶梯，并在柏林取得了事业的大多数成就，他是普朗克这位教师最忠实的门徒，也是"一位亲密的挚友"。[98]

与普朗克对博士生宽厚的放任相比,他在备课中的精心更好地表明了他对教学工作的关注。初学者在没有指导的情况下可能很容易迷失方向,而普朗克对指导初学者具有浓厚的兴趣。甚至在他的高中时代,当他替代数学教师6周时,他曾体验了"教授另一个人的一种极大的满足,而且看到信息怎样落在富饶的土壤上并成倍地繁茂增长"。[99]他的助手的主要工作,就是每周改正初学者的习题集,把结果与普朗克讨论,普朗克则会让那些做题好的学生在练习的时间里为其他学生示范。[100]这种方法既鼓励了竞争,同时又阻止了传抄其他人的正确答案。

普朗克也对中学里的物理教学改革和大学里对物理教师的培养感兴趣。自20世纪初以来,像物理学会和自然科学家联合会这样一些职业群体,热烈地讨论了这些改革。所有的人都同意认为,实验物理学相应于它对社会的重要性和"对思维发展的重要意义",应在中学占有一席之地。[101]在1905年,被调查的大多数普鲁士学校都声称,如果能得到购买必要装备的资金,他们自己愿意提供实践的指导。[102]在大学这方面有两个问题十分突出:对于在中学里被预期的新形势,未来的教师应怎样做准备?为了对来自改革的中学里准备充分的学生进行继续教育,大学中的导论性课程应该怎样去教?

改革者们一致认为,未来的教师应修一门特殊的课程,在这门这课程中,他们应学会安装和修理仪器,学会使用设备制造者的工具;他们也应进行讲课的实践,或许还应学一些其学科在"历史上重要"的方面。这最后一条建议是由哥廷根的卡尔·T.

菲舍尔那个最博学的小组提出的,菲舍尔曾应自然科学家联合会教育委员会的要求准备正式的计划,这个计划被在明斯特的海因里希·科南付诸实践,也许还被其他人付诸实践。[103]

至于导论性大学课程的水准,许多人认为其目标太低,为了未来的医生和药剂师的利益,重复了较好的中学较好的毕业生已经知道的内容。重复的内容往往会把有准备的学生赶到数学课程去,因而变得不适合在中学教授实验物理学。改革者们希望通过提高大学教学的水准来打破这种循环。[104] 普朗克完全赞同这一计划,尽管是以他惯有的节制来赞同。在物理学会通过了一项关于大学中实验课程应瞄准高中或相当的学校水准的决议时,他出席了会议。[105] 正如他告诉维恩时所说的那样,所谈及的水准应是毕业生平均达到的水准,而不是最杰出的毕业生的水准。

有道理的似乎是,这些教学的问题有助于促成普朗克首次公开宣讲其科学哲学,这次公开宣讲是在1908年12月进行的。这次宣讲的出现,显然是对讲德语的重要认识论家,也即奥地利哲学家恩斯特·马赫没有什么道理的攻击。在其他人已服输之后,马赫仍然继续轻蔑地拒绝原子,他含沙射影地指出,可以只从直接的感觉经验出发建立一种不带有先入之见的物理学。这些观点对普朗克在1900年前后转变信念期间形成的立场提出了挑战;从而,他不会喜欢菲舍尔的计划,因为这个计划要使"历史上重要的"——也即马赫主义的——哲学成为物理教师讨论班上标准的内容之一。普朗克知道马赫坚定的独立性的吸引力,当他为自己独特的热力学的生存余地而战斗的时候,他在这种独立性中感受到了一种相似的精神。他了解这种诱惑力,以及他所想到的马赫对一种不带有形而上学的科学之允诺的危险,这种允诺一度曾骗了他,而且他从前的学生阿布拉罕和兰姆拉曾以此名义反对过现代物理学的发展。[106]

在普朗克最早关于教学问题的思考中,马赫主义的观点和术语的痕迹总是随处出现。当他发愁怎样以最好的方式向初学的学生讲授力学时,他于1881年在写给荣格的信中,坚持说需要紧密依靠经验。从而,引入力的概念应提及肌肉的活动,科学的目标应被描述为对于在确定的状态下一个人可以体验到的感官印象的计算。[107]在1887年获哥廷根奖的论文中,他断言说,一个物理学的定律越是深刻、越是全面、越是确定,它与直接观察结果的联系就必定越紧密。因此,需要把能量原理奠基于"真实的经验事实之上……最大限度地避免所有的假定"。这些话出自普朗克1887年出版的《能量守恒原理》的序言;10年后,他仍然声称热力学定律是"非常普遍的事实"。[108]但就我们所知,普朗克从未持有马赫关于不能实现力学的还原的观点;对于普朗克认为科学中最需要的物理学来说,这种观点起码为统一的方法提供了一种模型。[109]

甚至在普朗克转而相信玻耳兹曼的方法之前,他就揭露了马赫是一位伪预言家,对热力学缺少了解。"就人们所关心的马赫而言,我必须说,虽然我在其他方面非常欣赏他的判断的独立性和尖锐性,但对于所考虑的第二定律,我不认为他有足够的资格讨论。"[110]1896年,普朗克感到自己有义务明确讲出对威廉·奥斯特瓦耳德的唯能论的反对。唯能论从马赫那里汲取了一些反面的论据。唯能论者们想要用能量方程以及能量方程的变换来取代所有的物理学，包括基本的力学。普朗克与玻耳兹曼一起，宣称这一方案是一派胡言。典型地举例来说，引起他尖锐攻击的动机是教学和责任的问题："我认为，我的责任是要告诫大多数人坚决地反对唯能论在它近来选择的方向上进一步地发展，唯能论意味着从目前理论研究结果的严重倒退，其后果只能是鼓励年轻的科学家们去做一知半解的思辨，而不是鼓励他们通过研究已确立的杰作而全面打好基础。"[111]在普朗克对辐射的研究使他转向相信玻耳兹曼的方法之后，他并非不合情理地假定这种漫长乏味的努力在某些方面要归因于马赫的影响，他开始认为这种影响是有害的，甚至是危险的。[112]

1908年，普朗克有几次机会重新考虑马赫的哲学。在改进科学教学的计划中，在他自己的《能量守恒原理》重印本校样中关于马赫主义的段落里，他明确地发现了它；相对论中主要的进展建立在拒斥感觉证据的基础之上，在他关于相对论的著作中，他隐约地遇到了它，或者说是它的不足之处。作为一位热心的教师，作为一位物理学教授，他觉得有义务大声疾呼；作为一位敏锐的学术政策的观察者，他知道在什么地方和向谁去疾呼。在这一年的秋天，普朗克心烦意乱，这是由于他认识到他的量子理论给物理学带来的麻烦；由于玛丽的生病；由于说他被授与诺贝尔奖的虚假谣言的透露，而当他思考在他首次于德国以外做的重要演讲中说些什么的时候，他处于一种不典型的好斗的情绪之中。这次演讲是计划于12月在莱顿为洛伦兹而作的。[113]

02

捍卫世界图景

反对马赫 \ 在科学院

在战争中 \ 与命运抗争

反对马赫

普朗克的莱顿演讲围绕着物理学是否趋向于统一的问题展开。一旦正确地,也就是说肯定地给出了回答,这个问题就迫使有哲学头脑的物理学家面对另一个范围更广泛的问题:由于统一而包含和实现的世界图景,是适合我们需要的事实的呈现呢,还是对独立于感知的头脑的客观自然过程的反映?[1]至于原来的问题,则是再清楚不过了。在一开始,物理学至少有像物理学家所感觉到的那么多主要分支:力学、光学、声学、热学、电学,以及磁学。很快,力学就吞并了声学,后来又吞并了热学;电学和磁学统一了起来,并把光学包括在内。唯一的问题只是在两个幸存者中谁将吞并另一个。普朗克把赌注押在了电动力学上。其实他曾说过,这两者之间的对立被过分夸大了。相应于他多年所强调的主题,他把物理学中唯一深刻的分裂定位在在可逆过程和不可逆过程之间表面上不可逾越的裂痕上。[2]

我们知道,普朗克相信概率和杂乱无章的分子可以填补这一裂痕。他从玻耳兹曼那里得到解围之神，不仅责备统一性，而且责备一种客观世界图景的神圣象征：对熵的概率解释拯救了力学还原的纲领，同时也把不可逆性的概念提升为一种与人类的努力和足智多谋无关的原理。通过这样一种解放，热力学分担了统一过程的基本特征，逐渐地消除了世界图景带来的目光狭窄。[3]

音乐虽然可能听起来优美，但只不过是空气的一种拍击；热，只不过是另一种运动形式；光，只不过是电和磁的替代者。物理学的目标不仅是概念的统一，而且是在所有的地方一切无论有无人类感觉的物理学家都能独立地得出的原理上的统一。普朗克引用在他的辐射定律中涉及的常数 h 和 k，作为由非拟人论得到的统一可以成功的指征。对于任何特殊的物体或物质，这两个常数、引力常数以及光速都具有一种与参考系无关的普适特征。这就是问题的要点："在它们的帮助下，我们有可能建立长度、时间、质量和温度的单位，对于所有的文化，甚至地球以外的和非人类的文化，它们都必然保持其重要性。"[4]

这种统一的、超越于人类的科学的目标意味着，必然要肯定地回答"是否有完全独立于我们自己的真实自然过程"这一问题。但是，这种回答与马赫哲学的基本信条相冲突，按普朗克的说法，这种基本信条把唯一的实在置于感觉中，确信物理学的目标是人类思维对人类经验最经济的判断。看起来，马赫主义者们选择作为科学之基础的东西，正是那些当科学进步时科学所抛弃了的、特殊而且目光短浅的要素。马赫主义者们的教条使得作为物理学之基础的事实和标准变得不可理解，这种事实和标准就是：在不同时间、不同场合工作的独立的研究者们，在他们的经验具有任何科学价值之前，对现象的看法必须是观点一致的。

然而，这是一些不切实际的问题，人们可以不解决它们而研究物理学。对普朗克来说，更为阴险的是，马赫用他对原子论的攻击来误导从事实际工作的物理学家。普朗克以他信念转变者的热情，认为原子像行星一样真实。当热心的科学家受到能量守恒原理的启发，教导别人说整个自然界很快就将在力学的基础上得到解释时，马赫对感觉的优先权的坚持是起了有用的作用的。"但是（马赫）把物理的世界图景和力学的世界图景一道贬低，他做得过火了。"[5]

普朗克以一种论证得出结论说，马赫可能发现了整个辩论最令人不快的内容。马赫最著名的著作《力学科学：批判与历史的解释》，以历史上的例证作为基础，来举例说明他的认识论。普朗克断言说，任何一个伟大的物理学大师都不是因记住马赫的规诫才创立了他的科学的，这规诫就是："经济的思考显然是最后的事情，它使这些人在反抗已接受了的概念和不可一世的权威的战斗中像钢铁一样坚强。"简而言之，从那些操心以最少可能、最少抽象的概念来使思想与经验相符的物理学家那里，根本一无所得。这种贫乏是假预言者的标志："凭着他们的果子，就可以认出他们来！"[6] [1]

---

1. 这句引文出自《圣经·马太福音》，它也在本书最后一章的最后一节作为标题被引用。——译注

在普朗克随后20年或更长的时间中的多次讲话里,他在莱顿演讲中的主要论点反复出现,不断完善,或者说得到进一步的阐发。他把实证主义看作一种当前的危险,并且像一位出色的活动家那样,甚至把那些除了常识之外他几乎任何见解都与之不一致的人作为同盟者。他接受了谈论心灵的奥里弗·洛奇爵士,这是因为洛奇"对一个独立于我们的真实外部世界的坚定不移的信仰,在这个外部世界中,人类扮演了一个相对适度而且是从属性的角色",也是因为他合乎逻辑地拒斥"实证主义的观点,这种观点通过断言所有与这一真实的外部世界有关的问题都是无意义的,从而把它们全都排除在外"。[7] 反实证主义是普朗克各种认识论著作的主题。因而,令人惊讶的是,一些物理学家—评论家想象他唱的完全是另一种调子。莱昂·布里渊把他作为实证主义者;阿尔布雷希特·乌索耳德在对他的致辞中,把量子理论的发展解释为对世界图景的一种拟人化;马克斯·玻恩利用产生了混淆的机会,根本否认普朗克的思想可以被归类。[8] 对物理学家们系统地思考他们学科之外的东西的抵制,或者漠不关心,可能有助于解释为什么普朗克认为一次又一次地陈述他的观点是重要的事情。

1909年春天,在他第二次作为派系中的哲学家露面时,他首次重申了自己的看法。地点是纽约市的哥伦比亚大学,在那里,虽然他在科学上没有学到任何新东西,但他发现了新世界的活力和对新思想的一片盛情,从而(他写信给维恩说)比从前任何的旅行都获益更多。[9] 带着非常有条理的清醒头脑["整个

（在哥伦比亚）期间，我没有喝一滴葡萄酒或啤酒，也没有靠近任何烈性酒，因而感觉异常良好"]，[10]普朗克在纽约的演讲从他在莱顿结束抨击的地方开始。关于物理学理论的经济概念可能是表面上有道理的、清晰的、明确的、反形而上学的，他对热情友好的听众们说，"但是——我的朋友们——这种观点从未带来物理学中的任何进步"。他提供了取消拟人化的历史证据以及这样做的理由："目标只不过是理论物理学体系的一致性和完备性，事实上，体系的统一不仅是就所有的细节而言，而且涉及所有地方所有的物理学家、所有的时代、所有的人，以及所有的文化。"[11]

1910年9月，在柯尼斯堡作为主角向自然科学家联合会发表的一次演讲中，普朗克再次提起统一性的问题。这次他的目标不是要把学生们从假预言家那里解救出来，而是要向物理学家们再次保证，近来在他们的领域中迅速的革命破坏了力学还原的纲领，但这一革命并不意味着实现统一的世界的图景的延期。相对论和最小作用量原理，尤其是普适量数，已被认作是新的世界图景的建筑砖石；相对论极出色地刻画出非拟人化倾向的特征，这种倾向是物理学中所有深刻进步的标志。[12]

几乎无须多说，一种独立于人类愿望的科学与马赫主义的唯我论不符，更与普朗克和他的同事们的感觉不一致。讲德语的理论物理学家喜欢把自己作为艺术家来推荐。并不是逻辑，普朗克写道，而是创造性的想象力"点燃了那些闯入黑暗区域的研究者心中新思想的第一束火焰"；如果没有想象力，"出色的新思想就不会出现"。⁽¹³⁾他赞扬赫尔曼·闵可夫斯基"艺术家一般造就的天性",赞扬阿尔伯特·爱因斯坦特殊的"想象的力量",赞扬阿诺德·索末菲"向前摸索的想象力"。⁽¹⁴⁾爱因斯坦反过来评论普朗克"真正艺术家的风格",以及驱动他的创造性的"艺术强迫力"。⁽¹⁵⁾源自人类个体特殊天才的各种观点,怎样才能综合成一种非拟人化的世界图景呢?普朗克用相对论的辞令来回答:寻找物理系统的"不变量"。这就是物理学家的责任,也是他的信念。"在需要我们的心灵和身体的耐心而且经常适度细致的工作过程中,如果有任何思想使我们坚强,使我们高贵的话,那么,正是在物理学中,我们不仅是一天、不仅为了片刻的成功,而是像过去那样,是长达整个世纪的劳作。"⁽¹⁶⁾

普朗克对马赫的攻击被人们不同程度地接受。可能他在莱顿和纽约的听众为他的常识实在论喝彩叫好,在那些地方,中欧风格的实在论极少有拥护者。然而,大多数发表了的评论出自德国人和奥地利人之手,他们已经把自己的认识论认同于马赫的认识论。威廉·奥斯特瓦耳德责备说,普朗克用只适合于物理学的色彩来描画世界图景。那么,怎样解释心理现象呢?科学家应该能够从对物理现象的描述转到对心理现象的描述,而不用改变他的原则,在奥斯特瓦耳德看来,这正是马赫的要点。只有天生特殊的人才能迈出这样一步。一种真正统一的科学,是不能以冒牌的世界图景统一者所提议的方式来获得的。

同样的要点也为老马赫主义者约瑟夫·佩措尔德提出,他指出统一是马赫的强项:"普朗克可以有任何动机求助作为前辈的马赫,但不能攻击他。"[17]爱因斯坦的老朋友弗里德里希·阿德勒也附和佩措尔德的抱怨,认为直到普朗克的信念最后发生了剧变——这把他带到了不变化的实在的概念,他与马赫有许多共同之处。[18]爱因斯坦本人后来也站到与马赫相同的阵线:"你对更年轻一代物理学家的认识论观念有如此巨大的影响,以至于像普朗克这样你目前的对手,无疑也将被几十年前任何积极活动的物理学家看作马赫主义者,当时所有的物理学家都是马赫主义者。"[19]

马赫并不在意弄混普朗克的观点和他自己的观点之间的差别。在一次措辞尖锐的回答中,他回顾了他的认识论的基本内容,重申科学有其在生物需要中的起源,重申像自然物种这样的科学概念,仅仅在它们"经济"的时候,也就是说,在它们对于形形色色的经验是方便和可靠的简略表达方式时,才会幸存下来。[20]利用与独立于观察者的一个真实世界的比较,不可能有对科学真理的检验。"总的来说,在所有的观察中,在所有的见解中,环境和观察者都进入表达之中。……对我来说,对一种在所有的时代和对所有的人(包括火星人)都有效的物理学的关心,似乎是非常不成熟的,甚至几乎是令人发笑的,与此同时,许多日常的物理问题却使我们负担沉重。"[21]

然后,马赫转向讨论普朗克的宗教隐喻。"如果对原子的实在性的信仰对你是如此的不可缺少,我关于物理学的思考就将没有更多的事可做了,我将不是一位合适的物理学家,我声明放弃所有的科学声誉,总之,不,感谢你,是向信仰者的共同体放弃。思想的自由对于我更为珍贵。"就马赫所关注的内容来说，普朗克的原子宗教像所有其他的宗教一样，建立在偏见和无知的基础上：在普朗克的情形下，是一种把世界图景仅仅奠基于物理学之上的偏见，是一种改变信仰而对成问题的认识论争端没有适当知识的无知。[22]

普朗克并不在意因宗教的隐喻而被"授予奖章"（就像他对自己受到的待遇的描述），或作为一位冒牌哲学家而被不予考虑。他决定作为一位物理学家也作为一位认识论家来打击马赫。在1910年7月，他以几乎同样的语言写信给马克斯·冯·劳厄和威廉·维恩："直到10月，我会让他在文章中高兴，然后，他将希望他从未写过那篇文章……自然，我愿意避免任何会使这位值得敬重的老人个人受到伤害的事，但现在我必须起来反抗他的'反形而上学'理论；我承认这是由于我自己坚定的信仰。"[23]很难看出普朗克怎样能够相信他的回答不会伤害马赫。他开始把自己从马赫哲学的转向解释为是发现了这种哲学激进的谎言的结果，这种谎言即"以任何方式，都不能做到从物理学的认识论中消除所有的反形而上学要素"。由于不能实现其不可能的许诺，对于普朗克，马赫主义除了一种形式上的价值之外，再没有什么东西，也就是说，根本没有价值，"因为所有科学研究首要的特征，即一种恒定的世界图景的发展，是与它无关的"。[24]

进而普朗克根据马赫工作的成果来评判它本身。通过从离家最近的树上的采集，他证明马赫对热力学和温度的原理理解得不充分，例如像在马赫的《热学原理》中的陈述；他抨击著名的

《力学科学》丝毫没有任何有用的结果或定理，或源于对科学的生物—经济观点的富有成果的建议。"恰恰相反：在马赫试图在他的认识论的意义上独立地前进的地方（就像在他对旋转运动的相对论的讨论中），他经常是以错误结束的。"希望发展他的学科的物理学家必须是一位实在论者，而不是一位经济论者。"在现象的活动变幻中，他首先必须寻找持久的东西，不可毁灭的东西，独立于人类感觉的东西。过去总是如此，现在如此，将来也会如此，尽管有 E. 马赫和他提出的反形而上学。"[25]

这一次，普朗克内心的强制力几乎把他推到当时哲学斗争所允许的界限之外。马赫的追随者们对普朗克诽谤他们领袖的努力提出了抗议：这是"令人痛苦和无礼的"，是"一位成熟的科学家史无前例地不负责任的裁决和宣判"。[26]爱因斯坦感到奇怪，普朗克怎会如此糟糕地误解马赫的目标，以至于认为它们对科学有害。[27] "尽管有普朗克不公正的批评"，在当时，爱因斯坦仍然把马赫看作他的向导，认为他自己把惯性等同于引力质量是对马赫的《力学》的卓越的证明。[28]但是，德国带头的理论家们很快就支持了普朗克。

在 1917 年发表的马赫的讣告中，索末菲认为，这位已故哲学家的认识论既不强有力也不富有成果，从而不再考虑它；他还注意到爱因斯坦不能从经济原则中得出相对论。"探索中的科学家沿着一条黑暗的道路为一个朦胧的目标而奋斗，他们需要一种比马赫的理论更明亮的指路明星。"[29]大约就在同时，爱因斯坦开始像普朗克那样谈论，但用的是有他自己特色的语言。"（马赫反复唠叨的话题）不会带来任何有生命力的东西，只能消灭有害的蛀虫。"在从马赫去世后出版的《光学原理》第二版的序言中，知道了他智力上的英雄把相对论作为教条和非经济的理论而否定之后，1922年，他首次将自己对马赫学说成熟的看法公之于众。此时，他承认他曾经发现的马赫强有力之处是其强烈的独立性，而不是其极端的实证主义。"这是一种糟糕的观点。……就力学来说他是一个出色的研究者，但他是一位差劲的哲学家。"[30] 再者，为了使这一群体的观点更加完满，劳厄开始强调说，理论物理学产生于要使"物理世界图景在其统一的意义上"变得完善这样一种深切的需要。[31]

任何对一位科学家，如爱因斯坦或普朗克的成长做出了像马赫这样重要贡献的人，对之都不需犹豫地可用其学说的成果来评判。普朗克要求一种好的认识论应带来新的物理学知识，创造一种能传递到成果中的思想倾向，这样的要求似乎过于严厉了。[32] 普朗克和马赫的辩论不是在同一个层次上进行的。他们中一个人推荐常识实在论作为唯一再现了他自己的目标和创造性经历的哲学。另一个人则把一种极端的实证主义描述为唯一理解某时某地科学思想起源和演化的体系，唯一理解获得科学知识的经验模式的体系。[33]

在注意到越来越抽象的世界图景渐渐接近真实的世界的情况下，普朗克反对世纪之交前后他的同事们阐述的物理概念。按照当时大多数代言人的说法，物理学的目标不在于真理，不在于对事件真实的最后说明，而只在于对现象的一种精确的描述。这种

"描述主义"（接着一个维多利亚时代的老词，仅仅对一个描述者才用它来称呼）最有权威性的章节，是古斯塔夫·基尔霍夫的名言，1875年，基尔霍夫声称，作为精密的物理学之典范的分析力学，不是以关于自然的真理，而是以对现象的描述作为目标，这使他的同事们感到震惊。到1881年，普朗克已经抨击了这种观念，认为它没有留出余地给科学的高贵，或者说没有留出余地给科学处理未被观察的事物的能力，这种能力就是做出预言。"如果自然科学不能预言，那么它们充其量不过是学者的娱乐而已。"[34]

由于马赫的鼓动，麦克斯韦的电动力学的兴起，以及利用力学对宇称不严谨的说明模型，基尔霍夫的思想得到了人们的接受；1900年，在巴黎召开的国际物理学会议回顾并庆祝19世纪的杰出成就，描述主义是这次会议的基调。同样的学说——科学家的目标是描述世界怎样影响了他们的感觉，而不是发现自然的蓝图——渗透于当时在学术性学会、科学促进会以及其他科学家与公众会面的场所的许多演讲中。导致这种非同寻常的自我克制的原因之一，就是希望要平息当时广泛传播的对自然科学的攻击，如攻击自然科学是精神和道德堕落的原因，是信仰和家庭的敌人，是对优秀的文学的威胁，是社会主义的同盟者。通过否认他们的目标超出描述的范围，物理学家们撤回了关于事物的本性的断言，因这些断言可能会把他们带到与已确立的宗教和道德秩序的捍卫者们的冲突之中。[35]

作为一种防御"物理学的结构受到来自外部的攻击"的武

器，马赫哲学的功用被有洞察力的观察者们认识。[36]尽管普朗克对科学高度的文化和智力价值立场坚定，并正要表述这种价值，但他也承认，需要发表公开声明来否认科学具有对真理的垄断。在他的哥伦比亚演讲中，他提到了过低和过高评价理论物理学的危险，并选择了过高的评价为更大的威胁。他说到，不了解这一问题的人们认为，我们将很快就能够"不仅充分地看穿原子的内部结构，而且用物理公式来掌握精神生活的规律"。他告诫说，不存在有利于这两种期望的证据，并相当反对这两种预期。在1913年于柏林科学院作的演讲中，他抨击那些声称能够只从科学来构造一种令人满意的世界观的人。他说，那将是草率的，既是对科学价值的损害，也是对精神价值的损害。他解决争端的方法不是以描述主义的方式放宽科学的真理主张，而是允许其他的主张和努力去统一整体。[37]

与马赫的交锋给普朗克带来了哲学家的身份。但对于他，这并不代表一种地位的提高：哲学，他说，是任意的，所有的人都有权选择自己的哲学；科学则是"强制性的"，对所有的人都一样，并且由于它有更多的拥护者，从而更为重要。不过，他的新身份在其他人的看法中提高了他的地位，并开辟了一个更广阔的活动领域。"人们抱怨说，"神学家哈纳克这样写道，"我们这一代没有哲学家。这不公平：他们现在属于其他的科系。他们的名字就是马克斯·普朗克和阿尔伯特·爱因斯坦。"[38]

在科学院

对于普朗克,科学的统一性不仅意味着共同的概念基础,而且还意味着一种相应的机构的表现。被一般化了的各门力学是其中之一者,而科学院就是其中之另一者。像柏林科学院这样的有多种功能的学术团体,至少在言辞上,担负起囊括所有人类的科学和想象,其成员虽然学科不同,却以一种共同的方式追求共同的目标。带头的德国学术部门通过建立联合机构,来支持科学探险和再版经典著作,增强了有知识的人——如果不是名人的话——的联合;作为柏林到联合机构的代表,普朗克有一项令人愉快的任务:努力安排玻耳兹曼科学论文集的出版。〔39〕但是,甚至这种联合机构也没有充分地代表知识的统一和策略。它在上面支配国际学术联合会,此联合会建立于1899年,部分原因是要与像物理学会这样的专业组织不断增大的影响和离心力做斗争。它把向着真理的一种国际性的、客观的、统一的、合作的进军作为自己最大的抱负。〔40〕

普朗克也具有这种抱负,就在第一次世界大战之后,当这种抱负很难得到尊重时,他最充分地表述了它。当时,在对他的老朋友海因里希·鲁本斯的纪念演讲中,他阐明了这种学术理想:

> 鲁本斯不仅是一位物理学家和从事研究的科学家,他首先是一位院士。在他于国内国外获得的众多荣誉中,他总是把入选柏林科学院作为最高的荣誉。其原因深深地根植于他

对此团体的重要性的看法,根植于他对这样一种学术观点的热情——即尽管科学可能分化出众多的专业,但它在本质上依然是一个不可分的整体。因此,具体体现了这种统一性的科学院,不仅具有典型的特征,而且必须服务于迫切的实际任务——推进各门科学在共同工作中的联合。[41]

1912年,普朗克为此学术理想承担了正式的责任。他当选为柏林科学院的数学—物理分部的两名常务秘书之一。这是德国科学中最有影响的位置之一。他的同事们知道他献身于他们的团体的共同理想,以及他对职责的不辞劳苦,判断说,到当时为止他是他们当中对此工作最领先的有资格者。在20票中,他们投了他19票,投剩余一票(并弃权?)的是瓦尔特·能斯特。普朗克接替了从1878年起任职的天文学家阿瑟·冯·奥沃斯的工作,并与解剖学家威廉·瓦尔登叶尔携手合作,瓦尔登叶尔于1896—1919年间服务任该职。他们在哲学—历史分部对应的成员是赫尔曼·迪耳斯(于1895—1920年任秘书)和古斯塔夫·罗特(于1911—1926年任秘书)。迪耳斯是学术理想的化身,曾撰写哲学、科学和古代技术方面的著作,罗特是一个很右的语言学家,他的沙文主义后来在战争期间曾给普朗克带来麻烦。不过,暂时地,新任的秘书还是赤手空拳。很快,通过为科学院争取到爱因斯坦,他履行了他最初重要的倡议。

科学院的4位秘书每3个月一次轮流担任执行秘书,并集体作为科学院的发言人。他们做得多,挣得少。1800马克只是普通成员薪水的二倍,为了这些钱,他们要准备和主持会议,监督科学院的计划,管理它的财务,并且监管科学院会议录的出版。[42]最后一项工作,进行起来需要特别迅捷的速度和惊人的效率,务须不断地加以注意。一位成员在交出手稿两天后,就希望收到校样,和校样一起来的印刷商的小伙计在等着改定的校样。一周后,这位成员就拿到了抽印本。普朗克以老派的方式处理他分管的那份科学院的事务,他没有一台打字机,他须预先考虑可能发生的紧急情况,在必要时灵活地解释规则,并且要保持安定。科学院的房间装饰得像典雅的俱乐部,备有豪华的坐椅和报纸,当空闲时,成员们在那里谈论政治,也谈论科学,随着战争的临近,情绪越来越激动。我们被告知说,普朗克总是保持着平静和理智。[43]

对如此一位模范的科学管理者的要求不断增多。物理学会也利用他的能力和责任感:他经常当选为物理学会管理委员会的成员,三次担任主席。具有典型特色的是,他支持对不居住在柏林的成员的让步,以避免建立竞争和随之而来的使组织分裂。[44]

战争前的最后一年,在普朗克对科学的服务中,又加上了柏林大学校长的职务,对于大学的这一抉择,爱因斯坦公开表示祝贺。[45]1913年10月15日,普朗克就任这一职务,发现它有趣、繁重且使人充实。为了减轻他的负担,普鲁士教育部在大学设立了一个理论物理学副教授的职位。这一职位最先给了马克斯·玻恩,但是,劳厄1909年离开柏林,开始攀登学术的阶梯,他非常想回到柏林,用他在法兰克福正教授的职位来交换玻恩更初级的职位。这次交换在1918年完成。大学中理论物理学的第二个教授职位的设立（在爱因斯坦担任的荣誉教授职位之后），是普朗克任校长期间持久的成就。[46]

1913年11月1日，普朗克以引见两位美国客座教授做就职演讲而开始了他的校长工作。在皇室也出席了的这一活动中，这位校长在提到在霍亨索伦皇室和大学之间的联系时，高兴地表达了他对国王和国家的祝愿，在回忆美国的活力和乐观主义时，强调了他的学术理想。含蓄地讲，德国所缺少的，正是这种对未来的信心和目标意识。实际上，这与家庭关系密切相关，普朗克最小的儿子卡尔当时25岁，患有精神抑郁症，从一种工作换到另一种工作。在卡尔身上，普朗克看到了"希望与行动不一致的普遍病症"，他认为这是卡尔这一代人的特征。很快地，他就会有理由来修正他的估计。[47]

普朗克在1913年的各次演讲，与许多院士在庆祝反抗拿破仑和建立柏林大学100周年时所讲的陶醉于其中的爱国主义言辞相比，令人愉快地形成了鲜明的对照。从大学的历史学教授和科学院院士迪特里希·舍费尔的一次演讲中，可以体味一下这种语言。德国将再次面对为其生存的战斗，舍费尔说，这不是不可能的。如果上帝要让德国皇帝开始作战来保卫祖国的权利和荣誉，那么今天的学术青年将会紧跟上去，高喊："上帝！我们赞美您！"在战场上，他们将获得荣耀，来自其他国家的学生们也是如此。正如舍费尔以精致的谬论向他的听众所保证的，"科学就其本性是国际性的"。[48]在对这种慷慨激昂的演说的回答中，普朗克向科学院建议说，科学院的任务是和平的。1913年的院士们像往常一样举行会议，"而且以他们自己的方式证明他们的爱国主义，即通过平静、真正地履行职责，就像那些在战场上为祖国的解放而战的年轻士兵一样"。[49]

尽管普朗克当时不赞成沙文主义，但他也看到了需要激发国家和大众的情绪。像他许多保守主义知识界的同事一样，他以悲观的态度看待一种不断增强的倾向，即远离认为可以巩固德国文化和社会的理想主义。他担心不断增长的分裂，这种分裂是由特定的利益集团，由那些自私的、不承认或不履行其责任的个人所带来的。1913年1月，在他作为科学院秘书的第一次公开演讲中，他提到，某种引人注目的、表面的因素取代了"国家许多更高尚的力量"的地位。[50]他在世界大战爆发前夜所做的精彩的校长就职演说中，表达了他心中的思想：[51]

> 我们不知道明天将会带来什么；只是推测我们的人民很快将面临某种巨大的、可怕的东西，它将触及影响我们的生活、财产、荣誉，甚或国家的生存。但我们也看到，也感觉到，在可怕的严峻形势下，这个国家怎样可以调动物质和道德方面的一切力量，以闪电的速度聚集在一起，点燃起愤怒冲天的神圣火焰，与此同时，如此众多曾被认为是重要和令人渴望的东西，作为没有价值的琐碎之物而旁落，不为人注意。

普朗克认定这样一些人是有威胁的、分裂的因素，他们并不期望一个对过去尽到职责但又不受过去限制的未来；他们拒绝接受一切新的东西，或追求所有新奇的东西；他们利用不断增多的政党、院外活动集团和社团来挑起冲突。在科学中也是一样，他说：可叹，研究者如此热爱其新观点，以至于忽略了用已被接受的知识来检验它；可叹，研究者也如此热爱其旧有的思想，以至于拒绝认真考虑新的深刻见解的优点。

普朗克在战前最后一次演说中的结束部分，以一种在其事业开始时初现轮廓并在其著作中成为突出的主题来思考："对一种绝对的决定论的假定，是所有科学探索的本质基础。"〔52〕从这一名言中，他并没有把关于人类意志和合乎道德的行为的问题排除在外；按照普朗克的说法，根据我们对自由的内心体验来推断在我们的事务中严格决定论的失效，这是一种根本性的错误。我们经常可以可靠地预言一个我们充分了解的人未来的行为，我们可以认识在我们自己过去行动中的因果链条。对这一表面上的悖论的解决是：在制定一个决策的过程中，对这个决策的研究如此地干扰了被考察的现象，以至于使结果在科学上没有价值。他将如何行事？对于一个人生活中这个最大的问题，科学肯定不能为他提供指导。"他无法在决定论中，或在因果关系中，或在任何纯粹的科学中，找到对此问题的完整答案，他只能在他的道德意识中，在他的特性中，在他的世界观中找到答案。"〔53〕

一个人从何处获得导致适当行动的世界观呢？在此问题上，普朗克再次地提出要根据结果来作判断。恰当的道德规范是这样的：它使社会得到保护，使个人智力和文化发展的机会变成最大；这种规范为开明的基督教所包括，在它的基础上欧洲文明繁荣起来；换言之，也就是像普朗克这样的人的诚实、出于本能的行为。这种观念与康德对实践理性的批判有很多的共同之处，它尤其教导说，道德价值本来就存在于那些因为对责任和义务的直接认识而带来的行动之中。就在第一次世界大战爆发前几个月，普朗克曾有机会赞同康德的观点。

数学家爱德华·施图迪送给普朗克一本他的书，此书捍卫实在论，反对几代唯心论者的攻击。普朗克回报以谢意，并赞扬施图迪将其防守建立在实在论的实用价值上，他写道，这与康德的实践理性的精神是完全一致的。康德仍是最出色的向导。固然，由于他不知道相对论和非欧几何，使他关于空间和时间的概念有缺陷；但他使知识的基础变得健全，就像基督的布道包含了所有真正的宗教的要素一样。"有远见的神学家们正在从耶稣的教诲中开采永恒的金属，并永远地锻造它们；"相应地，"康德的哲学再次表明它是一种历史的动力，如果它流行开来的话……对于实在论世界观的发展，将具有不可估量的重要性"。〔54〕普朗克很快就会认识到，甚至有力地把基督教在历史上得到证明的伦理价值和康德那种级别的规则结合起来，也并不总能使行动的方向变得明确。

大学的校长，科学院的秘书，以及物理学会的总管——所有这些会把一个普通人日常的工作、职责和抱负填得满满当当，但普朗克则不然。在他当校长那年，他开始与另一个组织密切往来，这个组织及时地给他以最高最宽的舞台。这，就是威廉皇帝学会，它是在1911年为创办私人出资的研究所而建立的。由于有充分的捐助，这个学会的成员有权穿特殊的礼服，每年一次与皇帝共进早餐；理事会是总体政策的制定者，主要来自学会的会员；执行委员会由理事会来指定；主席是执行委员会的负责人，由理事会选择。从1911年到1930年，学会的主席是该学会的主要设计师阿道夫·冯·哈纳克。按照哈纳克原来的计划，普鲁士政府将为各研究所提供土地，当找到了资金和负责人时，就建立研究所，学会则建造建筑物，并担负运行费用。此外，政府可以在各研究所中设立职位，任职者将按事实本身成为国家的雇员。[55]

在协商由爱因斯坦任领导建立威廉皇帝物理研究所的过程中，1913年，普朗克被引入学会的事务堆里。学会自身，以及一个资助德国科学的独立的基金会，即莱奥波德-科佩耳基金会，提供除了每年运行费用三分之一以外的全部费用，为了每年这三分之一的运行费用，普朗克和他的同事们——弗里兹·哈贝尔、瓦尔特·能斯特、海因里希·鲁本斯，以及埃米耳·瓦尔堡——去找普鲁士文化部，从那里得到了赞同的答复。按约定科佩尔基金会提供一所建筑，并与学会一起各自保证25000马克用于每年的运行费，但当财政部长拒绝听从他在文化部的同事的积极建议时，这一安排失败了。[56]

哈纳克在他写给皇帝建议建立威廉皇帝学会的备忘录中，强调说，基础研究对于工业的发展是必不可少的，"军事力量和科学是强大的双重支柱"。普鲁士的财政部长无法理解，在一个由爱因斯坦领导的研究所中，纯粹物理这门特殊的科学怎样会在工业或真枪实弹的战争中帮助国家；毫无疑问，他没有被规划者们提到的在学术上德国历史的纪念碑鼓励，这是一套关于德国中世纪史的丛书，指出了他们想得到的资助的种类和水平。[57]在普朗克和他的同事们能够以智谋战胜部长之前，战争的爆发迫使纯科学争取国家支持的战斗暂时停顿了下来。

在战争中

普朗克因1914年秋季爱国主义的浪潮而高兴。尽管这位有两个参军年龄男孩的父亲和大学校长被升旗号抢走了一切，但作为最渴望的对目的的统一和对民族意志的巩固，他愉快地接受了为国家的自我牺牲。在这一点上，他与他的同事们是一致的。正如哈纳克所指出的，战争带来了"一种意志、一种力量、一种神圣庄严的目的"；它唤起个人"超越普通的自我中心主义、党派的自我中心主义以及道德的、美学的和智力的品格中所有的伪善和伪理想"；它指引"祖国神圣的火焰"，反对"一切自私、委琐和平庸的东西"。[58]

最初这几周的热情，再加上坚信德国是被卷入一场反对无耻对手的防卫性战争的，使普朗克迈出了他很快就感到极度后悔的一步。他在"向全世界文化人士的呼吁书"，又名为"九十三位知识分子的呼吁书"上签了名。1914年10月4日在德国各大报上发布的这一声明，该声明以 10 种语言声称德国艺术与科学的带头者们将与德国的军方保持一致，否认协约国对德国军队在比利时犯下暴行的指控。此声明由关心在国外宣传德意志文化的剧作家路德维希·富尔达起草，由柏林市长修改润色，它利用了人们对英国所表达的要把德国人民与普鲁士军国主义区分开的政策的抵制，利用了人们普遍感到的德国对于暴露协约国向中立国所说的"谎言"的需要。作为对这些紧急情况的反应，包括普朗克在内的许多人，在那些于同样的基础之上出借其名义的人的声望的鼓励下，在没有机会阅读一下呼吁书的情况下就在上面签了名。[59]

最使这些急性子的知识分子恼火的——比对暴行的指控还令人恼火——是他们看到的诽谤：说他们的军队有意而且不必要地破坏艺术和科学的宝贵财富。他们以一种不容辩驳的、不合逻辑的推论说道，一个诞生了贝多芬和歌德的国家，知道如何尊重欧洲的文化遗产。[60] 这些教授无法相信，由他们教育过的孩子们走在前列的、由和他们自己一起学习过的人指挥的部队，会焚毁卢万的图书馆。在 3016 名大学层次的教师的一份声明中，以及在 22 所大学的校长的一份宣言中，同样的信息也被送往西方。那些教师指出服兵役对于和平时期的素质，甚至对于科学的教养的重要价值（它包括自我牺牲、履行职责、尊重他人）；而那些大学校长则指出，要免除在他们的学校中具有的年轻无赖的观念（他们给其学生们留下最深刻印象的是"在艺术、科学和技术中人类精神的伟大创造面前的关注和惊叹，而不管它们是什么国家或什么人的创造"）。[61]

普朗克对统一性的新赞美成为他的校长年度校务报告主题。既包括学生也包括教师在内的年轻人的应征入伍和服役，使大学中的人数减少。对此不要感到遗憾。"德国人民重新找到了自我。"没有人知道什么时候事情会恢复到正常。这无关紧要。"我们唯一知道的，就是我们大学的成员……将团结得像一个人那样，并坚持到整个世界开始承认真理和德国的荣耀，尽管有来自我们的敌人的诽谤。"就在刚刚离开校长的职位后，在写给维恩的信中，普朗克显得赞赏战争而不是为之感到遗憾。"除了非常的恐怖之外，还有许多预想不到的伟大和美好的东西：通过所有政党的联合而顺利地解决最困难的国内政治问题……对所有有益和高贵的事物的赞颂。"[62]在普朗克亲密的同事当中，已经有了许多令人恐怖的事发生。能斯特失去了一个儿子，另一个儿子也很快就要失去；普朗克的孩子们也都处于危险中，那对孪生女孩很快就受训于红十字会，在等待选派到医院，卡尔在炮兵学校，埃尔文在前线。"然而（孩子们的父亲在写给他们姑姑的信中写道）我们生活在一个多么光荣的时代。能够称自己是一个德国人，这是一种美妙的感觉。"[63]

普朗克在他对科学院的演讲中，继续颂扬1914年10月的精神，并认为这种精神会持续下去。[64]但他对统一的和共同的意志的信仰，就像他希望经典物理学可以与作用量子协调一致那样的渺茫；到1915年，普朗克发现自己无法与他一些最亲密的朋友意见一致。维恩认定，对于他那一代人，国家间旧日的关系将永远不再可能。作为他对永久的敌意的认识的贡献，他提出一种要求，要物理学家不给英国的刊物写文章，但在那些刊物上发表对个人攻击的回答除外；他断言说，英国的物理学家把在德国做出的发现据为己有，混淆了真理与谎言，他们主张欺诈，并在总体上证明了他的信念，即英国是帝国最坏的敌人。[65]

普朗克拒绝在维恩的声明上签名，不是由于他不同意声明的内容（"我极为经常地有完全同样的感觉"），而是由于他认为，这份声明就像原来打算的那样，将会被看作一种战争的行动，一种由沮丧的教授们所做的软弱无力的姿态。这种问题应留给和平时期，普朗克告诉维恩说，如果德国赢得了战争，那时，事情就会像维恩所希望的那样得到调解。然而，如果不寻常的事发生了，德国输掉了战争，那么，这份声明的后果就真可能是极为严重的。[66] 维恩不认为这种论点有说服力，他发表了他的声明。声明上有包括索末菲、约翰尼斯·斯塔克（他要更晚些）以及维恩本人在内的16位物理学家的签名。

洛伦兹的影响加速了普朗克向温和态度的转向。洛伦兹被完美地认为是凭良心行事的。他熟悉西欧所有的语言和文化，是一个中立国的国民，作为一位科学家，也作为一个男子汉，他赢得了普朗克的敬重。他们的友谊始于普朗克访问莱顿和攻击马赫。在布鲁塞尔的索尔维会议上，他们再次见面，在那里，洛伦兹表明了科学、语言和人的简单且自然的要求，这种要求使他在各种国际会议上被选为主席。关于洛伦兹，最有力地给普朗克和爱因斯坦留下了深刻印象的，是"他整个人格令人钦佩的明澈和谐——一种他与他的科学和同胞的关系的真实形象"。[67]

洛伦兹的内在和谐和知识的世界主义，只是由比利时的命运和双方科学家的若干宣言来尝试。他寄给普朗克对德国人占领的说明，正像普朗克所指出的那样，表明所发生的许多事情"不利于德国的荣誉"。[68]但在双方，痛苦都是巨大的，空前的，普朗克写道，他的侄子——一位物理学家、他兄弟的独生子——被杀死，他自己的儿子埃尔文被俘，能斯特的两个儿子都在战斗中丧生。"对所有这种难以用语言来表达的痛苦，何处才有补偿？"只有在战争最初几周的精神中，普朗克才能找到补偿。"这样一种可怕的事情真的能带来一种牺牲的意愿、一种值得称赞的热情？我无法相信。"[69]在1915年，他们相互访问，洛伦兹到柏林，普朗克到莱顿，回顾检查各种看法和各种相反的看法。普朗克让洛伦兹从德国人的观点去看某些事情。洛伦兹则使普朗克勇敢地、公开地部分否定了1914年的呼吁书。[70]

在1915年3月，普朗克在私下已经为那份声明感到抱歉了。他告诉洛伦兹说，他在上面签名，只是由于确信德国正在为其生存而打一场战争，相信德国必须挺立，而且也一定能看到它巍然挺立，保持统一。这就是签名的全部含义，至少对于普朗克和哈纳克来说是如此；在宣称与其同胞团结一致的情况下，他们可以从后方的支援活动中摆脱出来，试图达成与其敌人的谅解。"在我看来，科学家们（目前）面临的更迫切或更高贵的挑战，莫过于尽其所能在暗中抵制对战士们（心灵）的不断的毒害，抵制在人们当中不断加深的敌意。"[71]

普朗克试图将这种策略付诸实践。他拥护德国学者与艺术家文化联合会,这个组织由他的秘书同伴瓦尔登叶尔任主席。正如在呼吁书发表了一个月之后普朗克向斯万特·阿伦尼乌斯所表述的那样,这个组织的目标是"支持一切以揭示真理为目标的努力"。当老年的学者们在前列有了转变,帮助恢复旧日的关系时,联合会正在为和平做准备。"我们认为,我们的责任是帮助悉心培育在国际上良好的意愿中存留下来的内容,并且尽可能反对以充满激情的诽谤和诋毁而给公众舆论带来的所有变质和毒害。"联合会是由"九十三位知识分子的呼吁书"的组织者发起创办的,令人遗憾的是,它无法找到真理,更不用说宣布真理了;它也不能长久地保持那种受到高度评价、伴随而来并认可了的动员的统一。普朗克对阿伦尼乌斯做解释的目的,是要反对奥斯特瓦耳德对一位瑞典记者所做的高度政治化和亲近德国的声明。奥斯特瓦耳德从前是反战的德国一元论者联盟的负责人,他声称要对联合会讲话。[72]

1915年7月,在科学院面前,既是对他自己,也是对其他那些从战争中除了德国的防卫以及国际关系的恢复之外再无他求的"善良的德国人"的讲话中,普朗克暗示说,帝国可能要为战争而受到某些指责。在对这种可能性的考虑中,他不仅与奥斯特瓦耳德和维恩观点相异,而且也与更温和些的索末菲看法不一致。对于索末菲,他通常与之在像物理学的性质这样一些不那么重要的问题上观点一致。[73]像通常那样从极高处向下俯视,普朗克注意到,由于科学比尘世间所有的事物都更持久,所以最终战争将成为客观研究的课题,而且,不大可能像科学将达到终极

真理那样，得出黑白分明的结果。⁽⁷⁴⁾

1916年初，以一封致洛伦兹的公开信的形式，普朗克使他温和的态度变得更加广为人知。在洛伦兹的劝告之下，他缓和了声明的草稿中关于防御的部分，提到战争最初几周特殊的情况，删去了对诽谤的反击，承认了德国可为战斗承担某种责任的可能性。但是，精致的、最终的行文把某些智力和道德的价值置于对国家的认同之上，就和普朗克一开始写的一样。

洛伦兹印出的文本内容如下：⁽⁷⁵⁾

> 著名的"向全世界文化人士的呼吁书"发表于1914年10月，上面有93位德国科学家和艺术家的签名，它（就像我痛苦地反复注意到的那样，以其系统的阐述，带来了关于签名者的情感的不正确的观点）⁽⁷⁶⁾在我个人看来，我所知道这种看法也为我的许多同事所共同拥有，包括阿道夫·冯·哈纳克、瓦尔特·能斯特、威廉·瓦尔登叶尔以及乌尔里希·冯·维拉莫维茨-默兰多夫在内；这份呼吁书（其形式反映了战争最初几周的爱国主义热情）能够而且应该表明的，只是防卫的行动：尤其是，⁽⁷⁷⁾德国军队对由于反对它而引起的强烈指控的防卫，以及一项⁽⁷⁸⁾有力的断言，即德国的科学家和艺术家不应与德国的军队分道扬镳。德国军队只不过是武装起来了的德国人民，而且，像所有的职业人士一样，科学家和艺术家不可分割地与它联系在一起。

我无须强调，我们并不为在和平时期或战争中所有德国人的行为做辩护，尽管我认为作为事实完全不言而喻的是，我们现在并不（对关于历史性的现实的巨大问题具有明确的科学答案。只有在以后，我们可以问心无愧地寻求充分客观的研究结果，这种研究可以确定对于和平提议的失败，以及对于所导致的全人类的痛苦，责任究竟在何处）。(79)

只要这场战争在继续，我们德国人就只有一个任务：以我们所有的力量为国家服务。但我想向你表达的特殊要点是，甚至这场战争中的事件也不能改变的坚定信念，即有一些智力和道德生活的领域超越于国家的争斗之外，在对这些国际性的文化价值的培育中诚实的合作，以及同样重要的对敌对国公民的个人尊重，实际上是与对自己国家忠诚的热爱和为之积极地工作协调一致的。(80)

普朗克要求洛伦兹把印出来的公开信复本送给被他评价为有正确观念的、在同盟国中的物理学家，即索尔维会议的参加者：W.H.布拉格和W.L.布拉格、约瑟夫·拉莫、奥里弗·洛奇、瑞利勋爵、阿瑟·舒斯特、在英国的J.J.汤姆孙、在俄国的O.克沃森和B.加拉金、在法国的彼埃尔·迪昂，以及在意大利的维托·沃特拉。普朗克写道，要点是他良好的意愿应得到体现；即便这也许不能使其他人得到安慰，对他也是极大的解脱。"但不论效果可能是好是坏，在任何情况下，我都将把自己从内心的顾虑中解放出来，这种顾虑成为我的负担达一年半之久。"(81)

在协约国中，最初公众的反应是不赞同。英国的天文学杂志《观象台》刊印了普朗克的信的译文，在一份缺少条理却有代表性的评论中，此杂志的编者注意到，普朗克的信并没有取消签名者对德国军队的行动的认同，"因而他们承担卢西塔尼亚号豪华轮沉没的责任"。[82]普朗克不能收回其他人对呼吁书的支持，他明确地拒绝为德国所有的军事行动辩护。然而，最终他的声明为他在冲突双方有理智的人们当中赢得了信任。

普朗克对超凡的、国际性价值的坚定认可并没有停留在文字上。他代表欧内斯特·索尔维以及由于洛伦兹而使人意识到其苦难的其他人，向在比利时的德国政府的头头提出请求。[83]在家中，他比以往更加刻苦地工作来缓和学术的激情。1915年6月和7月，就在科学对战争做出在叶泼辣斯用芥子气毒气战的新应用后不久，科学院与敌对国学者和学术团体长期激化的关系达到了沸点。在其征文比赛中，对于是否授奖给非德国的作者，科学院曾有过争吵。就是否对法国的议案做出回答，以及是否从其机构中将拥有任何协约国公民身份的通讯院士除名，科学院曾有过激烈的争论。对于威廉·拉姆齐爵士的抨击和伦敦皇家学会其他偏激的人们，科学院曾感到茫然费解。普朗克领导了针对短视政策的反对派，那些短视的政策可能无可挽回地毁坏欧洲宝贵的传统，即"科学院的建制"。

有没有人怀疑过在战后应该重新建立由科学院所代表的国际合作？普朗克的回答是："无论什么人，对肯定地回答此问题甚至有所犹豫，都将是对科学精神的违反。"他起草了一份谨慎的议案，反对一些在科学院中流传的关于清洗的建议。1915年7月22日摊牌时，他要求把所有关于其他国家科学院的决议推迟到战争结束后的提议，以二比一的绝对多数得以通过。此时，他有一场艰巨的战斗，要否决一项具体说明以下决议的附加议案，该决议是：在和平时期之后，中止与敌对国的通讯院士、科学院以及学术团体的所有关系。正像爱因斯坦所注意到的那样，就其"人格的独立，没有等级偏见，以及自我牺牲精神"来说，院士们并不特别突出。但科学院最终听从了普朗克的意见，在1916年，他可以写信给秘书同伴说，他真正遗憾地得知拉姆齐的去世，由于德国人的相对有节制，拉姆齐"对德国科学有损尊严的行为，只能导致在和平到来之后有利于科学院的和解"。[84]

类似地，普朗克反对他在大学中狂热的同事，那些人支持右翼泛德意志联盟。在1915年6月，一个由舍费尔控制，由联盟发起的委员会在柏林的一次正式的仪式上，提出了一份"知识分子备忘录"。大约1347个人签了名，包括352位教师，其中有50位在柏林大学教书。主要由"最佳类型自由的德国学者"汉斯·德耳布吕克起草的一份"相反宣言"，只得到了141个签名，但其中有15位柏林的教授，包括普朗克、爱因斯坦和哈纳克。德耳布吕克的宣言主张可防御的边界，但反对通过吞并来保卫边界的安全。它还敦促国内的改革。[85]在这方面普朗克希望或者会容忍什么，或许可以从哈纳克的看法中推论出来，这就是呼吁全民投票、完全的宗教自由、自由结社的权利，以及缩减"等级制度的精神"。所有这些观点自上而下都是以一种保守的方式提出的:"'稳固的进步'和'保守'不仅不相矛盾,而且不可分割地联系在一起。"[86]

与命运抗争

保守的改革经证明像胜利一样实现不了。随着帝国因突然的战败而崩溃,范围广泛的变化似乎不可避免,而且动力来自下方。这种情况惊呆了普朗克。一方面,他开始认识到由自由的、被宣布为不合法的新德意志联盟所鼓吹的许多措施的必要性,而爱因斯坦也属于这种联盟。另一方面,他不能像联盟在1918年8月正式重新露面后所做的那样,采取一种步骤,或签署一项声明,要求取消皇帝,尽管他承认皇帝退位是保证改革的前提,而他相信对于拯救国家来说,改革是必需的。在给爱因斯坦的一封秘密信件中,他表达了自己的两难处境:[87]

> 这里还有一些事我相信我清楚地看到了,而且也很愿意尽我所能去做:对于我们来说,如果王冠的顶戴者能自愿地声明放弃他的权利的话,这将是一次命运的伟大安排,实际上是一次拯救的赦免。但"自愿"这个词使我不可能在此问题上主动站出来;因为首先我想到我发过的誓言,其次,我感到有些事你不会完全理解……也就是说,对于这个我所属于的、以皇帝个人来体现的国家的虔敬和忠诚。

在普朗克以此方式表达了他的政治哲学之后两天,德国国会宣布了一个议会制的政府。在随后的一周里,水兵在基尔哗变;到11月7日,他们开始的革命已经传播到了汉堡和不来梅;工人和士兵的地方革命委员会出现在整个德国;11月9日,总罢工在柏林开始,无须普朗克的帮助,皇帝就退了位。他的行动把他从忠诚的臣民的意识中解放了出来。普朗克对一个新的政党——温和的右翼德国人民党——给予支持,这个政党也为许多学者和工业家所喜爱。它许诺要在新的政治秩序中为经济和社会的改革而工作。[88]

普朗克内心世界的崩溃,伴随着像《圣经》中约伯那样的个人悲剧。在他的4个孩子中,只有最小的儿子埃尔文在法国的监狱中,长时间地幸免于战争。小儿子卡尔性格优柔寡断,在战斗中负伤而死。卡尔的牺牲对普朗克是沉重的打击。打击普朗克的倒不是死亡本身;正如在他给洛伦兹的信中所写的,"所有的人都应该因为能够为整体去牺牲某些东西而高兴和骄傲"。打击他的也不是自己遇到了那种他的许多有参军年龄的儿子的同事们所遭受的灾祸,尽管现在他了解了他们的痛苦。"只有当一个人在自己身上感受到战争所带来的苦难时,这种苦难才产生痛苦。"他的悲伤在于发现自己过低地评价了儿子。在战争之前,当卡尔放任自流,不能安心于他可以而且希望从事的高级职业中的一种时,对做父亲的来说,他的生命似乎不像其终结所表明的那么宝贵。应征入伍使卡尔变得高尚。当时,欧洲文明正在摧毁其自身,以一种可以作为欧洲文明墓志铭的语言,普朗克写道:"没有战争,我将永远不会知道他的价值,现在我知道了他的价值,但我必须失去他。"[89]

普朗克的女儿格蕾特嫁给了海德堡的教授费迪南德·费林。1917年,她在分娩一周后突然去世。她的孪生妹妹埃玛开始照料婴儿,并在1919年1月嫁给了那个鳏夫。这一年的年末,埃玛也在把一个新生命带到世上之后就死去了。饱受折磨的父亲把她的骨灰埋在格吕内瓦尔德公墓,紧靠着她姐姐。"在生活中,这两个相爱的孩子谁少了谁都日子难过,现在她们永远在一起了。"[90]双重的灾难几乎摧垮了普朗克。他写信给洛伦兹:"现在我极其悲痛地哀悼我两个可爱的孩子,感到被劫得一贫如洗。有些时间,我甚至怀疑生命自身的价值。"[90]

就在埃玛刚刚去世之后,爱因斯坦去看普朗克。他在给玻恩的信中写道,"普朗克的不幸使我心碎。""当我看见他时,我无法止住泪水……他令人惊叹地勇敢且刚直,但你可以看出,悲痛在烦扰着他。"在一种他于纳粹时期的各次演讲中成为主旋律的思想中,普朗克找到了安慰,他写信给一个侄女说:我们没有权利得到生活带给我们的所有好事;不幸是人的自然状态,但不是不可避免的状态。"在人世间有许多宝贵的东西,有许多上天的召唤,在最后的分析中,生命的价值是由人们生活的方式来决定的。所以人们一而再,再而三地回到他们的职责上,去工作,去向最亲爱的人表明他们的爱,这种爱就像他们自己所愿意体验到的那么多。"[92]他帮助养育女儿们留下的孩子,最终,在这些孩子身上找到了慰藉。[93]

当这些家里和家外的悲剧发生时，普朗克的同事们正在因为他的科学工作而给予他最高的荣誉。1918年，为了纪念他60岁的生日，物理学会举行了一次会议，并出版了一本纪念册。作为物理学会在1917—1918年间的主席，爱因斯坦组织了这次会议。他争取让索末菲为普朗克的工作写主要的评论，给索末菲写信说："如果诸神给予我言谈深刻的天赋，我今夜将很高兴，因为我非常喜欢普朗克，当他看到我们大家都是多么地关心他，多么高地评价他一生的工作时，他肯定会非常愉快。"[94] 这不是他为庆祝活动而准备的祝词。最后，爱因斯坦列出了有吸引力的人的名单，如果玻恩回到柏林的话，他会发现它："但主要的是，接近普朗克是一种快乐。"[95]

有关普朗克对物理学之重要性的宣传，可能有助于使诺贝尔奖委员会相信要修正已经变得明显不公正的决定。正像诺贝尔奖委员会在1919年的报告中所承认的那样，从代表范围广泛的各种专业的物理学家们那里，普朗克得到了比任何其他候选者都更多的提名。洛伦兹、爱因斯坦、玻恩、维恩和索末菲这些在大陆带头的物理学家，都坚持提名普朗克。索末菲向委员会提交了一份他为普朗克60岁生日所写的说明，强调物理学已变成了量子物理学。

在许多完全不同的物理学分支中，量子理论已被证明富有成果，而且正像劳厄注意到的，在普朗克得到荣誉之前，对量子物理学中任何其他的工作都无法给予奖励，面对这些事实，诺贝尔奖委员会放弃了认为普朗克的首创没有带来一种自洽理论的反对意见。1919年，它提议把1918年未颁发的奖项授予普朗克。至于1919年的奖项，普朗克为广义相对论而提议爱因斯坦，但委员会选择了约翰尼斯·斯塔克，斯塔克在1913年通过实验证明了电场可以改变辐射原子的行为。[96]瑞典科学院接受了这两项推荐，从而同时增强了截然对立的两派德国物理学家代言人的实力。斯塔克不喜欢理论，不喜欢从事理论研究的人，通常也不喜欢自由主义者、犹太人和非德国人。

1920年夏天，一群对立的人们聚集在斯德哥尔摩：斯塔克是一位反犹太主义者和偏执狂，他担心普朗克也许会盖过他或不理睬他；普朗克是一位温和而且正直的人，在接受一项普遍认为他应得的荣誉；1918年的化学奖得主弗里兹·哈贝尔是一位自由主义的犹太人和德国的爱国者，作为毒气战的技术家而普遍受到谴责。在一出摧毁了德国物理科学的戏剧中，他们将要分别扮演挑衅者、调停者和牺牲者。但暂时地，在德国有机会得到荣誉的最后战场上，他们还是联手的英雄。正如德国驻瑞典大使在给首相的信中所写的："诺贝尔奖颁奖和庆典的整个过程，具有对德国科学崇敬的气氛……（这）对于我们两国间文化关系的发展显然具有决定性的贡献，在目前非常不利的政治形势下，这一点尤其具有极大的重要性。"[97]

03

科学博士

关于肉体 \ 国际关系

反对反相对论 \ 关于精神

在各种麻烦伴随着科学院期间，普朗克敦促他的秘书同僚继续定期召开科学院会议。他宣称，将院士们暴露在革命和总罢工的危险之下，这几乎不会对保持"德国科学在世界上的地位"这一神圣使命有利。普朗克把他的说教付诸实践。在因埃玛的去世而带来的深深的压抑中，他努力平息物理学会内部关于为其新刊物选择名称已经升温了的争论，他称这种争论为"德国人怪僻的典型样板"。以这种怪僻，他的同事们在重新建设的巨大工作各方面都处于等待状态时，把精力浪费在内部的争吵上。普朗克为他们树立了一个榜样：每当柏林公共交通运输系统经常的罢工要妨碍他的工作的时候，他就从近郊家中单程步行两小时到市中心，去参加重建的工作。⁽¹⁾

与维恩的悲苦相比，与维恩的那些极端保守的朋友的消极悲观相比，普朗克用异乎寻常的刚毅去解脱自己。维恩在他自己的传记中写道，"我这一代德国人目睹了自己国家衰落和垮台的德国人不可能幸福"，他偶尔不得不从他那不多的储存中向他那些极端保守的朋友支付一点快乐。⁽²⁾普朗克给他的同事们提供了希望。他给艾尔哈特·维德曼写信说："重要的事是不丧失勇气，不丧失更好的明天将会来临的希望。"他给卡尔·荣格写信说："此时，我们德国科学的前景是非常严峻的。但我坚定地希望，如果我们能以适当的方式渡过困难的下一年，德国科学（甚至从外部来看）将再度达到顶点。"通过《柏林日报》，他给所有的人写道："只要德国科学能以旧日的方式继续下去，就无法设想德国会被驱逐出文明国家的行列。"[3]普朗克个人的品质——他高深的德国文化，他高贵的风度，他近来在斯德哥尔摩成为圣者行列中的一员——以及他在德国不知疲倦地努力恢复智力的生机，越来越多地把他带入公众的视线。由于他那一代物理学家中其他的领袖人物离开了舞台——埃米耳·菲舍尔去世于1919年，埃米耳·瓦尔堡于1924年退休，而阿道夫·冯·哈纳克去世于1930年——普朗克会集了他们大部分的权威，作为德国科学的首席发言人突现出来。

关于肉体

1919年，在柏林科学院每年一度的莱布尼茨纪念会上，普朗克敦促科学院捍卫其财富，反对比协约国邪恶的意愿更大的威胁。它的科学是帝国依然为之自豪的遗产以及恢复国家的手段，但在经济普遍衰退的形势下，这科学面临着毁灭。[4]研究科学要用金钱。从1919年开始并在1923年达到顶点的巨大通货膨胀摧毁了对科学机构的资助，使得从国外购买设备甚至期刊成为不可能的事，而在国内购买又异常昂贵。纸张和人工的价格使国内图书的成本上涨到这样的程度，对于1920年，就像自然科学家联合会的主席在痛心的玩笑中所说的那样，应该像在老式图书馆中那样把图书用链条拴在桌子上。在通货膨胀的顶点，马克的价值变化如此之快，在乘火车离开柏林的过程中，付给普朗克为科学院业务而旅行的费用总额的购买力，下跌到不足以付旅馆费。于是，在65岁的高龄，他只好整夜坐在车站的候车室里。[5]

在这样的情况下，自我帮助是唯一的帮助。普朗克、哈贝尔、能斯特和其他一些院士组成了一个委员会，来监督管理新的国家科学报告中心，对于德国在战争期间没有收到的书籍和期刊，这个中心负责至少要搞到一份复本。作为开端，他们开始寻找登在《世界科学期刊名录》上，但在科学文献目录中，在世界前任领导者新的边境以内什么地方都没有的13 000种杂志。[6] 普朗克认为，对于为德国在太阳底下的地位而战来说，国家中心的活动是必不可少的，他鼓励传播中心积累的国外文献的报告。"尤其是，我们必须以所有可得到的资源来支持我们的评论刊物和参考著作，使它们能够参与和目前在敌对国各处以德国模式出现的类似出版物的竞争。"[7] 除了感到自豪和跟上潮流之外，还有些急迫的问题。这场竞争的胜利者，即科学手册的作者，引导着历史的撰写。

科学不仅仅靠语言来生存。科学院的领导成员们——哈贝尔、普朗克、哈纳克——以及前任普鲁士文化部部长弗里德里希·施密特-奥特，策划了一个新的机构：德国科学紧急联合会，它将为筹集德国科学所需的全部资金这一共同目标，联合地方的、学科的和各种政治的派别。这种想法把关于科学的普遍性概念与德国流行的联合企业的机构形式联系在一起：联合会的发起者和会员包括德国学术联盟、大学、高等技术学校、威廉皇帝学会以及德国科学家与医生学会。作为科学院的主管秘书，普朗克短时间地站在这座金字塔的顶部，他代表联合会的成员，邀请施密特－奥特来领导联合会。[8]

1920年10月30日，这个新机构正式成立。它成功地从中央政府（它从前把对科学的一般支持留给各州）、从德国的工业界、从国外赢得了资助。在1927年和1928年，帝国的捐助稳定地增长到大约800万马克，其中有90万马克用于支持物理学。外部最大的援助来自洛克菲勒基金会，到1933年，它通过紧急联合会分发了50万美元，大约是帝国总捐助的5%，而且多于德国工业界的捐助。对于物理学，最重要的帮助来自日本工业家星一，也来自美国通用电气公司每年12500美元的资助。星一的捐款支持对原子的研究，在1925年才用完。[9]

普朗克以他惯有的方式，通过关注细节，通过重要委员会的成员，推进了紧急联合会的计划。[10]他是总委员会或者称执行董事会的成员，是使用Hoshi基金的委员会的成员，也是电物理学委员会的成员。电物理学委员会支配通用电气公司的资金，以及每年在同等程度上由西门子与哈尔斯克公司和通用电气协会捐助的2500美元。与此同时，在同行们打败了由斯塔克所掌握的力量之后，紧急联合会的普通物理主委员会在劳厄的领导下安全地产生了。(斯塔克曾试图让他那分离出去的指导委员会与物理学会,也即作为紧急联合会的物理委员会而任命的德国教授研究协会成为竞争对手;施密特反而指定斯塔克为助手,但在紧急联合会的构成学会成员挑选其官员的首次普遍选举中,斯塔克没有幸存下来。)在主席普朗克及成员劳厄、哈贝尔、能斯特、马克斯·维恩,以及应普朗克的要求后来补充进来的詹姆士·弗兰克和弗里德里希·帕邢的领导下,电物理学委员会支持了许多在原子物理学和量子物理学方面的项目。所有带头的实际研究者,包括玻恩、爱因斯坦和索末菲,都接受过资助。(11)

为带头的理论家和他们的学生频繁提供的奖励,可能已经使得斯塔克的职责变得似是而非,紧急联合会追随着"以数学为取向的犹太人群体,其中心是索末菲(他根本就不是犹太人)"。普朗克从电物理学委员会分配每年 15000 美元"非常可观金额"的方式,不是亲犹太人,而是偏向理论家和高层杰出人士。告诉我你需要什么,他写信给索末菲说,我将看到你得到全部所要的东西。"固然,资金被指明是'特别用于实验研究'的,但你的计划可以说成是来自实验的工作。当然,重要的是你的名字。"(12)

在对原子理论的偏爱中,普朗克采取了一种政策,对此,他在战争刚刚结束后对威廉皇帝学会的谈话中曾暗示说:由于量子问题占据了各国物理学家都想要攻克的研究前沿,所以这就留给德国以最佳的机会,来表明这个国家仍在以旧日的精神和效率发展科学。就像普朗克在 1920 年对挪威气象学家维尔海姆·比约克内斯所说的那样(比约克内斯当时由于在堑壕战和他所称的气象"前沿"之间平行的创造性而著名），这种政策就是："在科学上努力工作并以此试图提高与我们交流的价值，显然是我们为（改进国际科学关系）所能做的最好的事情。"针对在推行这种政策时有人抱怨他的委员会喜欢新奇的事物，普朗克就像在 1922 年对威廉·维恩所说的那样回答道，旧的、美妙的理论的垮台，要求对有问题的地方进行坚定的探索。逃避这种责任会伤害这个国家，也伤害其科学。"如果我们回避对这些问题的研究，或忽视它们，我们就会停滞不前，或落后于其他国家。"[13]

1925 年，那些从普朗克的委员会得到资助的理论家搞出了量子力学。普朗克及时地利用量子力学的创生，证明了他要使德国科学处于世界的视线中的政策的正确性："量子力学是各国物理学家的兴趣中心。电（物理学）委员会支持了海森堡和玻恩的工作，没有这种支持，这些工作在其他地方也极可能做出，正是在量子力学领域，在海森堡和玻恩的工作中，委员会对德国物理学发展如何有作用是显而易见的。"[14] 到 1932 年为止，普朗克一直保持了他作为紧急联合会的执行委员会成员的资格，并在整个魏玛时期担任电委员会的主席。

普朗克还为德国科学的另一个资金筹措者威廉皇帝学会供职。1916 年，在皇帝的提名下，他成为学会的理事。皇帝拥有任命理事会半数席位的权力。[15] 普朗克马上就重新提出了物理研究所的问题；在哈纳克的帮助下，作为抵押，他积累了足够的资金——每年来自学会的 15000 马克以及来自科佩尔基金会的 5000 马克——来负担一个基于新规划的机构的费用。这个机构将由爱因斯坦担任主任，有用于设备和研究的资金，但没有房子；它将购买仪器并把仪器借给大学中的研究者们；按照哈纳克的看法，它将在加强和完善研究的同时降低成本，从而实现和超越德国科学管理者们的目标和梦想。[16]普朗克（作为管理委员会的成员和理事会的成员）既是新研究所的监督者也是它的指导者，后来，在1917年，这个研究所敞开了它无形的大门。当其名义上的主任不能关照研究所的业务时，他就经常予以关照。[17]

学会希望最终有一所给它的物理学家们用的建筑，但在战争年代刚刚结束后，惨淡的形势使得不能以学会自己的基金来资助。1921年，爱因斯坦的机构既没有科学工作者也没有技术人员，此时，作为学会的执行秘书，弗里德里希·格卢姆注意到，对于学会未来的活动来说，没有砖石建筑的研究所可能将是模式，而不是例外。结果，学会改变的不是其研究所的形式，而是研究所的内容，为"全体科学官员"的作品保留了旧有的研究所，并为工业界的领导人增加了新的研究所。[18]

通过以一种在学会的章程中没有预见到的措施引入国家和工业资本，稳定和扩展得到了保证。这两类获益者的要求是相同的：威廉皇帝研究所将发掘科学，也考虑重建德国工业所需的应用。在长时间的协商后，普鲁士和帝国同意分担学会运行经费中不足的部分，因为到1920年，运行经费已达学会收入的3倍。作为回报，政府得到了原来的皇帝拥有的选择半数理事的权力，此时，理事已经增加到了30人。在重塑学会的形象，保留其名称，以及一般的管理方面，普朗克起了作用。[19] 至于大工业界，它以负担建立研究所的开支来支付其分内的费用，而这些建立的研究所则致力于研究在金属、纺织和皮革产品的制造和改进中的近期应用。化工利益集团负担了学会的化学研究所的运行费用。[20]

大工业开始在威廉皇帝学会中具有突出的影响，对研究的重视给和平时期带来了迅速的回报，即在战争期间激励了学会的迅速成长，以哈贝尔的化学研究所为例，当时工作者的人数从5人增加到了1500人。此时，正如哈纳克所说的，工业家们开始认识到，"科学研究是我们的军事和物质力量首要的先决条件之一"。[21] 到1926年，大钢铁企业克虏伯公司和I.G.法尔本公司的代表在7人执行委员会中就占了5个位置。[22] 当经济状况稳定下来时，学会大约一半的运行费用来自工业界和私人的援助，而另一半在几乎同样的程度上来自普鲁士和帝国。大约二十几个新的研究所建立起来，其中大多数都致力于研究和提供应用科学。

对于建立一个合适的物理研究所，在学会不断扩大的预算中找不到任何余地：从实际工作者的立场来说，德国在帝国研究所的研究部门中已经拥有了所需要的机构。[23] 这种立场对于纯物理学的事业加倍地不利。它在暗中损害了学会内部要建立一个物理研究所的努力，因实际应用而最大程度地威胁了帝国研究所内的工作。在埃米耳·瓦尔堡的继任者能斯特（1922—1924年）和帕邢（1924—1933年）的领导下，这种威胁越来越变为现实，帕邢这位出色严谨的光谱学家没有来自科学或政治的力量保护他的机构。普朗克和维恩哀叹说,帝国研究所正在变得越来越像英国和美国的标准局,强调应用工作,并丧失其优势,而这种优势"在于它对纯粹研究的重要性"。[24] 随着帝国研究所的科学的衰落,起码在柏林的物理学家们的心目中,对于威廉皇帝物理研究所的需要增加了。

为了在学会面前保持更高的目标,为了避免直接的实际报偿而有利于纯科学,有利于德国文化和国际关系,普朗克经常向哈纳克提出建议,偶尔也向学会提出建议。但并非所有这些设想都在克虏伯公司和 I.G. 法尔本公司的优先考虑之列。然而,对他们来说,普朗克的优点超过了他对学会的目标过时看法的缺点:他通晓德国科学上层机构,他的人格纯净无瑕,他有国际的科学声望,而这可能会吓住各位部长。1930 年 7 月,在哈纳克去世后不久,理事会选择了普朗克这位温和、谦逊的成员作为学会的主席。理事会这样做是为了抵制政府的候选人——东方学家、曾任普鲁士文化部部长的卡尔·海因里希·贝克尔,贝克尔喜欢国家对学会更严格的监督。他反对哈纳克和施密特-奥特的不受约束的政策,在这种政策之下,工业界以国家支持面向技术的威廉皇帝研究的形式得到了隐蔽的资助。显然,学会的副主席克虏伯·冯·伯兰认识到,普朗克对应用科学的冷淡不会使他试图去改变现状,他领导了一场打败了贝克尔的运动。[25]

弗里兹·哈贝尔把威廉皇帝学会的主席与英国国王相比,英国国王用他个人的力量来克服宪法所规定的权限的弱点。除了重要的政策问题之外,学会的主要权力属于执行委员会及其秘书格卢姆;普朗克的任务是与部长及代理人、商业界人士、银行、工业界、新闻记者、外交官以及国外要人们打交道,按照格卢姆的说法,普朗克夫人对学会的热爱减轻了这种任务的分量。结果,普朗克在任的7年负担异常繁重。他以努力减轻世界性的经济萧条对威廉皇帝研究所的影响作为开始,而以保护学会不受第三帝国的政策的影响作为结束。

学会的主席直属机构将普朗克从德国物理学的发言人提升到(就像他有不同的称呼那样)"德国科学研究的声音"和"德国物理学贤明的长老"的地位。他为报纸写文章,接受采访,在电台谈话。这最后一项,还不算糟的演播,是由汉斯·哈特曼来促成的,哈特曼是一位离开了布道坛的牧师,开始从事新闻工作,并娶了普朗克的一个侄女。[26]在这些交流中,有一个因素也许可以提到。甚至当进行一项研究计划时,按照1941年的估计,大约三分之二是直接为应用而做的,普朗克仍然坚持一种虚构,或者说是炫耀,即学会的研究所没有为支持了它们的工业界工作。研究所的成员按他们的意愿来研究科学。"在我们当中,确实可以说:精神在其所愿之处开花。"[27]在此问题上,普朗克以真理为代价,一直忠实于他对在纯科学和应用科学之间明确区分的看法。其中一种属于电磁波的发现和原子的分裂;另一种属于无线电的发明和对原子能可能的开发;而这两种科学都属于或者都不属于普朗克的研究所的大多数工作,就此而言也不属于在帝国研究所把他引到量子理论的测量。[28]

普朗克只是犹犹豫豫地同意接受威廉皇帝学会主席的职务。他仍然承担着大部分在20年代已担负起来的管理重任。除去卸下了在紧急联合会的重要职务之外，他仍然是科学院举足轻重的秘书，仍活跃于物理学会，为《物理学杂志》审查论文，并帮助建立德国博物馆。[29]尽管劳厄因在1921年接任了理论物理研究所的所长职务而稍许减轻了他在大学里的负担，但普朗克于1926年退休后仍从事教学和考试工作（或者说是在1927年以后，因为系里为他首先选定的继任者索末菲拒绝从慕尼黑搬来，而后来选定的厄尔温·薛定谔不能马上就任）。[30]普朗克看来，他在整个1929—1930学年维持着每4周一个循环的讲演，并且在大学的管理委员会中至少任职到1932年。[31]退休并没有减少他出席大学或帝国研究所中物理学术报告会的次数，也没有减少他的讲演：退休只是给了他更多的时间在整个德国旅行，向范围更广、人数更多的听众演说。普朗克显然在处理他的时间方面是一位精明的经济学家。在学期中，一份精确的日程表——在早晨写作和讲课，午饭，休息，弹钢琴，散步，通信；以及同样不松懈的娱乐——没有停顿的登山或者交谈，以及没有舒适可言的在阿尔卑斯山过夜或隐居，使得一切都成为可能。[32]

国际关系

这位科学界贤明的长者面临着许多无论金钱还是权力都不能解决的问题。这些问题中，有许多涉及恢复科学界的国际关系，涉及普朗克所称的"可信赖的国际共同体生活理想形象"的恢复。[33] 令人烦恼的问题是由国际研究总会的官方政策带来的，这个总会是由协约国在1919年为取代由柏林科学院支配的国际学术联合会而建立的。总会的章程把前同盟国从它的管理部门中排斥出去，也从由构成它的科学联盟安排的会议和计划中排斥出去。[34]

为了证明这种政策的正确，它的支持者们经常提到臭名远扬的"九十三位知识分子的呼吁书"，用克里孟梭的话说，这份呼吁书带来的令人作呕的感觉"远非人类语言所能表达"。[35] 而这还不仅仅是法国人过分夸大了的看法。洛伦兹在旅行中，发现无论何时当他的熟人们在表达他们对德国的怨愤时，总是赋予"九十三人不恰当的宣言以一种突出的地位"。阿伦尼乌斯也听他的许多同事说，如果不驳斥这份宣言，它将会阻碍国际科学关系的恢复。因而，在1919年，他向埃米耳·菲舍尔提议，所有在世的签名者都要像普朗克那样做，并公开撤销签名。菲舍尔同意认为签名是一个错误，认为其基础是相信德国政府有关比利时的说法的真实性，而这种基础已经被事实摧毁。他与哈贝尔、能斯特、普朗克和瓦尔登叶尔详细地讨论了这个问题，所有这些人都赞同阿伦尼乌斯的倡议，承认他们的错误，却拒绝采纳有希望缓和关系的提议，"因为我们都为和平条约而震惊，这条约对我们德国是如此残酷"。[36]

在对回答的决定中，普朗克无疑具有较大的发言权。在哈贝尔的建议下，他送给菲舍尔一份他给洛伦兹的公开信的复本。在所附的说明中，他建议不要学他的榜样。"鉴于目前的情况，我相信以任何的解释重提'九十三位知识分子的呼吁书'，无论从个人道德的观点还是从实践的观点来看，都将是完全没有作用的。"在此问题上，就像在科学以外的许多问题上一样，普朗克不同意爱因斯坦的观点，爱因斯坦曾提议成立一个非政府的国际委员会，来收集和评价有关德国人侵比利时的事实，以便使得对呼吁书的反驳成为不可避免的事。[37]普朗克的观点占了上风。1920年，93人中在世的75人受到邀请，要他们公开撤回签名。在58位做出反应的人当中，有42人表示了懊悔和保留，认为撤回签名将被协约国认为是怯懦或谋取私利。毫无疑问，在此问题上，他们是对的。[38]

一开始，国际研究总会的排斥政策很起作用：1920年至1924年间，四分之三没有在德国或奥地利举行的国际科学会议排斥了德国人和奥地利人。但在对法国人和比利时人的痛苦的确认中，前中立国英国人和美国人的利益很快就减少了；在1925年，洛伦兹向总会的全体大会呈交了一份由丹麦、瑞典和荷兰提出的建议，要取消有关排斥的条款。这份建议遗失了。[39]第二年，就如果总会提供给德国成员资格，德国在什么条件下会接受的问题，阿姆斯特丹科学院的成员与普朗克和他的两位秘书同僚进行了交谈。普朗克和他的同事回答说，邀请应是"积极的"，并附上一份"取消"原来排斥理由的声明；德国和奥地利各自应在总会及其联盟中拥有适当比例的职位；在会议上应允许使用德语。[40]然而，就在此时，更大的玩家进入了游戏。

一些大国决定并设法缓解紧张的局势。洛迦诺公约签署于1925年10月,准许德国从1926年起加入国际联盟。在对总会施加压力时,协约国政府与中立国及英美科学家站在一边,总会在1926年6月从它的章程中去掉了令人不快的段落,并邀请德国和奥地利加入与自然界力量抗争的统一战线。然而,它所满足的,还不及普朗克和他的同事们最初提出的要求的一半。德国政府鼓励接受这一邀请,尽管不是马上;德国学术界则态度暧昧,要求道歉,并最终拒绝了合作。直到第二次世界大战结束后,他们才完全听命于总会。[41] 关于这种不妥协的若干理由,不断地重复在普朗克于魏玛时期所写的著作中。

或许,对于像普朗克这样的人,最根本的信念是科学高于政治。普朗克一而再再而三地回到科学的国际主义理想,[42] 这种理想既是科学的超然性的保证,也是它的榜样;正是在这方面,西方国家的行动出于政治目的,而德国则出于科学目的。1926年,普朗克提醒科学院,尽管有来自国外的挑衅(他还可能补充说到国内的不妥协),但在战争期间并没有排斥敌对国;协约国创立了国际研究总会这个政治机构,而在战前则有一个由柏林来支配的纯科学机构,即国际学术联合会。后来,在他给洛伦兹写的讣告中,他责备胜利者引入了"一种科学和政治的混合物,而这是在任何客观的基础上都不能证明是正确的"。[43] 国际的排斥伤害了德国科学家们国家的荣誉,他们现在不会合作,除非总会的章程明确地去除掉"政治的观点和与科学无关的考虑"。[44] 而且,毫无疑问,普朗克并没有把这种条件或对之的强加看作一种政治行为。[45]

不仅在为了赢得协约国的让步或道歉而制造压力方面，而且在表达对魏玛共和国的厌恶方面，德国科学家拒绝依附于总会都是政治性的。他们感到一个政权背叛了自己，这个政权可以签署蒙受耻辱的凡尔赛条约，可以考虑降低大学的入学标准，[46]可以鼓励接受总会提供的嗟来之食。这里，普朗克再次采取了一种中间的或者说中右的，但有影响力的行动方针，这种方针部分由他官方的职责部分由他的政治观点所决定。后来，这些观点仍在为德国人民党所表达，德国人民党的领导人古斯塔夫·斯特莱斯曼在1923年曾担任总理，后来又担任外交部长，直到他在1929年去世。[47]人民党提倡所有公民在政治上的平等；提倡加强家庭和德国人种储备的措施；提倡分裂的德国与帝国重新联合；提倡在两性之间政治、经济和法律的平等；提倡在学校中的宗教教育以及教会和国家的分离；提倡出版自由；提倡劳资合作，以及劳工结社的权利；在外交事务方面，它拥护重新建立海军，修订凡尔赛条约，恢复殖民地，简而言之，就是重新确立"（德国）在世界上从前的重要性"。[48]

就普朗克本人所能接受的来说，这些政策意在面向社会和政治的革新，但他不能忍受其中最大程度的民主，即普选。他认为，大众有权投票选举的合理性，就像不是专家的人要帮助在牛顿和爱因斯坦的理论之间抉择一样。如果以宣言或多数原则的方式来从事科学，科学就将崩溃；在普朗克看来，国家正是通过允许不分对象的投票选举而也变成这样。他这样向劳厄解释第三帝国苦难的起源:"在我看来,根本的祸害在于群众支配地位的出现。实际上,我相信普遍的选举权(达二十年之久!)是一种根本性的错误。"但是,他继续说,历史的车轮不能倒转;在令人反感的魏玛共和国中从事反对活动,他认为没有意义。[49]

无论如何,普朗克在最强大的国家支持的科学机构(柏林科学院、紧急联合会、威廉皇帝学会)中任职的责任,与反对建立秩序是不一致的。1924年,对于有人试图把德国科学财政的困境归于政府的责备,他公开地为政府辩护。普朗克的儿子埃尔文曾在国防部拥有一个重要的职位,他也必须支持这个政权,而且埃尔文和他的父亲非常亲密。高度保守的保罗·冯·兴登堡将军1925年作为共和国总统就职后,普朗克几乎对政治气候变得热心起来。"我希望并且相信(他写信给一个侄女说)在兴登堡的领导下情况将会好转,在对和平和秩序的重新建立中,我们将看到逐渐的进步。"[50]然而,如果普朗克在这个政权对与国外修好的政策中发现任何"政治的"动机,他就不会轻易让自己与这种政策保持一致。

就在国际研究总会撤销它的联合抵制之前,普朗克向维恩讲述了什么样的政策他认为是正确的,这涉及英国科学促进会1926年的会议,而他没有收到这次会议特别的邀请。"若一份邀请不是给个人,而是给德国科学家(整体),那么,假如某个人接受这样一份邀请的话,我根本不会有任何异议。"一个个人可以适宜于出席一次面向所有有关专家开放的会议,而不是一次封闭的、基于政治原因而把有资格的德国学者排斥在外的会议。

就在总会自身向同盟国开放之后，普朗克收到了两份邀请，这使他的对策得到检验。一份是去科莫会议的邀请，这次会议是法西斯的意大利提议为纪念伏达逝世 100 年而召开的；另一份是 1927 年索尔维会议的邀请，这是战后的第一次，除了爱因斯坦之外的德国人都得到了邀请。对于那些没有进行明显的试探而只是名流权威的意大利人，普朗克暂时接受了他们，他告诉维恩说，条件是看会议之前科莫湖上的政治风向如何。但这份邀请明显的坦率使得接受它几乎成了一种义务："德国科学家们如果没有非常充分的理由而在真正的纯科学事件面前退缩，他们将被怀疑怀有不良意愿。"普朗克出席了会议，也得到了满足；会议上曾有一些发言者赞扬法西斯的国家，它以墨索里尼招待的宴会作为结束，普朗克的评判是，这次会议的开法"从政治的观点来看完全无害"。[51]

索尔维会议提出了一个极为困难的问题。普朗克在给洛伦兹的信中，谈到了更多的顾虑：他不再站在量子理论家们的前列，除了德语之外他不会讲任何别的语言，等等；但关键的问题——"某种令我异常难以忍受的事"——是索尔维会议的负责人们显然以漏掉不请索末菲来进行了一次政治的检验，而近年来索末菲对物理学的贡献要远大于普朗克。普朗克怀疑，索末菲没有被邀请，是因为布鲁塞尔的索尔维研究所不想让一个拥护并吞比利时的德国人来访。这次普朗克找出了病因但误诊了症状：策略不在于漏掉索末菲，而在于包括普朗克。原来的计划只准备请三个德国人，其中之一必须是作为和解和连续性之象征的普朗克；对于剩下的两个名额，海森堡、玻恩和泡利都是对新量子力学有重要贡献的人，而且新量子力学构成了这次会议的主题，因此有充分有力的理由不用政治手段而把索末菲排除在外不予考虑。[52]

普朗克在1927年5月下旬访问荷兰，去接受阿姆斯特丹科学院新设立的洛伦兹奖章，这是一项由关心使国际科学工作正常化的人们所决定的奖励，直到在此之后，普朗克才决定前去布鲁塞尔。[53]毫无疑问，和他在一起的洛伦兹使他认识到事实真相，帮助他看到出席会议的重要象征意义。对于重建国际科学关系，洛伦兹是以微小、积极的步骤，而不是以无效的姿态来工作的。[54]

普朗克对于恢复正式关系的态度，可能在更大程度上代表了德国的自然科学家，而不是代表了由德国教授联盟和某些技术人员及工业家强烈主张的强硬路线。1923年，德国教授联盟的首席发言人和国家科学报告中心[55]的负责人卡尔·克尔霍夫，要求魏玛政府退出那些凡尔赛条约准许的德国有成员资格的国际科学组织（其中之一是国际度量衡委员会），要求政府不派代表团出席未来任何国际科学会议。政府把这项要求转给了八个科学机构：两个机构赞同克尔霍夫的建议（普鲁士航空观测站和国家地震研究中心），一个机构弃权（威廉皇帝学会），五个机构，包括紧急联合会和帝国研究所，表示反对。[56]

德国科学界在被邀请加入国际研究总会之后，对此邀请的拒绝并没有反映出观点的平衡中的变更，而是反映了这样一个事实，即德国科学家可以放弃依附而不损害他们的学科。[57]正如施密特－奥特在1920年所讲的,他们可以向胜利者表明其错误,"科学研究神秘的火焰,伟大的激情,以及恢复生机的力量"在德国没有消失,世界不能没有德国的科学。[58] 20年代初,在总会敞开其大门之前,德国的研究导致了包括量子力学在内的成果,这些研究的成功,证明德国科学家不需要国际科学的组织,并且能够迁就国内的政治而不累及他们的工作。

在这最后一点看法中,他们是完全正确的。正如普朗克所坚持的,最自然、最有用的国际合作形式,产生于实际的、科学的主动倡议,而不是产生于科学团体的发号施令。[59] "这就是我总在尝试据之行事并多么希望能继续下去的方式。"他行动的舞台之一是德国智力合作委员会,这是国际联盟的国际智力合作委员会在国内的分会,在此委员会中,他促进提倡的事就包括在世界上主要图书馆之间的合作。[60] 在对实质性的新事物的反应中,作为不破坏团结一致的"非正式"活动,德国科学家们个人接受了参加国际会议、受聘讲学或到国外学习旅行的邀请。甚至构成国际研究总会的各机构,在1926年以前也不总是遵循总会的排斥政策,而是愿意有德国著名科学家的非官方参与。[61]

德国科学家们实施了一项没有与其政府完全保持一致的对外政策的另一个例子,发生在1925年,当时正值俄国科学院建院200年纪念之际。苏维埃政权为了加速其工业化计划,对雇用德国的人力资源和工程师有兴趣,邀请德国的机构派遣代表来参加9月的200年庆典。尽管有1922年的拉巴洛条约,但魏玛政府还是不欢迎苏联对其部分科学家做出有兴趣的表示,尤其是在

1925年秋天，当时斯特莱斯曼正专注于将在10月以洛迦诺公约为结果的谈判。当魏玛政府转向西方时，它的科学家却转向了东方。

一开始，政府支持德国的代表团，条件是要苏维埃政权重新考虑因恐怖活动而判处的两个德国侨民的死刑；即使目标是人道主义的，科学家还是不喜欢在这一游戏中充当马前卒，许多人显然而且正确地怀疑"恐怖分子"就是德国的代理人。[62]最后，外事局得出的结论是，不情愿的德国人的参与会有损国家的目标，它通过科学院和德国教授联盟的工作，认可了对莫斯科的访问。在施密特－奥特和普朗克的领导下，一个大型的代表团出席了庆典。普朗克和施密特－奥特所支持的一些中立偏右的政党对与布尔什维克这种可耻的亲密交往提出了抗议。[63]

普朗克从一开始就赞同接受苏联的邀请。他在庆典上扮演的角色很突出，为了表明非政治的基调，庆典以唱国际歌开始，以贝多芬第九交响乐中的合唱结束。随后是1500人的宴会，宴会上普朗克讲了话，他赞扬说，学术的成果对一个具有政治和经济紧张局势的世界是最好的松弛剂；"（他说，在忽视战争经历的情况下）除了科学，没有任何一种黏合剂能如此直接、如此和谐地把地球上具有彼此各异的利益的不同国家联合在一起"。他以一种在科学院从来不会使用的说法，争取了在工人旗帜下的科学家们："在无知和迷信的根基上，我们努力栽种纯粹知识和真理的珍品。"[64]在后来的洽谈中，普朗克建议对纯科学而不是对应用科学投资；施密特－奥特同意某些交流和联合考察，其中的一项把一个在中亚的陆标命名为"紧急联合会冰川";紧急联合会还为与苏联科学界合作而成立了一个委员会,在这个委员会中,普朗克处处可见。[65]

普朗克对向苏联开放的参与,说明了事实上如果不做出一种政治的声明,甚至在最高的、超越于国家之上的、"非政治的"学术理想之下,行事是多么的困难,或者也许就不可能。他是这样向洛伦兹来合理地解释这一问题的:"当然,尽管整个庆典不是没有政治的色彩,但它具有一种主要是科学的特征。"他举出苏维埃政权完全是政治性的支持纯科学的决策的例证,作为"一种明显'有用的'活动"。[66]在这方面,普朗克的理想主义遮掩了他的智慧。在苏联,他扮演了一个政治的角色。

类似地,在离家更近的地方,尤其是在他认为等级体系是一个明确的问题的科学院内部,他支持纯科学胜于应用科学的做法具有重要的政治意义。正如他在1922年所说的,与像大学那样的姊妹机构相比,科学院具有与日常生活的事务和压力相隔绝的优势,优势在于它"在为纯粹知识的稳步增加而谋求对纯科学工作最珍贵的奖励所进行的排除偏见、坚持不懈的奋斗中",可自由地从事其工作。就在普朗克提出这种说法前不久,他与秘书同僚一起拒绝了德国国家技术联盟的一项要在科学院中包括一个技术分部的请求,理由是这个分部的成员将构成一个异质的团体,破坏科学院的纯粹、无私利的科学研究的约束。他一次又一次地提醒院士们,其创建者莱布尼茨持久的贡献,不在于他的实用研究,而在于他的哲学和数学研究。[67]

在当时的趋势中，对于应用科学与纯科学类似这种说法的拒绝，所表达的内容超出了学术上的争权夺势。斯塔克的专业联盟，是与物理学会作徒劳竞争的对手，它建立了与工业界的密切联系。1922年，斯塔克本人在维尔兹堡辞去教授职位，显然是由于系里的教员拒绝接受一位学生关于瓷的光学性质的论文，认为它过于技术性，或许也是由于他希望获得帝国研究所所长的职位，而令他愤慨的是能斯特被任命了此职。来自其诺贝尔奖的收入使退休成为可能；斯塔克离开了学术生活，去改良瓷品，制造麻烦。[68]在与工业界的认同中，他与菲利浦·勒纳德联合起来。类似地，勒纳德也是一位诺贝尔奖获得者、一位出色的实验家和一位失败的、不称职的理论家。1924年，他们两人都成为希特勒公开的拥护者，并把希特勒比作伽利略、开普勒、牛顿和法拉第。[69]

反对反相对论

纯物理学和应用物理学之间的对立，在"德意志物理学"这个为使物理学家摆脱高度抽象和数学性的理论的计划和口号中起了重要的作用。对于那些依然精通试验性方法的技术人员，以及对于那些把相对论和量子理论等视为犹太人颓废的工作的反犹主义者，增加实验物理学声望的目标具有某种号召力。从一开始，普朗克就被拖入了这一令人讨厌的事情当中。在英国天文学家证实了广义相对论的预言，并使其创立者成为世界的英雄之后，爱因斯坦就成了右翼出版物的靶子。通过谋求少数著名物理学家——尤其是勒纳德，以及其他一些像斯塔克研究瓷的学生路德维希·格拉瑟[70]那种受技术训练的人——的支持，攻击者们给人这样一种印象，即爱因斯坦的科学就像他的政治观点和宗教出身一样受到了污染。

攻击的头领是保罗·魏兰德这位专业的捣乱者和二流的罪犯，按照德国外交部的猜测，他得到了像亨利·福特这样的反犹工业家的支持。魏兰德宣布说，在他的"德国科学家保卫纯科学研究小组"的赞助下，1920年秋天将有一个12次的公开演讲。但只有一次会议在1920年8月24日举行，尽管魏兰德宣布演讲者将挣到15000马克。听众有机会购买纳粹的卐字饰物和反犹的文学作品，听魏兰德诽谤爱因斯坦，说后者剽窃、追求在公众中的声望，以及搞科学的达达主义。为了消遣，爱因斯坦本人也在能斯特的陪同下出席了。但魏兰德的谬论，以及物理学家恩斯特·格科在演讲中对相对论不公正的解说，并没有给他带来很多的乐趣。[71]

劳厄、能斯特和鲁本斯在柏林一家重要的日报上以一份简要但维护尊严的启事作为回答，来证明爱因斯坦工作的深度和他人格的高尚、大度、谦虚，以及对任何形式的自我标榜的反对。爱因斯坦没有听从玻恩和其他一些人的劝告，也在报纸上做出回答，玻恩等人是担心爱因斯坦将使自己受到进一步的攻击，并显得把自己降到了魏兰德的水准之下。[72]对于魏兰德的表演，最重要而且最有启发性的回答来自两个在其政策的制订中普朗克对其有重要影响的科学团体,即科学院和德国科学家与医生协会。

尽管有来自某些院士和文化部部长的压力,但科学院还是决定保持沉默。文化部部长以对右派出版物造谣中伤的攻击"感到悲哀和痛苦的心情"写信给爱因斯坦,这或许是由外交部所引起的,因为外交部在伦敦的代表曾报告英国对这些攻击的愤慨,以及在那里流传的说爱因斯坦可能会离开柏林的谣言。外交部的代表判断认为,不是说对他在职业上没有兴趣的德国科学,而是就德国的对外关系而言,这将是一场灾难。"目前爱因斯坦教授是对德国具有首要重要性的一个文化因素,因为爱因斯坦的名字广为人知。我们不应赶走这样一个在有效的文化宣传中我们可以利用的人。"实际上,爱因斯坦反对战争和那个"九十三人宣言",他是在战后的年月中最先被邀请在协约国做演讲的极少数德国科学家中的一位。当他出于与柏林的同事的团结一致而拒绝访问巴黎的邀请时,外交部部长瓦尔特·拉特瑙曾劝他为了法—德关系的利益而前往,[73]爱因斯坦自己也承认他在这方面的价值。

政治嗅觉使柏林的院士们将鼻子避开他们杰出的同事的困境。正如当时在任的秘书古斯塔夫·罗特写信给普朗克所说的那样,在"根本性的政治问题"上,公众的沉默是最佳选择。而且,尽管罗特不会以这种方式行事,但为了以全体一致的行动支持爱因斯坦,科学院已变得过于政治化了,"因为对新的阿基米德和牛顿的乏味颂扬令许多人反感"。普朗克赞同罗特的决定,并补充说,对于科学院这尊大炮来说,魏兰德和他的支持者们目标太小了,尤其是因为主要的目的已经达到:爱因斯坦想要

待在柏林。⁽⁷⁴⁾

像由劳厄、能斯特和鲁本斯发表的那种有利于爱因斯坦的声明，如果是由科学院做出的，就将是"政治性的"，但在一种科学的背景中讨论相对论而带来的间接的支持，则是完全可接受甚至是为人们所期望的。这正是普朗克作为德国科学家与医生学会执行委员会的成员所力主的方针。根据这一建议和索末菲的提议（索末菲曾把相对论描述为日耳曼哲学的理论），学会在其于9月19至25日这一周在巴特瑙海姆举行的会议中，安排了一个数学和物理分部的联合会议。正如学会的主席按索末菲的指示在开幕词中所讲的那样，这次联席会议的要点是："像相对论这种如此困难而且具有如此重要性的问题，是不能在带有蛊惑人心的口号的大众会议上和在带有恶毒的个人攻击的政治出版物中来投票表决的；相反，在由真正的专家组成的小范围内，这些问题会得到一种客观的评价，这种评价可以公正地判断天才的创立者的重要性。"[75]

普朗克谴责（但不是公开地）魏兰德的行为，说它"卑劣到令人几乎无法相信"，[76]他主持了在巴特瑙海姆的会议。这次会议以爱因斯坦和勒纳德之间的交锋而达到高潮。普朗克保持了得体的态度。勒纳德的反对意见涉及一种品位的问题；因为他的物理学必须是直觉式的，而爱因斯坦的物理学则是抽象的。[77]他的表演取悦了文化部部长，并使索末菲相信勒纳德没有投靠到魏兰德的群体中去；但这种看法忽视了勒纳德日益增长的反犹主义，忽视了他片面的判断，忽视了他邪恶的品质，（就像爱因斯坦早在 1910 年就做出的判断那样）"把乖戾和阴谋完全合为一体"。[78]

长期以来普朗克也知道勒纳德反复无常。[79] 然而，作为典型的特征，普朗克不会使自己基于政治的考虑而反对斯塔克或勒纳德在学术上的进展。在 1924 年他曾有过机会，当时格科推荐这两个人作为因 1922 年鲁本斯去世而尚仍空缺着的实验物理学教授席位的可能继任者。包括普朗克、劳厄和哈贝尔在内的评选委员会很容易地拒绝了这一提议。委员会的理由是："由于他们狂热的情绪，以及并非总是客观地反对新的理论物理学，这些重要的科学家将给柏林的物理学家们富有成果的合作带来损害。"普朗克的理由则是像他对维恩所解释的那样："他（勒纳德）把主观的直觉和客观的事实相混淆，相信他把握了他并不理解的材料，而且不承认他的重要性是有限的。对于一位学术界的教师来说，这是非常危险的。"这里没有一个词讲激情或政治，只有客观的反对意见，即勒纳德将是一位糟糕的教师。[80] 普朗克很遗憾，勒纳德以及斯塔克在职业上的不胜任把他们排除在外，因为系里所选择的威廉·维恩、马克斯·维恩和詹姆士·弗兰克（普朗克认为他是较年轻的实验家中最重要的人）全都拒绝了这个职位。[81]

这种困境通过一个精心策划的交换计划得到了解决，按照这一计划，能斯特将辞去帝国研究所所长的职位而就任鲁本斯的教席，普朗克将担任帝国研究所的所长，普朗克的教席则让给某个像玻恩那样的人。然而，普朗克决定不去当所长，政府任命了帕邢。在此事上更多的难题使得事情乱成一团：斯塔克向内政部和作为帝国研究所顾问委员会资深成员的普朗克提出抗议，抗议能斯特在1922年对帝国研究所的建议；普朗克支持了能斯特；斯塔克不能理解普朗克拒绝帮助他得到在柏林的职位；普朗克认为斯塔克的无能束缚了他的手脚是一种遗憾；而斯塔克最终在帝国研究所接任了帕邢的位置。[82]

这些问题在巴特瑙海姆解决得如此之好，在很大程度上是由于普朗克的工作，他阻止了捣乱分子打断爱因斯坦的讲话，拒绝允许一位提到报纸上文章的发言者继续讲下去。正像出席了会议的赫尔曼·韦耳所总结的："普朗克以了不起的能力、力量和公正履行了主席的职责；在'瑙海姆相对论讨论'中关于科学的认识论基础的对立观点彼此面对面地相遇，在很大的程度上，正是由于他，这一讨论才以一种有尊严的方式进行。"[83]

在会后的第二天，魏兰德刊印了一篇文章，这篇文章呼吁重新发起对相对论和相对论的捍卫者们，以及对"这个科学的堕落的耗子窝"的攻击。由此可以得出结论，在巴特瑙海姆的相遇是一次由职业物理学家参加并为他们举行的会议，它对于魏兰德对之演讲的那类听众几乎没有什么影响。基于在巴特瑙海姆和在此之后物理学家们以"极大的努力和许多的妥协"而达成的不甚坚定的一致，作为德国科学家与医生学会1922年的主席，普朗克提议要求爱因斯坦在年会的全体大会上做演讲。正像他写信给维恩所说的，这次演讲是学会100周年纪念的一次重要事件，他希望这次演讲将以"一种纯粹客观的观点"来取代"吹捧相对论

的愚蠢的广告"。⁽⁸⁴⁾

爱因斯坦受到了邀请,也接受了邀请。后来,因为受到了对他生命的威胁,他又拒绝了邀请,在他的朋友和教友拉特瑙被谋杀之后的那些日子,他不得不认真起来。⁽⁸⁵⁾外界对纯科学事务的这一邪恶的干预,使普朗克感到愤慨。"我们幸运地面临这样的现实:一群在黑暗中干活的谋杀者在对一个纯粹科学群体的科学计划发号施令。"他争取让劳厄代替爱因斯坦的位置,并承认这样做有一种"客观的"(他用这个词来指"政治的")好处。"完全客观地看,这一变化或许有一种好处,即那些相信相对论原理主要是犹太人在为爱因斯坦作宣传的人,将学到(真理)。"⁽⁸⁶⁾

这种好处并没有使极端主义者们缴械。斯塔克分发了一本题为《德意志物理学的当代危机》的恶毒的小册子。这本小册子攻击理论、犹太人的理论和爱因斯坦,它劝说物理学家们到工业界去,"就像约翰尼斯·斯塔克一样"。⁽⁸⁷⁾爱因斯坦去了日本。他不在场并没有平息反犹主义,1922年他被补授1921年诺贝尔奖的新闻也没有平息反犹主义。勒纳德向瑞典科学院和它的物理学奖委员会抱怨说,他们"不能利用一种充分鲜明的日耳曼(!)精神来避免实施这样一种骗局"。⁽⁸⁸⁾在1923年,利用爱因斯坦在荷兰避难的机会,普朗克试图探明反对他的密谋的起因。不论是犹太人的领袖还是政府工作人员(普朗克甚至向关心这种疯狂行为的负责健康事务的官员询问),都不能告诉他任何新的消息。普朗克判断,爱因斯坦被抬高,是作为发泄公众因犹太黑市商人而引起的敌意的避雷针,"也是由于有关在慕尼黑企图政变

的报告，而这种企图的政变既是犯罪，又目光短浅"。⁽⁸⁹⁾

普朗克对匿名的威胁感到愤慨。然而，比他的愤慨更加强烈的，是他担心这些流氓最终将赶走为国增光的人，而全世界正是为了这些人才羡慕德国。他写信给正和爱因斯坦待在一起的保罗·艾伦菲斯特说，科学院决不会对爱因斯坦施加任何压力，他可以外出或做他高兴做的事，只要他保留在柏林正式的住所，并一年至少在那里做一次演讲。⁽⁹⁰⁾虽然爱因斯坦回到了他的朋友们那里，回到了他清闲且报酬优厚的职位上，回到了他的帆船上，但普朗克所担心的结局只不过是推迟到了慕尼黑政变中目光短浅的罪犯控制了这个国家时到来。海德维希·玻恩劝说爱因斯坦"到平静的科学圣殿中"的那种退却还没有出现。⁽⁹¹⁾

关于精神

在20世纪20年代，相应于魏玛社会的普遍性问题，也相应于在量子理论中迅速的进步，普朗克再次重申和再次研究了他的哲学。物理学家们用了若干年才得出了一种对自然的新解释，他可以用这种解释来研磨和对之挥舞他的认识论利斧；尽管他有个人的悲伤，但他并不带有早期魏玛时代广泛流传的悲观主义，这种悲观主义给了他一个直接的靶子，去用空古老真理的箭囊。在带有失控的通货膨胀和政治暗杀的1922年，他在莱布尼茨纪念日的讲话中就致力于这种射箭运动。

如果莱布尼茨能够预见到1922年德国人民痛苦的需要和他

们的科学，是否他就不会抛弃他最佳可能的世界的原理？与之相反，普朗克回答说，他会重申这种原理：当对世界灰心丧气和失望时，莱布尼茨会逃避到他的神正论中，这是"一种对古老真理的透彻的说明：在最后的分析中，我们最深层最神圣的信念植根于我们内心的存在之中，独立于外在的经验"。如果不是对于社会的问题，而是对于物理学的问题而言，在最小作用原理这种与莱布尼茨神正论的指导概念惊人地接近的观念中，内省的物理学家们已经发现了答案的迹象。[92]

普朗克继续说道，要想得到答案，将需要自然的研究者所有内心的坚毅和自律——而这些美德正在像马克一样迅速贬值。普朗克提醒人们注意悲观主义、缺少耐心和一知半解的认识，提醒人们注意对困难的问题偏爱容易的答案的神秘主义学说。他把一知半解的人和神秘主义者排在比马赫主义者更低的档次；他们所威胁的不仅是哲学，而且是科学的基础，即"只有通过艰苦的、不知疲倦的、个人的工作，所谓学校或团体的科学才能在其宝库中一点一滴地把果实积累起来"。[93]

普朗克的更大的敌人不是那些在他的信箱中塞进新的包罗万象的计划的人，而是像奥斯瓦尔德·施彭勒和鲁道夫·施坦纳那样的人，这些人利用那个时代不利的条件，鼓励一种享乐主义的研究科学的方式。施彭勒和施坦纳把社会的不幸归咎于与经典科学的成功相伴随的对技术的获得和精神的丧失。施坦纳曾是一位医治社会疾患的很了不起的医生，作为一种疗法，他提议一种新的科学，一种自发的精神性的认识，它将产生关于外部和内心世界的真理，而没有依赖数学或实验的麻烦。

糟糕的是一般公众鼓励培育唯灵论和占星术，结果是贬低了经典的学说及其方法。在普朗克看来，更危险的是当科学家们做出回答反应，宣称他们的学科所发展的方法不完善时，他们或是出于信念，或是出于一种与更广泛的文化相似的权宜之计的意识。代表了最有对抗性观点的物理学家们——斯塔克和爱因斯坦，维恩和韦耳，普朗克和玻恩——在修辞上把他们理论中的危机与政治事务和社会事务中的危机联系起来。有一些人，包括韦耳、能斯特在内，一段时间也包括厄尔温·薛定谔在内，不将自己限于这种文字的游戏，暗示或者宣称，像施彭勒和斯坦纳所建议的那样，在其领域内放宽严格的因果性很可能是解决他们的问题的关键。[94]

普朗克、维恩和爱因斯坦这些更年长一些且有影响的物理学家经常谈到反对科学中的享乐主义，反对放弃因果性规律的提议。劳厄在一篇坚定、客观的文章中奋力驳斥斯坦纳的要求，这篇文章得到了普朗克的赞同，但无疑被其预期的读者忽视。普朗克已经公开地捍卫了被施彭勒的信条破坏了的假定，这种信条除了裁定世界上没有因果性之外，还教导人们说，所有的概念、所有的科学都必定是拟人的。[95]普朗克在1922年莱布尼茨纪念日的讲话中，重申了对因果性的信念是科学的一个前提，以此向时尚提出了挑战。他相信，在某个时候，那种试图借助于情感的一知半解将会烟消云散；到那时为止，他只能尝试把建设性努力的损失减少到最小的程度，"今天在所有（努力）的领域中我们如此强烈地需要这样做"。[96]

在同一演说中，普朗克激烈地抨击唯灵论者和神秘主义者的另一根本性缺点。把科学与宗教联合或者说混合起来，使他们自己对于因果性和在伦理上的自由之间的关系，不能给出前后一致的说明。[97] 这一问题对他来说似乎是如此的重要，如此的具有威胁，以至于他在1923年2月在科学院的下一次重要演说中，再次把它提交到科学院面前。他忠告说，某些利用物理学家附带意见的普及者正在向人们教授这样的说法：一些科学的分支避开了因果性，从而为人类意志的自由行为留下了余地。这些附带意见具有的灵感不仅来自享乐主义，而且更有力地来自实证主义。普朗克反复地陈述他对实证主义的反对意见：实证主义导致唯我论和缺乏成果；科学通过略去人类的因素而进步；如果人们追随的是自我中心利益的烛光而不是因果性原理的强光，物理学就不会存在。[98]

相应地，普朗克公开宣布那些新的人类意志的理论家所否认的原理，以此来作为他反驳这些人的开场白。所有的物理学和化学，甚至相对论，都以因果性为基础；在他看来，量子理论最终也将满足这一原理，并竭力得出它的一种更精确的公式化表述。一种类似的观点也贯穿于普朗克为《自然科学》庆祝玻尔理论10周年专号所写的文章。在这篇文章中，他指出，经典物理学在它所受到的来自相对论的震撼中幸存了下来，玻尔的原子和所有的统计物理学都依赖于经典力学，而且——这是一个典型的特征——玻尔对光谱的解释只依赖于已知的基本常数和自然数，这一事实表明，当他的理论和旧的观点都被适当地修正时，这两者就将会彼此相容。[99]

因为对普朗克来说，因果性原理与科学有共同的范围，科学与所有客观的知识有共同的范围，所以因果性必定也适用于历史和心理学；他假定因果性在对人类之支配方面的困境促使了巫术和唯灵论在当代大量涌现。但如果正确地认识的话——这是在他对神秘主义者、唯灵论和实证主义者的回答中——为大多数人所渴望的自由意志是与严格的因果性不相容的。在对他于战争之前就详细阐述的一种观点中，普朗克通过区分自省和科学的分析，解决了在自由意志和因果性之间表面上的悖论。当我们自己周密地思考一项审慎的行动时，我们必然要干扰所研究的系统，无法以因果的方式来考虑它；从而我们有一种感觉，一种关于行动自由的真实而客观的、可证明是正确的感觉。然而，一个博闻的外部观察者或许能够充分严密地分析我们过去的行为，以便科学地，也就是说因果地预言我们的抉择；我们越是更进一步地从我们自己的抉择出发，我们回溯性的分析就越接近于无所不知的外部观察者的预言。但在做出抉择的那一时刻，我们无法以因果的自我分析来继续前进。然后又怎样呢？根据康德的规则，根据被证明了的规律，根据一种责任感；在这里，智力必须让位于性格，科学的知识必须让位于宗教的信仰。

因而，科学必定有别于被理解为普遍化了的伦理的宗教。范畴的规则以及它所连带的责任感和责任心不能也不应该被还原成科学的方法或原理。这并不是说科学反对宗教。要跨过科学的门槛，就需要信念的行动，它类似于对范畴的规则或宗教教义的接受，也就是说，是一种对严格的因果性的信仰。在对后来一次演讲的主题的概述中，普朗克得出结论说，科学和宗教可以保持没有真正的对立，这两者都是必需的：如果我们要充分地发展我们的天性的话，我们必须既培育我们的宗教，也培育我们的科学力量。[100]

虽然普朗克对自由意志和决定论的再结合已由他人做在前面，尤其是威廉·詹姆斯，从而为哲学家们所熟悉，但它启用了一种或许过于浓缩从而不容易理解的论证。后来，普朗克在与蒂宾根大学的哲学教授特奥多尔·黑林的通信中清晰明确地阐述了它，他的教诲需要6封长信。最初，普朗克解释说，只有当预言所依赖的资料可以获得，而且不影响或改变所研究的系统时，决定论才有意义。"这是任何一种科学知识基本的预先假定。"它对自我分析不成立。因而，人们的意志不能是关于人们的自我的科学的主题，对于有意志的个体，意志的决定的问题没有意义。黑林回信说，他无法理解，如果科学的决定论普遍成立的话，为什么它不也适用于"我"，他也无法理解，为什么在自省中自我必定要被干扰。[101]

普朗克坚持认为干扰必定发生：自知是一种自觉的经验；所有这种经验都意味着精神状态的改变；但自知具有作为其对象的精神状态；因而对于求知本身的自知是不可能的。这还不足以让黑林完全理解。似乎这位哲学家分不清"现象的我（'作为对象的我'）"和"实际的我（'作为主体的我'）"；后者可以认知前者，但不能认识自身。普朗克认为他已把他的论证降低到了他孙辈的水准，"因而，"他得出结论说，"决定论永远不能使意志的自由无效。"这位哲学家仍然有其困难：他说，他没有理解观察一个客体如何能够改变这个客体。普朗克回答说，观察并不改变客体，但改变主体；结果在处于研究的情况下，认知的我这个主体与意志的我这个客体相同一。这就达到了目的。黑林理解了论证，而普朗克理解了与哲学家谈话的困难。[102] 他很快就会发现，当讨论在认知者和被认知的东西之间的关系时，量子物理学家们也遇到困惑。

哥本哈根精神 在战争期间，普朗克紧张地研究量子理论，而且，借助与艾伦菲斯特大量的通信，他努力使新物理学的统计基础和非经典特征完全清晰。[103] 与此同时，他研究了由索末菲所发展的玻尔原子理论，然后就此讲课；他与索末菲还就诠释的问题交换长篇的信件。这种理论具有某些真理，对于普朗克来说，这一点已得到了确证，因为索末菲成功地把相对论与量子理论结合起来，成功地在一种对光谱线精确说明的形式中，接生了一个出人意料的、健康的后代。[104]

索末菲承认普朗克作为他一直在采用的方法的创始人的作用，他寄出优雅的诗句："你精心地清理了场地／而我在各处把一小束鲜花采集。"普朗克则以更优雅的诗句来作答[105]："有你的采集／有我的采集／我们应该扎束在一起／因为分享了我们的全部所有／我们扎出的花环将最为美丽。"但是，这一花环正像普朗克充分了解的那样，既展现了正在枯萎的经典的花朵，也展现了充满生机的新芽。他从事的某种任务,是要把矛盾和不协调降到最低的限度。

在战争的最后一年中,他确定了他所认为的当时阻碍物理学进步的最重要的疑问:辐射是像麦克斯韦方程所要求的那样在空间中连续地分布呢,还是像爱因斯坦论证的那样以光量子的形式传播?对他这方来说,普朗克在1918年初告诉洛伦兹,他正在尝试将就着使用旧有的方法,这不是因为他排除了新方法的可能性,而是因为麦克斯韦理论具有给出确切答案的有利之处。"以这种方式,如果存在与事实之间矛盾,人们可以认真地希望找出这种矛盾。"更早些时候,他曾认为爱因斯坦的光量子理论是一种令人尴尬的障碍,在第二年于威廉皇帝学会的演讲中,他澄清了为什么他开始认真对待光量子理论的原因:玻尔对原子结构的解释表明了光在发射时必须是量子化的。此时,光是作为波还是作为粒子传播?"事实上,光线本身是否是量子化的问题,或者说量子效应是否只在物质中出现的问题,是整个量子理论所面临的第一位的、最严重的两难问题。"[106]这意味着,对于物理研究所所长的量子理论研究,威廉皇帝学会的帮助可以带来可观的回报。

在1925年的夏天和秋天,理论物理学的哥廷根学派——玻恩、沃尔纳·海森堡和帕斯卡尔·约尔丹——带来了回报。在一开始,普朗克认为他们研究量子之谜的方法是有希望的。在12月,他写信给洛伦兹说,"在许多的失望之后",现在他希望看到量子理论包含一种统一的世界图景。他预期对新物理学的一种普遍的公式化表述将取代经典理论的某些微分方程,经典理论意味着在其用微分方程所描述的过程中的连续性,而这种表述则可能会获得量子现象的特征跃迁。哥廷根的矩阵力学影响的只是这种取代,在某种程度上,这似乎拯救了旧有的对干涉现象的成功表述。[107] 1926年年初,普朗克在卡尔斯鲁厄和柏林把这些有希望的消息带给听众,并插入了他对有关因果性、统计力学和自由意志的看法的总结。不论结果如何,普朗克说,在他一生中最糟糕的猜测中,物理理论将不必由于被研究客体的研究者所带来的干扰而关心自身,因为"从一开始"物理学就把这种复杂的情况排除在外了。[108]

然而,哥廷根学派和尼耳斯·玻尔领导的哥本哈根小组很快就把恰恰是这样的复杂性引入物理学中,以对抗埃尔文·薛定谔的方案。海森堡认为薛定谔的方案"令人讨厌",而普朗克则称之为"神奇的"和"划时代的"。[109] 薛定谔找到了一种方法,使量子理论的不连续性扎根于旧式的对应于某种波动的微分方程中,他解释说这个微分方程描述了原子内部电的分布。"我正在阅读你的论文(普朗克写信给薛定谔说),就像一个激动的孩子在聆听一个长期使他困惑的谜语的谜底一样。"[110] 普朗克最亲密的同事——爱因斯坦、洛伦兹、维恩和劳厄——也都欢迎这种表观明显的拯救,欢迎这样一种回归:对运动中的物质和在时间及空间中电子的行为的说明。在薛定谔的诠释中,尤其是在他对电子可以按经典的方式被描述为波动的叠加的预期中,这些人也都看到了困难,甚或是不可克服的困难。波动要扩展;对于原子中一个电子，一组占据几个立方英里的波动不是恰当的表述。洛伦兹用计算来表明这种困难；普朗克认为这是主要的问题；薛定谔也同意，并希望充分机巧的数学处理能克服这种扩展。[111]

噢！哥廷根—哥本哈根的小组发现了附加的困难，并使薛定谔的波动非物质化。他们的诠释的发展来自玻恩的建议，即波动，或者说是其振幅的平方，应作为由波动所描述的一个或另一个电子将占据位置和状态的概率的度量。一种类似波动的概率像任何波动一样可以与自身相干涉，它使薛定谔成为喜剧演员。[112]然而，一种人的笑话可以是另一种人的哲学，玻恩认为量子力学只提供了一种对概率的计算，这种观点变成了标准的诠释。普朗克同意认为薛定谔提出的实在论的解释不能被证明。[113]但他断然拒绝接受哥廷根—哥本哈根学派后来的断言，这种断言认为，从原则上讲，任何一种关于原子事件的因果性理论都是不可能的，任何一种关于微观世界实在的客观图景也都是不可能的。

量子物理学权威性的诠释，或者说哥本哈根诠释，是在1927年分两次发布的。较早的一次，由海森堡在春天发表，它包含了著名的测不准原理：不可能以任意高的精度同时确定一个亚原子粒子的位置和动量。海森堡给出了例子，把电子定位在一个以波长为 λ 的光照明的显微镜镜台上。为了得到电子的信息，光线必须从后面被它散射到显微镜的目镜中；如此被散射的光必定得到平行于镜台的动量，大小为 $\Delta p \approx p\sin\alpha$；这里 2α 是从镜台中心来看显微镜物镜的角宽。根据经典的成像理论，一台显微镜不能分辨沿着镜台分开的比 $\Delta q \approx \lambda/\sin\alpha$ 距离更接近的各点。这样，我们就有方程 $\Delta p \Delta q \approx p \lambda$。在经典理论中，这个方程没有重要意义，因为 p 和 λ（两者都与光有关）是完全独立的，而且原则上两者都可以小到实验者所愿意的程度。但在波动力学中，p=h/λ，而且我们有令人困惑的关系 $\Delta p \Delta q \approx h$。海森堡解释说，根据能量守恒，Δp 既涉及电子也涉及光，在对一个电子的测量中，出现一个不可控制、不可恢复的扰动，扰动的最小值是作用量子 h。位置固定得越是精确，在动量中的不确定性就越大，反之亦然。[114]

玻尔不喜欢海森堡把电子作为具有确定的（尽管是不可知的）力学性质的粒子的表述，也不喜欢他对事物的波动方面的贬低。在1927年的科莫会议和索尔维会议上，玻尔提出了哥本哈根诠释的第二种也是权威性的版本。它基于三个主要的公设：物理理论描述的是实验的结果而不是事物的本质；对实验的安排和结果必须依靠普通的、经典的物理学来做出说明；波动理论和粒子理论的语言描述了在微观实体和实验者之间所有可能的相互作用。第一个命题把玻尔的"互补性"置于普朗克攻击了二十年之久的认识论当中，玻尔也这样称呼他的哲学；它明确地把独立存在的事物的性质从物理学的视野中取消掉。第二个命题允许分析者与他的同事们进行交流，并决定在仪器（当然仪器是由微观实体构成的）和所观察的微观实体之间什么地方划出界线；在海森堡的显微镜中，仪器包括光线，并相应地应用了经典的结果 $\Delta x \approx \lambda / \sin \alpha$。第三个命题建立在经验的基础上：没有一个已知的实验逃避了利用经典概念的解释。[115]

难道波动（其能量在空间中扩展）的概念和粒子（其能量定位在局部）的概念不是对立的吗？难道光不是在干涉现象中表现得像波动，而在光效应中表现得像粒子吗？难道我们不是在不合逻辑的推论中被当场逮个正着吗？按照玻尔的看法，完全不是这样。实验者决定是揭示实验的波动方面还是粒子方面：他为一种结果选择的仪器不能产生另一种结果。例如，一个光（或电子束）的双缝实验给出用波动的语言可充分描述的衍射图样。粒子的语言不足以预言这些图样，但它可以通过诉诸关系式$\Delta p \Delta q \approx h$而变得与这些图样相符。令$\Delta q$表示在双缝之间的距离，令$\Delta p$表示一个光量子（或电子）在穿过双缝时所获得的平行于双缝所在平面的相关动量；这样，就可以搞清楚为什么微观实体束平行于双缝展开，但搞不清楚为什么它造成它所产生的图样。简而言之，玻尔的实验者在描述其结果时永远不会陷入矛盾。只有反其道而行之的人因为提出像"光（或一个电子）是一种波动还是一个粒子"这种问题，才会遇到麻烦。但这是他们自己造成的麻烦。在那些用哥本哈根精神进行解释的人看来，这样的问题使人转移注意力；它们不属于关心实验而不关心事物的物理学。

1927年5月末，普朗克在去莱顿的旅途中首次听说了"不祥的关系式$\Delta p \Delta q \approx h$"，他这次旅行是去接受洛伦兹奖章，并参加一个由艾伦菲斯特安排的非正式讨论会，讨论在量子理论中统计地解释基本事件的必要性。[116]直到那时为止，普朗克一直是泰然处之地，甚至是热情地对待量子力学的发展。5月中旬，他在费城富兰克林研究所的一次演讲中注意到,近来的发现并没有反驳最基本的物理学原理,例如像热力学定律和麦克斯韦方程,至少在光的波—粒行为这一点上是如此,这预示了微粒物理学和波动物理学的合并。他预期,尽管最后的结论带来"所有我们物理洞察力的一种深刻的转变",但仍将满足他这样的要求:"理论物理学将向着达到其构造一种统一的世界图景的最高目标迈出重要的一步。"[117]他没有预料到测不准原理。这一原理或是意味着物理理论依赖于实验者的技巧,这将引进"一种人性的,从而非自然的因素";或是意味着在原则上使得谈论 p 和 q 的精确值变得没有意义,这将带来"一种不可接受的对思想自由的限制,以及……对一种理论家必须使用的工具的损坏"。[118]

哥本哈根学派拒绝再进一步向前看,它听任忽视从前的物理学所相信的事情是首要的问题,而且它满足于爱因斯坦所称的"海森堡—玻尔四平八稳的哲学,或宗教",所有这一切使普朗克感到震惊。其实除了它的内容之外,哥本哈根解释的出现伴随着一种令人窒息的教条主义,这种教条主义与他对迅速得到的答案"日益增加的厌恶"形成了鲜明的对照。[119]这种增强了的悲观主义,这种对放弃的热切,这种"屈从和热情的结合",从何处(用玻尔的话来说)给他的追随者们的研究带来灵感?按照劳厄在1932年的政治和经济危机期间所写下的看法,哥本哈根诠释只不过是对普遍的深度文化悲观主义的一种表达,这种悲观主义使那个时代变得黑暗。对劳厄来说,这只不过是明显的怯懦。"普朗克曾提到过,良知和忠诚是一个科学家必不可少的性格特征，"劳厄这样写道，"我想，我们应该再添上耐心。"[120]

1928年，柏林的乐观主义者们愉快地接受了普朗克的继任者薛定谔，薛定谔和他们一道拒绝概率的诠释，认为它是过分容易的答案。他指出，普朗克在最初的量子理论的创立中英勇的斗争是耐心的典范，充满希望的辛勤努力，会带来兴旺发达的新物理学。"我认为（他写信给普朗克说），对于后来出现的看法，我们不得不进行同样的战斗。"[121]柏林的小组在1929年的6月和7月重新正式地申明了他们的观点。在更早些时候，物理学会因其对物理理论的杰出贡献，把第一枚普朗克奖章授予普朗克，把第二枚普朗克奖章授予爱因斯坦，以庆祝普朗克获博士学位50周年。这一奖励是洛伦兹奖章的德国版本，它在很大程度上是一种学派的产物，因为它的促成者（玻恩、爱因斯坦、劳厄、薛定谔和索末菲）都在评判者和获得者之列。爱因斯坦在获奖的答词中，表达了他对普朗克的客观性的赞扬，也表达了他的信念：量子物理学不会停步于统计规律和亚因果性。[122]

一周后，同一批庆祝者中的许多人为薛定谔成为科学院成员而再次聚会，这是对所有种类的实证主义的对抗。在其就任演说中，薛定谔把争论的问题表述如下：对于以经典力学为典范的对明确地确定单个粒子行为的规律的寻求，量子理论是否与之相容？他的回答是，对于可以找到哪种方法并没有确切的证明：争议的问题是哪一种观点——严格的因果性还是激进的概率观——允许对自然作最方便的描述，允许最有用的世界图景。普朗克接受了薛定谔对中心争议的界定：对理论的评判最终是根据其结果，根据其在提供"尽可能真实的自然模型"方面的成功。建立在严格因果性假定之上的理论最终将是最方便、最富有成果的理论，他对此深信不疑。

普朗克认为，信仰因果性理论的物理学家永远不会获得被以下论证所误导的量子理论，即新的力学在原则上排除了进行任意精度的测量。因而，根据普朗克在讨论意志之自由时所遵循的同样推理，他们推断应用决定论式理论的条件不会得到满足。然而，物理学家不应抨击因果性，而应把对于明确地、因果地规定一个自然过程的探索与更进一步的问题区分开来，这个更进一步的问题就是：这些条件如何以及在多大程度上可以在实验中得到满足。普朗克为薛定谔的研究中柏林学派的观点找到了最有力的论证，薛定谔的工作表明，如果确定的要素被取作是满足薛定谔偏微分方程的波动而不是质点，那么一个原子在时间和空间中的行为就可以完全地被确定。[123]

因哥本哈根精神的介入而形成的新局面，把普朗克带回到他旧日的对手马赫那里。他承认，海森堡和玻尔关于测量之本质的发现很可能给人们以这样的印象，即由于违背马赫的指令，由于离开对直接经验的描述，由于使世界图景客观化，物理学步入了歧途。[124]在1929年2月，他回到莱顿，回到马赫那里，在艾伦菲斯特的敦促下，他更礼貌地对待马赫。实证主义不结果实的看法此时已不再有把握：喜欢它也罢，不喜欢它也罢，量子力学都起作用。然而，新的物理学不需要迫使任何人放弃对一个实在的外部世界的信仰，尽管它并不推荐对普朗克20年前提出的方案的扩充。他开始区分三个世界，因而得出了与马赫相同的一种以数字的方式——如果说不是以本质的方式的话——的分配：在经济论者看到物理的、生理的和心理的现象的地方，实在论者放置了感觉的、实在的和物理学家的世界。[125]

物理学家的世界完全处在物理学家的安排控制中。当这个世界，或者说世界图景看起来是稳定的时候，科学家们就倾向于形而上学地把它解释成渐近地与实在的世界相符，"另一方面，在像我们正经历的这种变革和不安定的时代，实证主义崭露头角，因为此时有良心的科学家倾向于后退到唯一坚实的出发点，即自然界中的过程"。但是，在普朗克看来，历史表明，物理学并不是在以下两种观点之间的犹豫不定中前进：从世界图景中持续地清除对人类状况的参照，这方面相对论是给人印象最深的例子；以及不断地使世界图景从感觉的世界趋向于实在的世界。[126]

至于讲到量子理论，它所威胁的只是质点力学：热力学、动量守恒、普适常数、相对论，所有这些都在世界图景中存留下来。海森堡对人类测量能力的论及，在物理学家的世界中并无一席之地。如果人们愿意的话，这里是由严格的因果性来主宰；对于因果性分析，适当的课题不是质点，而是薛定谔的波动。海森堡的测不准原理在本质上并不存在于世界图景的某种形式之中，因为它是波包的特征的数学推论。但是，如果人们并不向世界图景要求它没有能力提供的信息，例如像一个单一的粒子在未来的行为，非决定论就可以不存在。粒子属于另一种世界图景，即经典力学的世界图景，这种世界图景的语言和概念被错误地袭用到薛定谔波动的世界中。[127]

对因果性的保留肯定将削弱在新的世界图景和感觉世界之间的连接。但在这一点上，普朗克没有看出唯一的不利之处。他比玻尔更为激进，断言削弱世界图景和经验之间关联是一种进步的标志，是向非拟人化的观点更迈进了一步。[128]尽管我们在此方向的奋斗永远不会终结，甚至在正确考虑的情况下，我们终身的不足也有其优势，但"我们有一切理由认为，以来自上天的奖励来吸引我们进行这种永无休止的持续奋斗，是对人类探索精神的一种特殊的赐福。这种赐福确保了热情和敬畏这两种人类最高尚的驱动力持续下去，一次又一次地升腾"。这种赞颂燃起了爱因斯坦的热情。在给普朗克的一封谈论威廉皇帝物理研究所的信的结尾，他离开正题补充说："最后，我必须再次告诉你，我发现你联系理论物理学现代阶段对实证主义的讨论是多么的出色。"[129]

随着普朗克回到莱顿受聘，他对于物理学哲学的独创性贡献也就结束了。后来，在仔细地研究了最新的物理理论之后，他不断地重复并精练他的观点，狄拉克的最新理论通过艾伦菲斯特为他而写的评论，变得更接近于他的"物理或几何的"思维方式。在他就任其主席后第一次对威廉皇帝学会的重要演说《实证主义与客观世界》（1931年）中，普朗克把实证主义和取消因果性的倾向与当代在精神和物质生活中普遍的危机联系起来，他像往常一样抨击实证主义，坚持认为没有客观的理由迫使人们在世界图景中放弃严格的因果性。当然，量子限制了测量，但没有限制可认识的东西；"通过自由的思考，测量的结果必然要被延伸"。

他反对所有的悲观主义者，不论是量子方面的还是其他方面的，他确认人类智力的力量，确认一种不受限制的装置的运行，"这就是我们思想的飞翔"。[130] 在《物理学中的因果性概念》(1932年) 中，对于把感觉世界与世界图景相混淆的古老的实证主义的过失，以及对于现象可以迫使人们放弃因果性的结论，普朗克批判了非决定论者。[131]

非理性的关系　在 20 世纪 30 年代初，德国的科学似乎更加可能肯定悲观主义者，而不是证明普朗克对人类思想的飞翔之信心的正确。当时经济的萧条削减了德国世界级科学的重要资助者——紧急联合会和威廉皇帝学会——的收入，使之远低于它们认为维持其工作所必需的水准。[132] 政治上的极端主义压榨像德国人民党那样温和的政党，导致了人们无法用理智的认证得到领导权。公开且邪恶的反犹太主义深入学术生活中，并把雅利安人提拔到那些按照功劳本应给予犹太人的职位。一般的公众反对科学和基于科学的技术，认为它们是生产过剩和不充分就业的首要原因。政府以纯科学为代价，鼓励发展应用科学，作为摆脱经济和军事低谷的最快捷的途径。在理论物理学这种最纯的纯科学和普朗克自己毕生的工作中，也存在一种对容易的答案的偏爱，存在一种放任的气氛，以及方向的丧失。

尽管普朗克无法与产生危机的原因做斗争，但他认为他的责任是要表达他反对对物理学基础的误解，这不仅是为了拯救他的学科，而且也是为了所有思考着的人们的利益，因为这些人的世界观可以很容易地被物理学基础中的裂缝颠覆。在他对薛定谔在科学院就任演说的回答中,他已经强调说,如果物理学没有令人满意地解决因果性的问题,那么可能随之而来的"真正危险的"后果要远远超出科学的限度。[133]到30年代初,他可以把矛头指向帕斯卡尔·约尔丹的著作,因为约尔丹试图把一种激进的意志自由、生机论和超感觉的概念置于量子物理学所支持的非因果性之上。约尔丹拿物理学的力量来支持弗洛伊德的深层心理学,而沃夫冈·泡利也对荣格做了同样的事。正像普朗克预见的那样,作为非决定论的证据,神学家们急切地抓住了以海森堡的风格来解释的测不准原理,他们把非决定论看成是个人自由和道德责任的基础或地盘。他可能还设想到为了非理性政治学说的利益,对以生机论的方式错误地解释的哥本哈根精神的政治利用。一位有影响的神学家贝纳德·巴温克指出,希特勒的观念一方面与政治相吻合,另一方面与新物理学反唯物主义的——也即唯心主义的、生机论的、反共产主义的推论相吻合。这种观念有一段时间取悦了纳粹最重要的报纸《人民观察家报》的编者们,这份报纸曾把巴温克的《宗教道路上的科学》一书推荐给它的读者,直到勒纳德向他们通报说巴温克喜欢爱因斯坦并得到普朗克支持。[134]约尔丹是最负责任地传播对玻尔哲学的生机论解释的物理学家,他变成了一个纳粹分子。[135]

在《实证主义与实在的外部世界》一文中,在一份广泛流传的1933年对德国工程师协会的演讲中,在同年《柏林日报》上的一次访谈中,以及在30年代末一次又一次的各种场合,普朗克断然地拒绝从量子物理学的数学形式体系出发对生物学和心理学中的问题做轻率的推论。他尤其反对从非因果性走向自由意志。除了非因果性在物理学中的合法性问题之外，它作为行为基础的确立，将用盲目的机遇来取代深思熟虑。作为个人道德责任之证明的自由意志因此将得不到拯救：相反，每一个行动，不论多么野蛮，都可以当作一种不可控制的、不可预测的、不可理解的机遇的自发显现而被原谅。[136]把激进的非因果性引入物理学的世界图景，将导致或支持在社会上有灾难性后果的概念。

什么内容进入世界图景中去，这是一个选择的问题；而我们选择什么，则是一个信仰的问题：逻辑不能强迫人们相信一个实在的外部世界，不能强迫人们相信一种预先设立在思想与事物之间的和谐，不能强迫人们相信世界图景与真实世界渐近的重合。[137]对于物理科学的根本性原理，最终的基础以及最高权威深深地位于个人的内心当中。1930年，在向丹麦物理学会宣读完《实证主义与客观世界》返回之后，普朗克写信给玻尔说："最高的法庭是在人们自己的意识和信念的终点——这适用于你，适用于爱因斯坦，适用于所有其他的物理学家——在任何科学前面，一开始都存在有信仰。对我来说，这是对所有发生的事都完全遵守自然规律的信仰。"[138]

选择基本原理需要求助于某种逻辑之外的东西，这种需要在科学的基础上引入了某种非科学的内容。普朗克采用了一个玻尔喜欢用的词，把这种东西描述为"非理性的"。当他把马赫的谬论暴露在理性的明亮光线之下时，在与旧日科学的基础的关联中，这个词不会出现在他面前。但是，从与马赫的交战中，仍留下了多产的检验标准，现在普朗克把这种检验标准应用于社会的和科学的成果。正像他对德国工程师协会所讲的那样，在这方面他对走向真实和实在的进步的乐观主义信仰，具有胜过实证主义的悲观主义的优越之处，因为它激励人们去工作。"在科学中，就像在文化发展的所有其他领域中一样，工作是通向繁荣和成功的唯一可靠的途径。只要我们的德国人民在工作，而且只有在这种情况下，我们就无须怀疑有一个更好的未来，尽管存在目前所有这些苦难。"[139]

按照人们的意识和信念在科学非理性的基础上进行选择，这种责任的指派加剧了更早些时候提到的在普朗克使世界图景非拟人化的方法中的张力。（普朗克曾教导说，艺术的人类个性的创造力在很大程度上从物理理论中去除了人类的因素。）这种张力与德国物理学所面对的问题的严重性在同步增加。在帝国时代，普朗克谈到作为个体的理论家的创造性的活动和想象力，这种比较物理学家与艺术家相似性的方法，只是为了在公众眼中使物理学家有些人情味。在临近战争的结束以及在魏玛时代早期，他把个人特殊的洞察力归因于其民族文化的因素，以便减轻对德国科学的孤立的心理影响："国际科学的历史一次又一次地表明，科学正像艺术和宗教一样，首先只能在民族的土壤中繁荣。只有在这种基础上，人们才有可能在高尚的竞争中进行富有成果的合作。"[140] 同样的思想也出现在他于1930年左右危机期间所写的著作中：尽管科学是国际性的，但科学家从他们的国家汲取其文化；如果这种文化足够充分，则在很大程度上他们就能够在没有世界其他文化的情况下工作；幸运的是，正如在理论物理学中近来的发展所表明的那样，德国仍然拥有起这样作用的文化。[141]

在1930年以后，普朗克把个人的贡献扩充到机敏和文化的想象力之外，包括良心和个人价值，以便与新的实证主义世界图景的倾向做斗争，他认为这种世界图景不论对科学还是对社会都是有害的。正如他写信给比约克内斯所说的，简而言之，"科学的和纯粹人类的……是不能分开的"。爱因斯坦评判说，这种学说是一种保护性的手段，是一个令人舒适的、想象中的、可控制的世界的基础。"在这一图景中，（普朗克）有他自己的灵魂的重心，从而他将在其中找到平静与平衡，这在他日常生活中焦躁不安的个人关系的狭小范围内是找不到的。"[142]普朗克最后的世界图景，不是在他早年生涯中曾吸引他的那种严格的、超越于一般常识的、客观的以及非人化的建构，而是一个逃避科学与社会的麻烦的地方。对于柏林的理论家们，以及对于索末菲，情况也是如此。[143]

除了少数哲学家认为普朗克在专业上解决自由意志和决定论之间的冲突不合适，[144]因而不予考虑之外，哥本哈根精神的拥护者以及维也纳小组（实证主义科学哲学最有影响的学派）的代言人是他的学说最明显的敌对者。正如物理学家—哲学家菲利浦·弗兰克所说的，在维也纳小组看来，普朗克是形而上学标准学派最重要的代表，按照这一学派的观点，存在一个客观的世界，它充满了准备给人们去发现的事物，就像美洲在等待哥伦布一样。弗兰克反对说，普朗克假定了过多的世界：在实证主义者们用两种世界来应付的地方，普朗克要求第三种世界，要求实在的事物的一种不必要的（用弗兰克诙谐的诋毁说法）"第三帝国"。[145]约尔旦自认是马赫和维也纳小组的追随者，正像他对这种状况的解释那样：实证主义者并不否认一个真实的外部世界的存在，他们否认的是存在这样一个世界有什么意义这种断言。在他这方面，就拒绝普朗克基于量子力学之权威性的第三种世界而言，他没有困难，他说量子力学中就包含这样的假定：在对一个微观系统作测量之前，这个微观系统不具有确定的特征。对于区分系统和测量者，区分内部与外部，区分个人与社会，并不存在非任意的判据。[146]

海森堡努力寻求一种相均衡的观点。他把《实证主义与实在的外部世界》评价为"最可能是注定要失败的主张，因此几乎没有什么实际的价值"，但他对普朗克承认科学必然有非理性的污点表示赞同。当然，他不赞成普朗克特殊的非理性，即对一个由严格的因果性所控制的客观世界的假定。海森堡把这种非理性归因于普朗克的"宗教—道德的生活概念……这种概念使他能够一直走下去，并且几乎是过分地确信一条在两边受到深不可测的认识论深渊威胁的道路"。在这里，海森堡无疑是正确的，而且——除了对普朗克没有认真地对待困难这种含蓄的批评之外——几乎是在颂扬。[147]海森堡（基于普朗克的提名）赢得了1933年的普朗克奖章，或许这使得他在批评时手下留情。[148]

这是泡利的解释。他为他迷途的兄弟海森堡的精神健康而祈祷。"愿支配普朗克的科学产品和个人生活的精神不过分强硬地接管了你的文章和你的生活。"他严厉地批评了海森堡在评论中赞成的说法。"如果你承认有关'外在世界的实在性'的论述有意义,那么你就把你的小手指交给了'主义哲学'的魔鬼,而且他很快就将把你的整个手都带走。"(149)

然而,在那些不是量子理论家的人当中,在德国及其他地方的哲学家和神学家当中,普朗克的著作是有关现代物理学的实质内容与诠释的主要资料来源。如果从一份很长的名单中随机地选几个人,将包括生物学家保罗·延森和马克斯·哈特曼,哲学家阿尔伯特·伊格尔、赫尔穆特·格罗斯和 J.W.A. 希克森,神学家威廉·拉尔夫·英格和鲁道夫·库森。(150)所有这些人都接受了普朗克的观点。至于他向非物理学家解释物理学的权威性,一个突出的例子出现在1944年出版的哲学概念辞典中。不仅关于"决定论和非决定论"以及"科学与生活",而且关于"海森堡测不准关系",普朗克似乎是首位的参考者。

04

在灾难中

作为有经验的指挥者 \ 作为牧师 \ 作为救援者

凭着他们的果子，就可以认出他们来

1933年1月30日，希特勒成为帝国的元首，普朗克在德国的科学机构中就职于两个重要的职位。作为科学院的秘书和威廉皇帝学会的主席，因为对这两个机构的大部分赞助都依赖于帝国，所以他不得不与新的政权一起工作。这个政权也要从普朗克那里得到一些东西：一位具有清白人格和国际声望的爱国者对新德国的认同，他激进的声誉无疑得到了认可。普朗克承认，因科学的缘故要达成若干项妥协，他才被如此妥善安置，起初，他有理由相信，尽管调动令他厌恶，但此举缓解了某些同事的痛苦，保存了其机构的重要成分。

也是在一开始，而且是与许多其他的人一道，他相信希特勒为了执政将不得不使纳粹的政策温和些。在评判普朗克和像他那样的人的行为时，这是基本的要点。他们希望他们认为是有价值的国家社会主义的贡献——对国家文化的复兴、统一和鼎盛的呼唤——会维持下去，他们期望那些过分的行动将会消失。[1]在魏玛时代，普朗克曾做出妥协，富有成效地保存甚至推进了科学和科学政策。他可能像施密特-奥特曾做的那样，希望科学要证明自己，与其向共和国晚期错综复杂的十几个政党证明，倒不如向元首——"他成功地把我们从一个糟糕的党派政治的世纪中拯救出来，成功地把我们锻造成一个整体的民族，"——证明更容易些。(2)

像施密特-奥特和普朗克这样的老人的策略变成了一种求助，一种要保护科学又不冒犯政权的努力，而对于这个政权的"世界观"——就像普朗克把这种标签贴在爱因斯坦身上那样——他们并不理解。他们在小事上坦然地服从，并且不公开对较大的不公正表示异议，他们从中斡旋以保证使没有保住其位置的人数量更少，他们尽力说服更年轻些的同事，让他们遵循类似的方针。普朗克的策略以及他对这种策略的证明出现在他对哈恩、海森堡和薛定谔的劝告中。哈恩曾提议让30位杰出的德国教授发表一个有利于他们犹太同事的宣言，就哈恩的回忆，普朗克回答哈恩说："如果你今天联合起30位这样的人，那么明天就会有150个人因为想要占据他们的职位而去告发他们。"对于海森堡所考虑的辞职和移民，普朗克说，这种姿态无济于事，更高级的职能部门将由剩下的并影响决策的年轻人来操纵，对于德国科学研究最终的复兴，这些年轻人"构成了如此众多的籽晶"。至于薛定谔，虽然他不是犹太人，但他坚持要回到奥地利，普朗克请求他休一次假，这步棋有双重的好处：增大了他最终回到柏林的希望，又避免了他因抗议性辞职而为留下的同事们带来的损害。(3)

在纳粹掌权的最初的那些日子里，普朗克考虑过离开他的职位。年龄使辞职成为可取之举，职责却拒绝了这种做法。那种明确了他的职责并把他与这种职责紧紧相连的力量，在他与向他寻求心理支持的艾伦菲斯特的通信中表现出来。艾伦菲斯特头脑清醒，对他人富于同情心，对自己却过分谦虚和苛刻；德国非理性主义狂热的场面再加上家庭的问题，加深了他的抑郁倾向。在普朗克身上，他看到了一种力量的堡垒，看到了"一个极其高贵纯洁的人"，他在普朗克的目光中找到了安慰。艾伦菲斯特写道："在这个约束始终在增加并且完全使人疑惑的时代，对我来说，这在很大程度上意味着你的眼睛总是以一种热情且平和的关心在注视着我——这其中的含义远远超出了我以普通的语言所能表达的范围。"[4] 正是这种求助和信任，以及减轻苦难的可能性，使普朗克留在了职位上。玛格丽特·普朗克就她丈夫的行动写信给艾伦菲斯特说："他经常希望他能从公务问题和巨大的责任中脱身。"但他不能："现在所有的人都指望他的帮助。"政治环境需要他全部的、不断减弱的力量。[5]

普朗克的责任感指引的是他的行动，而不是他要保留权力的愿望或对新政府的任何赞同，尼耳斯·玻尔的弟弟哈若德是位数学家，1933 年 5 月时他在柏林，他的一份报告证实了以上的说法。"普朗克总是极其得体和急切地解释说，他待在作为威廉皇帝研究所所长（原文如此）的位置上的原因，是试图在这种困难的境况下以他所有的权力来进行帮助，不仅是在这个研究所中，而且是在不同的大学中，事实上，我认识到他是唯一可能以他的努力来获得某些成功的人。"[6] 这些努力不包括抗议或宣言。在这方面，"九十三位知识分子的呼吁书"的痛苦经历加强了一种与普朗克的年龄和风格相符的策略。在几年前，结合提出一份有利于国际合作的声明，他曾写信给保罗·朗之万说，他知道没有一份宣言曾达到其目的。"通常，我所看到的正好相反。不可避免的前后矛盾出现了，这份声明被误解，被错误地解释，并被用来诋毁其签署者。"[7]他在幕后工作，帮助一些从国有的职位上被免职的人找到私人机构的职位，在必要时协助移民，并在可能时劝说不要移民，以保持他的研究所的运行。[8]

无疑，就在纳粹统治的最初几个月后，他认为，对于他的努力，说得越少，效果会越大。当《纽约时报》评论他于1936年在威廉皇帝学会25周年庆祝会上的讲话时（"马克斯·普朗克，以他永久的荣耀，在常识所许可的程度上捍卫原来的政策并重申他的立场，即在科学研究中，人品和才智的价值胜于种族和极权主义"），普朗克担心这种觉察恰恰会带来他希望要避免的事，"这就是说，引起官方对于像（奥托·）迈尔霍夫和（奥托·）瓦尔堡那样的人的注意"，这两位研究所的所长正好是犹太人。[9]

普朗克在幕后最引人注目的行动是与希特勒的一次会面，这次会面大概发生在1933年5月。普朗克希望使元首相信，强迫犹太人移民会扼杀德国的科学，犹太人可以是出色的德国人。按照普朗克的回忆，希特勒回答说，他一点也不反对犹太人，只是反对共产主义，然后就勃然大怒。当时对这次会面的报道广泛地流传。其中一份报道证实了普朗克的回忆，引用希特勒的话说，"我们一点也不反对犹太人，相反，我们保护他们"。按照提供消息的人的说法，普朗克认为这是"他可能得到的最糟糕的回

答,因为它取消了进一步磋商的基础"。(10)

在这些会面后不久,海森堡就与普朗克交谈,并按照字面的意思来解释希特勒的声明。相应地,服务于留下来与挽救的政策,他敦促马克斯·玻恩和詹姆士·弗兰克这两个犹太人利用"清洗"行政部门的某些条款,这些条款允许他们留在其教授职位上。他们没有理由害怕,海森堡写信给玻恩说:(11)

> 普朗克……与政权的首领谈过话,并得到了保证,说政府将不会超越新的文职官员的法律做任何伤害我们的科学的事。由于一方面只有很少的人受此法律的影响——你和弗兰克当然不在此列,库朗(理查德·库朗)也不在此列——政治革命可以在不对哥廷根的物理学造成任何损害的情况下进行……尽管有[某些人被解职],但我知道,那些在新的政治形势下就任的人当中,有些人的利益值得坚持。显然,在时间的进程中,值得高度赞赏的事情将与令人憎恶的事情分开。

玻恩、弗兰克以及库朗没有理睬这一欠妥的建议,并与他们那些在新的法律下失去了保护的犹太人下属一起离开了他们的研究所。德国数学物理学的花园马上就变成了沙漠——这是纳粹科学政策之效果的样板。

海森堡很快就认识到,相信有权势的人的话,尤其是相信从第二手得来并掺入听者的希望的说法,是多么的危险。到1936

年，他和普朗克已开始处在斯塔克及其在政府中的同盟者威胁性的个人攻击之下，科学院和威廉皇帝学会面临着受命改组。在75岁以上的年纪，普朗克依旧坚守着他的职位，只是在1937年和1938年的被迫改组期间他才离职。当时，以80岁的年纪，他在全国巡回演讲；最终，他在被占领的领土上宣讲科学的文化价值以及科学与宗教互补的关系。没有政府以及军队官员的合作，这些旅行是无法安排的，然而，并不是所有这些人都赞同他的布道。这位发言人是一个爱国者吗？回顾性的评判至少像普朗克自己的抉择一样困难，尽管不是那么痛苦。在一个极端，东德的评论者认为，他的行为值得称道，甚至是英勇的；在另一个极端，在西方，尤其是在流亡者及其历史学家的评价中，则批评他拒绝充分而坦率地发表意见或辞职，谴责他对由官方的职位和妥协的策略而强加于他的令人憎恶的行动明显的默认。[12]

作为有经验的指挥者

当纳粹开始掌权时，爱因斯坦正在美国。1933年3月10日，他公开了他不再回德国的决定，他说，这个国家不再享有"公民自由、宽容和在法律面前的公民平等"。[13]右派的出版物中，仇视他的运动愈演愈烈，其破坏德国文化的乏味任务中又添加了对德国人民的诋毁。对爱因斯坦的声明的报道使普朗克极为苦恼，普朗克曾深深地喜欢爱因斯坦，并继续在科学院为他做微不足道的服务，直到最后的决裂。[14]这些报道不仅使捍卫他变得困难，而且在普朗克看来，它们还带来了与爱因斯坦的希望相反的情况。普朗克写道："通过你的努力，与你在种族和宗教方面相同的人们将不会从他们的处境中得到解脱，这种处境已经够困难的了，但他们将受到更多的压迫。"(15) 他提醒爱因斯坦说，一种行动的价值不在于它背后的动机，而在于它的结果。

与绝对命令不同，这种教诲更易于述说而不易于应用。什么算是结果？应在何时做出决算？在马赫的认识论的例子中，普朗克就没有计算他和爱因斯坦从错误的科学经济学家的学说中得到的灵感，而且还设法宣布这些学说是没有价值的。在爱因斯坦宣扬纳粹疯狂行为的例子中，普朗克评判说，对德国犹太人近期的效果将是有害的，而一位做回顾的评估者则可能会发现，更为广泛的抗议虽然可能在短时间内比沉默更有害，但这些抗议将更有效地带来一种世界舆论，来更容易地承受或鼓励对更多犹太人的重新安置。

1933 年，在与普朗克交换意见之后，科学院的主管秘书、气象学家海因里希·冯·菲克尔要求爱因斯坦对他的行为做出解释。在没有得到回答的情况下，菲克尔查阅了报道爱因斯坦的评论的美国报纸，并得出结论：科学院将不得不驱逐败坏其声誉的装点门面者。普朗克正要到意大利休假，他要求普朗克敦促爱因斯坦辞职。普朗克遵从了，他确信爱因斯坦在国外对帝国的批评有效地使他被排除在国内官方职务的考虑之外，并担心正式开除的做法会把爱因斯坦的朋友们置于一种最严重的良心的冲突之中。"因为尽管深刻的分歧在政治问题上把我和他分隔开，但我完全肯定，在未来几个世纪的历史中，爱因斯坦的名字将作为闪耀在我们科学院中最灿烂夺目的明星之一被颂扬。"[16]

爱因斯坦已经递交了他的辞呈。纳粹负责教育与文化事务的部长伯恩哈德·鲁斯特拒绝让这个问题就此了结，他命令科学院做出公开的解释。一份由当时唯一在柏林的科学院秘书、东方学家恩斯特·海曼在4月1日仓促起草的新闻稿，指责爱因斯坦参与了一场诽谤德国的运动。声明发表的那天在其他方面充满了紧张气氛：善良的德国人联合抵制犹太人的生意，希特勒的褐衫党徒把犹太学生从大学的图书馆和实验室中赶走。[17] 据说，教育与文化部本来希望在这天的乐趣中添加上宣布从科学院驱逐爱因斯坦，但却收到了他的辞呈，这份辞呈以"难以形容的愤怒"抢在了部里的计划之前。[18]

海曼的声明以一个最令人作呕的段落作为结尾，其中暴露了关于把科学与政治相分离的愚蠢的学术谎言："普鲁士科学院对爱因斯坦在国外的煽动工作更为敏感，因为科学院及其成员久远以来就认为自己与普鲁士国家紧密地联系在一起，虽然注意到在政治问题上充分的严格约束，但还是坚定地支持国家的目标。为此，科学院没有为爱因斯坦的辞呈而感到遗憾。"[19] 这最后的句子激怒了劳厄和帕邢，他们强力促成一个讨论撤回声明的会议；但这次会议支持了海曼的行动，感谢了他，并注意到，在这种情况下他不仅正确地首先关注了爱因斯坦的科学地位，而且优先考虑了"在外交事务方面富有经验的人士的建议"。帕邢甚至投票赞成此决议。劳厄后来说，这是"我一生中最可怕的经历之一"。[20]

这个问题仍然没有了结。在接受爱因斯坦的辞呈时，菲克尔扩大了科学院的职责：一个如此长时间地属于科学院的优秀德国人不仅应该自制，避免对新政府的批评，他还应该捍卫这个政府，反对在国外流传的对这个政府的恶言中伤。普朗克事后称赞菲克尔的信是"完全以高贵、优雅的方式写就的"。科学院依然只是根据对报纸报道的了解来行动；普朗克理所当然要担心的是，科学院对此事的处理将不会有助于它的声誉。爱因斯坦抗议说，他没有参加捣乱的运动，纳粹政府的官方声明为敌对的评论提供了充分的机会，德国是一种集体精神错乱的牺牲品，科学院在不屑检查证据的情况下加入了对他的诽谤。[21]他无悔地补充说，对德国的捍卫将是对德国文化真正价值的背叛。"拥有目前情况下这样一种见证，面对道德的兽性化和所有当代文明的毁灭，我将——即使只是间接地——做出贡献。"[22]

当轮到普朗克来主持事务时，他做了他力所能及的事来缓和后世的评判。他在1933年5月11日科学院会议的记录中写道，绝大多数的德国物理学家认识到，爱因斯坦的工作在重要性上只有开普勒或牛顿的工作才可与之相比。"因而……由于爱因斯坦在政治上的行为，使他继续留在科学院变得不可能，人们深感遗憾。"[23]爱因斯坦曾写信给普朗克，回忆他几乎是在沉默中蒙受苦难的迫害年月。"但是，现在这场要消灭我那些不能自卫的犹太兄弟的战争，迫使我在天平上把我在世界上具有的所有影响放在他们那一边。"他一点也不反对普朗克，他热烈地——尽管只是简要地——回应普朗克要延续友情的表白。[24]

在这一年的后期，普朗克提议由劳厄继任爱因斯坦在科学院中不担任教学任务的教授席位。他的秘书同僚们表示同意，并把这份提议呈交给负责部门，负责部门则向正在因支持希特勒而得到报偿的勒纳德和斯塔克寻求建议。勒纳德评论说，普朗克这个"在政治上如此没有价值的角色"把爱因斯坦带入了科学院；劳厄是爱因斯坦的密友；劳厄刚刚公开地把教会迫害伽利略与纳粹对待相对论相提并论；无论普朗克还是劳厄都不应有任何进一步的机会来误导德国的青年。作为在5月被正式任命的帝国研究所的所长，斯塔克写道："如果普朗克和冯·劳厄继续施加影响，将造成比爱因斯坦本人在这里更为糟糕的结果。"作为劳厄的同谋关系的最后的证明，他评论说，把纳粹与迫害伽利略的人相比较，博得了"所有犹太人及其同情者们的热烈喝彩"。[25]

关于劳厄之晋升的较量，是在对帝国和科学之间力量的重要检验中的一个插曲。斯塔克在推进使自己成为德国科学的元首的计划中，用政府的压力将他本人变成院士。在1933年11月30日，带来这一结果的提议由卡尔·威利·瓦格纳、普朗克以及——不是别人而偏偏是——帕邢提出，帕邢起草了这份提议。这是一个以妥协来保护的事例。帕邢写信给菲克尔说，反对将是"在策略上错误甚至危险的举措"。在被对其管理工作的攻击吓得不知所措的情况下（斯塔克曾公开地把帝国研究所在帕邢领导下的成果说成是"垃圾"），他没有骨气地屈从于他认为为了科学院的利益而必需的东西："现在的确是要做出牺牲的时候。"[26]至于普朗克，对于那些藐视帝国的秩序的人因他与希特勒的会面可能会想些什么，他已经有了某种概念。劳厄正确地认识到，允许斯塔克加入，将使科学院在国内变成没有价值的机构，在国外成为被耻笑的对象，他带头的反对最终导致这份提议被提交讨论。这是在12月14日的事。两天后，斯塔克解除了劳厄在帝国研究所于1923年被能斯特任命的顾问职务。[27]当时，菲克尔四处散布斯塔克对科学院的成员普朗克、薛定谔和劳厄的科学工作疯狂攻击的报告，在1934年1月11日，提议的提出者们撤回了他们的提名。

菲克尔把劳厄的反对看作是自然的，他用自然的这个词是指主观的、个人的和政治的，他把普朗克决定此事的最后立场看作是协调且公正的。"我可以假定，他（普朗克）是很客观的，没有因为斯塔克对理论物理学家的攻击而有成见地彻底地反对斯塔克。"[28]由此可见，气象学家菲克尔没有准确地测定形势的温度，也没有认识到斯塔克和勒纳德施加于理论物理学的压力很久以前已打破了学术争论的边界。

劳厄的勇敢或许使普朗克鼓起勇气在另一个问题上公开地反抗，显然，这个问题只具有象征性的价值。1933年4月30日，弗里兹·哈贝尔通知鲁斯特，虽然允许在第一次世界大战中服役的犹太人继续留在官方的职位上，但他将不再享用这种豁免。如果需要追随纳粹的"传统"的话，他就不能继续当威廉皇帝物理化学研究所这个他使之成为德国科学之荣耀的机构的负责人。"我的传统（他写信给鲁斯特说）要求我在选择合作者时，站在科学的立场上，只考虑申请者的成就和品质，而不问其种族成分。"[29]

哈贝尔对德国的忠诚曾将他带入化学战，他逃亡到了英国。普朗克作为威廉皇帝学会的主席，为哈恩提供了所长的职位；鲁斯特作为有管辖权的部长，以来自格赖夫斯瓦尔德的奥古斯特·格哈德教授这位代理者填充了国家资助的职位，并让纳粹学生鲁道夫·门策尔作为其领导。普朗克和格卢姆带着让哈贝尔恢复原职务的希望进行呼吁。格卢姆试图以作为一门军事科学的物理化学引起军方的兴趣；普朗克直接去见希特勒，得到我们已知的结果；扬德尔和门策尔留了下来；为了使问题明朗化，门策尔身着带有左轮手枪的党卫军制服，代表政府在学会的一次理事会上露面。[30]

1934年1月29日，哈贝尔在瑞士死于慢性心脏病。劳厄发表了对他的品质、他对小事的执着以及他对国家的忠诚的颂词，并敦促普朗克允许威廉皇帝学会在他去世一周年时主办一次追悼仪式。在内部大量的争论之后，学会的"防护堤"（哈贝尔曾这样称呼普朗克）同意让学会官方的泪水流出。[31]鲁斯特试图阻止此事，理由是哈贝尔曾公开地批评新政府。普朗克拒绝让步。鲁斯特禁止所有受他管辖的政府雇员出席，其他的政府官员也仿效这种做法。无论如何，追悼仪式在一个挤满了人的报告厅中庄严地举行了；它向出席者——国外贵宾、学会的非政府雇员、鲁斯特的文职官员们的妻子以及军方和大企业的代表——提供了成功地（即使只是短暂地）表达反抗的享受。[32]

在1934年和1935年，普朗克仍然能够认为他的对策是富有成果的，起码在科学院中是这样。科学院剥夺了斯塔克的候选人资格,在1934年6月,拒绝正式认可斯塔克在德国研究共同体(紧急联合会的后继者)中替代施密特-奥特的任命。科学院经允许可以自行使用政府的费用,这或许是由于纳粹分子们认为科学院对其科学政策来说无关紧要。科学院保留了除爱因斯坦之外的犹太人成员,以及普朗克帮助保护的犹太人雇员。在一位有身份的观察者看来,普朗克的声望保护了这个机构。"在普鲁士科学院,(尽管有爱因斯坦的事件)仍然有一些'正直的人',为了他们的缘故,上帝将赦免科学院……我首先要提到普朗克的名字,没有一个认识他的人会怀疑他的纯洁。"[33]

威廉皇帝学会在其理事会和研究所中,也保留了许多——如果说不是大多数的话——犹太人成员。但尽管科学院只损失了爱因斯坦,而更大、更重要的威廉皇帝学会却不得不解雇哈贝尔的研究所中所有的"犹太人"成员,不得不容忍纳粹的代理人在其机构中到处出现。甚至奥托·哈恩和丽丝·迈特纳的部门也有纳粹党员,而年轻且有抱负的人们则在考虑,对于在学会的实验室中成功的生涯,是否入党也许不是必需的。物理化学家保罗·哈泰克就是一个出色的榜样,他在1933年离开了助手职位,到剑桥的卡文迪什实验室去工作。在因哈贝尔辞职而引起骚动的时期,他听到传闻说他的同事们正在入党。在11月,哈泰克得知,由于"重组",他将不能回到他的助手职位上。他要成为一个纳粹吗?他要去他那"白痴般的堂兄"——在奥地利的一位纳粹大人物——家里去拜访吗?他应该去向斯塔克恳求,还是去向普朗克呼吁?哈泰克到了柏林,并会见了普朗克、哈恩以及迈特纳；最后，在没有加入纳粹党的情况下得到了一个位置。[34]

在这样的气氛中，学会通过在表面上尽可能与政权"结盟"的方式保护了自身。学会接纳纳粹分子进入其理事会，悬挂纳粹党徽，在其信函中以"嗨，希特勒！"作为结尾，并且在正式的场合向希特勒敬礼。P.P.厄瓦耳是一次这种事件的目击者，他回忆起普朗克对这种敬礼的表演。"普朗克站在演讲台上，把手臂抬到一半的高度，又让手臂落下。他第二次再做此动作。于是手臂最后举了起来，他说'嗨，希特勒'。"[35]这再次反映了当时人们的想法，即普朗克的存在减轻了学会不如此便将受到的处置。[36]

学会保护了自身，是通过动员两种被帝国不在意地疏远了的势力：国内的大工业企业和国际上的公众舆论。普朗克不失时机地去提醒政权注意在世界上建立起一种光辉的形象，并强调学会的国际联系。"（他在学会1934—1945年的报告中写道）事实上，这些联系除了对德国的科学研究具有极大的重要性之外，国外许多不正确的关于新德国的观点基于这些联系也得以纠正。"[37]利用这一点，他明确提出了他在一年前的论证中还没提出的说法，当时他呼吁帝国慷慨地为德国的科学提供"最有效的手段，以扭转对德国的利益不利的没有基础的研究"。换言之，政府对于由学会所代表和宣传的那种真正的研究的支持，将驳斥这样的指责，即新政权对科学的兴趣仅限于对种族的"科学"研究。这种类似假装坦率的论证很有影响。资助增加了，而且不仅仅是对与实用相关的研究机构，从前无关紧要的物理研究所也获得了实质性的资助。普朗克进行了交易："以对（学会的）崇高目标的充分理解"，他在对学会1935—1936年活动的说明中写道："国家社会主义的政权正在提供对于重建德国如此必需的资助。"[38]

辞职与解雇 勒纳德和斯塔克预期，普朗克在他第一届任职期满时将不得不放弃威廉皇帝学会主席的职务。斯塔克得意地说，这将给他们以机会，"使（威廉皇帝学会）完全纯粹属于犹太人事务的某些问题被人们认识到，作为开始，这些问题必须受到批评"。但普朗克既没有辞职也没有结盟。在纳粹接管后学会的第一次全体会议上，他向负责的官员表示了"虔诚的祝贺"，然后就被雅利安人的物理学家认为是一种拙劣的模仿作品的"德意志物理学"做了演讲，但没有"一丝一毫的新德国的精神"。[39]当1936年3月31日普朗克第二届主席任职期满时，斯塔克和勒纳德密谋策划，要确保他或任何像他那样的人都不能继续在学会任职。

反对普朗克的行动，是德意志物理学——就像勒纳德为他的普通物理学教科书所起的名字那样，或是"真正真实"的科学——就像斯塔克所尊称的那样——运动的一部分。按照斯塔克的说法，伟大的物理学家曾经全都是德国人；而且作为纳粹忠实于现实的榜样，他提到伽利略、牛顿、法拉第、卢瑟福的名字作为德国精神的携载者，这是伟大的条顿人的家族谱系，其当前的代表就是勒纳德。就在战争前不久，一个竞争者进入了这份名单——按照约翰尼斯·斯塔克的看法这仍然是无可置疑的事，一种抽象的、任意的、数学的、教条的以及人为的物理学公然蔑视直觉真理并且歪曲了现象,这是一种以爱因斯坦为元凶和以相对论为顶点的犹太人的物理学。战后,这种反物理学随着对国际上犹太人阴谋集团的支持而繁荣起来,在杀戮中犹太人阴谋集团是唯一真正的赢家。[40]

在被犹太人阴谋集团所俘获的机构中,就有诺贝尔奖,它从前授予了像勒纳德和斯塔克这样扎实的实验家,而近来却落入普朗克、爱因斯坦、薛定谔和海森堡的手中。1933年对最后这两位的授奖,尤其令雅利安物理学家们不快。阵营的双方都承认此奖在政治上的重要性。普朗克写信给薛定谔说,它将帮助理论物理学的事业,"在我们目前的情况下显得尤为受欢迎和及时"。[41]斯塔克曾试图利用他作为研究共同体领导的新权力,强迫德国的诺贝尔奖获得者做出声明,支持提名希特勒作为帝国首领的公民复决投票。尽管斯塔克讨厌当代理论物理学及其代表者,但他还是想要他们签名。他们拒绝了,理由是这种声明是政治性的,因而不是一个科学评判的问题。然而,在这种基础上,就像在劳厄和海森堡不同的回答中所表现出来的那样,也像由斯塔克所坚持和回答的那样,仍有细微差别的余地。

劳厄以科学和政治不相关为理由毫无保留地拒绝了。斯塔克回答说,声明不是政治性的。"事实上,它是德国人民对其领袖阿道夫·希特勒的信仰的伟大民族表白的一部分。"这当然是一派胡言。但随后他相当正确地补充说,劳厄在他对爱因斯坦的公开支持中,曾做出政治性的声明,而对于斯塔克来说,爱因斯坦是"卖国贼和国家社会主义政权的诋毁者"。海森堡的回答被斯塔克或受他支使的什么人交出后,发表在党卫军的报纸《黑色军团》上:"尽管我个人投票'赞成',但对我来说,似乎由科学家做政治性的声明是错误的,因为他们是最与众不同的人。"相应地,他拒绝签名。"这种回答(此报的评论说)表明了其作者的犹太精神。"[42]

对于诺贝尔奖的政治性利用进一步表现在它对像劳厄这样的持不同政见者所提供的保护。为了这一原因,普朗克和劳厄以及海森堡一道试图促成哈恩和迈特纳获奖,他在早些时候曾以普通的方式就化学奖对他们提名。他们努力的结果并不比普朗克对索末菲和帕邢的支持更理想,对于索末菲和帕邢,瑞典科学院坚定地拒绝给予荣誉。[43] 集中营里日渐憔悴的和平主义者卡尔·冯·奥西埃茨基于1936年获得和平奖之后,纳粹分子们自己也很清楚他们对诺贝尔奖政治价值的担心。希特勒的反应是禁止德国国民接受诺贝尔奖。在斯塔克充满热情的想象中,海森堡就是物理学中的奥西埃茨基。[44]

为了要碾碎奥西埃茨基和物理学中的"白色犹太人"——这些人奸诈地教授相对论和量子力学,斯塔克和勒纳德求助于党的机器中最大的齿轮。1934年5月,斯塔克与恩斯特·格科携手,试图用以下的新闻来煽动普鲁士文化部部长,说作为《自然科学》的编辑的阿诺德·贝林纳和作为理论物理学总带头人的普朗克仍然支持爱因斯坦,并限制其他物理学家按其所愿意的方式进行思考的自由。在10月,勒纳德尝试鼓动帝国宣传部部长反对"爱因斯坦小集团"的领导者冯·劳厄、海森堡等人。[45] 但反对普朗克的动员直到1936年才开展起来。

1936年1月，作为在《人民观察家报》上反对海森堡的一发炮弹，斯塔克指证普朗克对德国科学的邪恶影响。2月，在他的庇护者、国家社会主义德国工人党的帝国首领阿尔弗雷德·罗森贝格控制下的另一份纳粹党报《国家社会主义月刊》上，斯塔克进行了一次更大胆的出击，反对在有影响力的职位上受爱因斯坦支配的人，这些人包括在威廉皇帝学会的普朗克，在科学院的劳厄，以及作为"爱因斯坦精神之灵魂"的、索末菲想要在慕尼黑作为其继任者的海森堡。随后，格科在《物理学杂志》这份物理学的新闻刊物上宣称，正是由于爱因斯坦小集团的阴谋诡计，普朗克才因辐射公式而变得闻名，他说，辐射公式与它所摹写的测量这种"独创性的、基础的和物理的发现"相比，只是一个"初级的数学配件"。[46]

4月1日来了又过去，普朗克仍旧待在学会。斯塔克或许曾期望要拥有威廉皇帝学会主席的桂冠，但没有谁要求他担任此职。他敦促勒纳德挺身而出，鲁斯特也这样要求；然而，勒纳德以年龄为借口，拒绝了这种他愿意接纳的意见。他向鲁斯特部里负责的官员、曾是应用数学家的特奥多尔·瓦伦揭露说，学会不是一个为了促进科学的机构，而是一个为了让犹太人在社会上得到法律认可的核心组织。"从一开始，它就是……一个犹太人的怪胎，国王和他的顾问们完全不知道，其目标是要让犹太人能够为自己买到体面的社会地位，要把犹太人、他们的朋友以及类似的妖魔鬼怪置于舒适的、有影响的'研究者'的职位。"勒纳德尖叫道，这个地方必须要被砸烂，包括私人捐助者、犹太人、民主主义者、共济会成员、普朗克、劳厄和（被普朗克召唤到威廉皇帝物理研究所的）彼得·德拜在内的整个集团。[47]

在勒纳德模糊的意识中，普朗克的行为需要特别的解释。一个如此出色的德国人，一个如此纯粹的雅利安人，怎么能够不为新德国的利益而发挥他巨大的影响呢？勒纳德写信给普朗克直言相告他关于科学的本质的想法，但他抱怨说，普朗克并没有得益于这一指导。"再有，他表明了自己对种族是如何的无知，因为他把爱因斯坦当作一个在他的国家里应得到荣耀的真正的德国人。"勒纳德把这种盲目归咎于普朗克家族中的许多神学家和牧师。"这些人对《旧约》的尊敬以及他们对基督的生活与死亡的错误解释，在过去和现在都是许多谬误的来源，最糟糕的是，它们在目前犹太人反对我们的巨大战争中正起着作用。"[48]

至于斯塔克，他曾把普朗克解释为是爱因斯坦的工具和一个沉迷于国际主义的人，但斯塔克除了密谋和咒骂之外，他的无能很快就抵消了他的影响。如果斯塔克不那么疯狂的话，他将会是更危险的人物。他专横的举止、在管理方面的不称职以及与罗森贝格的关系，使他疏远了鲁斯特的部门，尤其是疏远了他曾试图威吓的门策尔。1936年11月，他们强迫斯塔克辞去研究共同体主席的职务，研究共同体很快就从制定政策的机构降格为管理机构。[49]然而，斯塔克依然继续待在他在帝国研究所的职位上，很快就给普朗克提出了难题。

帝国研究所成立50周年纪念在1937年11月到来。普朗克应该参加吗？对于由一个努力要公开伤害他的人所主持的庆祝活动，他的出席将使之增加光彩，而且这也意味着伟大的帝国的研究机构与继续使用其名称的纳粹巢穴之间的连续性。劳厄、哈恩和迈特纳都劝他不要去。普朗克权衡了一切——结果还是去了。"我不断回到这样一个结论，即帝国研究所比斯塔克先生这个人要重要得多。"机构优先于个人，连续性和常态优先于转瞬即逝的现实；此外，对于这个做了许多实验使普朗克最伟大的工作成为可能的实验室，对于最初创立和促成了这个机构的西门子和亥姆霍兹家族，还有感激，甚至虔敬的问题。"与这一切相比，斯塔克根本不值一提。"[50]

普朗克继续留在威廉皇帝学会将近有半个常规的主席任期之久，直到学会的理事会找到了一个合适的继任者。被选中的是I.G. 法尔本公司的卡尔·博施，一位获诺贝尔化学奖的工业科学家，哈贝尔从前的合作者，既不是纳粹，也不是爱因斯坦的追随者。鲁斯特要求承认被引进的纳粹官员原则（据此原则，一个机构的领导支配其下属），他除掉了有权力的执行秘书格卢姆，改变了理事会的构成。尽管学会从未与政府保持完全一致，但在普朗克和格卢姆于1937年离开后，学会已经被极大地削弱了的独立性又进一步减小了。[51] 在对犹太人重新开始并且更加残酷的迫害中——这种迫害在纪念第一次世界大战停战20周年的"水晶之夜"达到了顶点，学会无法再保护它留下的犹太人雇员。先前在3月吞并了奥地利时，学会就已经不得不对其研究所中的奥地利公民实施德国的种族法，尤其是对丽丝·迈特纳。[52]

对于科学院来说，已不可能顶住那种要改造威廉皇帝学会和毁灭大学的压力。1938年10月，鲁斯特要求科学院引进纳粹官员原则，将其3位犹太人普通院士除名，并接受对其增选成员的限制。要求其犹太同事辞职的责任落到了普朗克身上。他们不想张扬，就像一年前犹太人拒绝参加大学的物理学术讨论会那样；普朗克肯定想到了这事，因为他对犹太同事说，好在他们令人不快地被排斥在"没有耻辱"的情况下发生。[53] 喧嚣或者抗议的时候已经过去了。通过幕后的外交手段，普朗克在他自己被解职之前，帮助科学院挽救了少许自尊和独立性。

在服务了26年之后，1938年12月22日，普朗克辞去了他的秘书职位，以便给科学院的纳粹官员腾地方。鲁斯特提议提升他的助理、当时刚刚当选为普通院士的瓦伦作为科学院的独裁者。瓦伦具有作为一个纳粹和一个应用科学家的双重缺点，普朗克领导了一场不接受瓦伦和保留科学院选择其新成员的权利的斗争。这两个战役都以道义上的胜利结束于1939年6月，当时鲁斯特让出了提名权，并不得不打破在瓦伦和普朗克提出的主管者候选人、地质学家汉斯·施蒂勒之间平分选票的局面。施蒂勒曾短时间地担任过1937年菲克尔辞去的秘书职务。[54] 显然普朗克曾求助于他所喜欢的关于德国科学的国际形象的论据。科学院的法西斯成员之一在冲突中写信给瓦伦说："如果普朗克先生认为只有80岁高龄的诺贝尔奖获得者才能配得上代表德国科学的话，让他不要忘记，就像他们关心我们的科学院一样，你现在在国内关注着德国科学的利益。"[55]

普朗克的隐退并没有使他免受雅利安物理学家们的攻击。他不断被《总体自然科学杂志》烦扰，这是帝国学生指挥部进行狂吠的一份月刊，该组织是要保护青年学生不受"犹太人"的影响。帝国学生指挥部对普朗克的狂吠主要是通过胡戈·丁勒之嘴，这个人被雅利安物理学家们看作他们的先驱者之一，他自己认为自己是一位无比明晰的思想家。丁勒认为普朗克是"物理学中非直观的或者说越来越数学化的取向的始作俑者和元凶"。他断言，被普朗克误导的人们错误地认识了实验物理学，没有耐心作丁勒式的透彻分析；他们以少数孤立的线索来编织世界图景，马上就上升到"把任何真实的思考排除在外的"数学，并宣布他们数学—物理的创新是根本性的真理。正像勒纳德以及斯塔克所解释的，这些错误表明了犹太式思维的特征，这两个人近来曾就此问题指教英国人。[56] 因而，丁勒在演讲以及在论文中宣称，由此得出的结论是，以最乐观的看法来说普朗克也不是物理学家，正如格科已经清楚地说明的那样，他著名的公式只不过是一种"在实验结果之后从数学上重新造出来的绊脚石"。[57]

毫无疑问，丁勒——以及斯塔克研究古瓷的学生格拉瑟，和索末菲的蹩脚继任者、支持丁勒观点的威廉·缪勒——都是可笑的。[58] 他们也是危险的。普朗克或许曾嘲笑他们关于当代物理学在他们的攻击下将无法幸存的预言。但他在1940年前后频繁演讲的目的，就是要用不断地、平静地重复他自己的信念的方式，来盖过雅利安物理学家们的慷慨陈词。[59]

方舟 普朗克作为科学管理者的成就，所包括的内容并不仅仅限于帮助犹太人同事和雇员暂时地保护他们的地位和收入。威廉皇帝物理研究所在1938年的问世，就是他个人的非凡成功。正如我们所知，在第一次世界大战前，一个物理研究所曾是威廉皇帝学会最优先的考虑，在1917年只被认为是一个为进行中的研究分配拨款的机构。1929年春，普朗克和其他一些在柏林的重要的物理学家提出，要建立一个威廉皇帝理论物理研究所。这个时机在财政上和实际操作上似乎都不错：帝国处于繁荣昌盛之中，理论物理学近来也经历了比它从前曾经历过的要更加深刻、有更为重大的结果的发展。所提议的研究所将拥有实验设施，首先用于X射线和分子束的研究。普朗克和他的同事们论证说，如果没有迅速地确证或反驳的手段，理论家们就会失去方向和机会；因而，他们需要一座四层的建筑，并有最新的设备和最好的实验家。[60]

就在1929年的财政崩溃之后，规划者们为了稳妥起见，向科学院呈交了同一建议。但此时并不是向共和国要钱的好时机。在12月，威廉皇帝学会把此建议转交给了洛克菲勒基金会，该基金会曾在财政上帮助过其他研究所。几个月后，这个基金会同意给出德国科学界、工业界和政府当局在15年中曾一直拒绝提供的款项：在当时等价于1500万德国马克的美元用于建筑和装备将由劳厄领导的物理研究所，再加上用来在柏林-达勒姆购买必要的土地的一笔额外的款项。正像该基金会在通常提供资助时那样，条件是接受者要承诺负担运行的费用。[61]

格卢姆接受了这些条件，却怀疑遵守这些条件的可能性，因为威廉皇帝学会维持其日常开销,收入(大约5万德国马克)仅来自它储备用来买地的款项,而处于困境中的政府又拒绝承担额外的10万德国马克,这笔钱又是很必要的。劳厄要求允许学会建造研究所的一部分,并把来自拨款剩余部分的收入用作运行费,这一要求没有得到洛克菲勒基金会的赞同和接受。1931年,格卢姆和普朗克要求把建筑推迟一两年,在这段时间中可能会找到钱,而且普朗克也能在柏林把物理学确立于坚实的基础上。由于柏林大学的物理学教授席位很快将因为能斯特的退休而让出,他头脑中想到的是,把希望中的研究所所长职位和柏林大学的物理学教授席位联系起来,以便从政府那里获得资助。[62] 这种结合可能吸引的不仅会是国家的金钱,而且(更可能)会是可找到的最出色的物理学家。普朗克希望从哥廷根把弗兰克吸引过来,并把图纸上的理论研究所变成为实验家们准备的用砖石建造的基地。正如他告诉劳厄的那样,他不遗余力地使这种设想尽可能变得有吸引力,劳厄已经实际上接任了爱因斯坦的负责职位,但他同意辞去这一职位就任管理的副手。但这一计划没能行得通:威廉皇帝学会的预算不得不再次削减,能斯特在柏林又待了一年,纳粹来了,弗兰克移民了,而物理研究所则毫无进展地回复到一无所有。[63]

正如洛克菲勒基金会的一位代表所说的,"对于物理研究所的实现,普朗克极其关心"。[64] 对于普朗克来说,它已经变成了一艘方舟,在方舟上,少数堪称楷模的德国物理学家可以平安地躲过民族的风暴。到1934年6月,他已经挑选了彼得·德拜做他的诺亚。德拜是莱比锡大学的实验物理学负责人，在莱比锡与海森堡关系融洽地一起工作。除了他的科学成就之外，德拜具有荷兰公民身份的优势和对抗纳粹官员的坚强；他援引纳粹官员原则，理由正当地因其在科学上而不是在政治上的长处来选择助手，他说，这使得他在他的实验室里说一不二。德拜的副手是劳厄，后者将在新的研究所中指导管理X射线的研究。但为了获得洛克菲勒基金会发放的资助，普朗克每年还需要10万德国马克。在1934年7月，他写信给基金会说，政府已经同意提供这笔款项。[65]

洛克菲勒基金会基地的代表们怀疑这一同意有更多的意义。因为，一方面，它只是口头上的。另一方面，他们认为政府很可能会垮台，如果政府继续维持下去的话，它也将否认对任何纯科学的承诺。化学研究所已经主要为战争而进行研究（在此领域的人们这样报告），而人类学研究所则致力于种族纯化。"使威廉皇帝学会保持在正确方向上"的普朗克已经老了，斯塔克已做好准备取代他的位置。基金会在纽约的办公室回答说，它了解"作为个人的（斯塔克）相对极少"，因而声称它没有能力来决定基金的发放；它还担心要负担的运行费用。[66]与此同时，在1934年7月26日，基金会的W.E.蒂斯代尔拜访了普朗克，并询问是否能够弄到书面的承诺。蒂斯代尔报告说，"他猛地举起双手，并说与政府谈判几乎是不可能的……谈判慢得没有尽头，在每一步都遇到迟疑不决和繁文缛节"。[67]

蒂斯代尔的拜访促使普朗克做出个人的呼吁。他说，有4年的时间，他为了把这个研究所变为现实的存在而努力工作；如果洛克菲勒基金会现在退缩的话，"对我来说这将是一种极度痛苦的失望"。这将使方舟沉没。"在很大的程度上，德国物理学未来的发展依赖于我们现在是否最终能创立一个第一流的现代物理研究所，在德国，我们为缺少这样一个研究所而遗憾了许多年了。"[68] 由德国科学的良心做出的这一呼吁，有助于基金会看清形势，不再随心所欲，从而有可能兑现它 5 年前在不同的政治环境下做出的承诺。或许对弗兰克的拜访也起了这样的作用，弗兰克说，如果不是有普朗克的存在和保证，纳粹对纯科学的轻视"将使他认真地怀疑"建造这个研究所是否明智。1934 年 11 月 1 日，基金会决定发放基金，并要求有一份来自政府的书面承诺，在大量的谈判工作之后，普朗克在来年的 2 月终于拿到了这份承诺。在走向成功的进一步行动中，他说服当局为了洛克菲勒基金会的资助而给威廉皇帝学会贷款 150 万德国马克，尽管按官方的兑换率那些美元只不过带来不到 100 万马克。[69]

此时，德拜也开始行动。他使政府同意在两年内给予两倍于它曾答应提供的运行费用，并允许他没有任何限制地任命助手；蒂斯代尔发现，这使德拜在 1935 年秋的德国成为"唯一不沮丧的人"。在研究所中，科学工作开始于 1937 年。然而，它直到 1938 年 5 月 30 日才举行落成仪式。德拜告诉洛克菲勒基金会的来访者说，这一推迟的原因，是由于斯塔克和勒纳德反对德拜给研究所起的名称，并纠集了科学、教育与通俗文化部门的力量。这次谈话是在 1938 年 1 月进行的。5 个月后，德拜觉得自己已经很强大，而斯塔克和勒纳德已经彻底名声扫地，于是以马克斯·普朗克物理研究所的名义，大张旗鼓地为他的新研究机构举行了揭幕典礼。[70]

作为牧师

在 30 年代末期，普朗克反对政府的世界观，用的是他的天性和外部环境所允许的唯一方式：在涉及其他问题的演讲中插入谴责或否定。一个早期的例子，是他 1935 年 3 月在威廉皇帝学会的文化中心哈纳克楼所做的演讲《为一种世界观而奋斗的物理学》。

论点是人们所熟悉的：科学的基础不在于事物的本性；在一开始必须承认"某种任意性"；对于规定一个因果的、真实的外部世界，已证明这是最有用、最富于成效的；因果性延及历史和心理学，实际上历史和心理学必须预先假定决定论像科学一样要有一些断言；没有一门科学能定义良好的行为举止，为了举止得体，我们必须受我们个人自由的感觉的引导，受到宗教感受的控制。然而，这种论证结束在一个新的地方。尽管伦理学像科学一样源于自然的根源，但除非超越其起源，否则这两者都与其名义不相称；这两者的目标都是普适的真理和客观的公正，对所有的人同等的公正。"如果对法律保障的感情动摇了，如果在司法程序中对地点或起源的考虑起作用的话，那是全体公民的不幸。"通过遵循真理和正义的最高理想，普鲁士和帝国走向伟大："但愿它们永远不会失去我们的人民。"[71]对于类似并且以相似的方式变得含蓄的对政权的批判,出现在普朗克于1935年和1937年在莱布尼茨纪念日的讲话中。在第一次讲话中,他注意到,莱布尼茨能够把深深的民族情感与世界主义、开放的心胸和左右平等结合起来。在第二次讲话中,他阐释了科学院历史上的一些教训,尤其是科学院在18世纪末的德意志化赶走了其带头的成员、世界主义者数学家约瑟夫-路易斯·拉格朗日之后的衰落。[72]

1936年末,在德国哲学学会的莱布尼茨讨论小组面前,普朗克大胆地阐明了他对于意志的自由问题标准的回答,甚至令人吃惊地涉及当时的情况。他举例说,一个人隐藏了一个他知道是完全清白的朋友,隐藏者又被警察查询。普朗克以此作为一个伦理上两难情形的典型,在撒谎和背叛之间,这个人有一种选择,或者说他认为要做选择。为了要选取较轻的罪过,他需要一种坚实的伦理的引导,但在那些否认个人的价值的流行教义中,或者在任何"破坏了公正并且把自然的约束置于一旁的不成熟的社会理论"中,他不会找到这种引导。[73]

有正义感的同事们给普朗克提供了若干机会,来更直接地批评纳粹的政策。1937年6月,物理学会庆祝劳厄、瓦尔特·弗里德里希和保罗·克尼平发现X—射线衍射25周年。普朗克赞扬说,他们的工作是对于在理论家和实验家之间合作之富有成果的出色例证,他贬损那些因无知而相信原子物理学的问题可以通过回到"经典时代的直觉"而得到解决的人(指斯塔克及其追随者们)。当代的理论无疑与直觉相冲突,却存在于事物的本质中，并表明"理论物理学从未像它现在这样更接近于实在"。[74]在这一年的稍后些时候，在对索末菲的颂词中，普朗克明确地提到雅利安物理学家们计划要任用一位不称职的党员而不是海森堡作为索末菲在慕尼黑的继任者。"但愿能让他（索末菲）暗中满意地看到他优秀的弟子之一、一位在科学上与他相称的人处在他的职位上。"[75]在随后的一年中，普朗克把普朗克奖章授予路易·德布罗意，从而将由不结盟的物理学会所安排的对他自己诞辰80周年的庄重庆典推向高潮，而对于纳粹的理论家们来说，德布罗意具有既是一位理论家又是一位法国人的双重缺点。

普朗克选择德布罗意，理由并不完全是科学方面的。或者说，对于前届获奖者索末菲而言问题是这样，按照章程，索末菲有认可被提名者的权利。索末菲倾向于认为恩利克·费米是一位更出色的物理学家。"但我不得不尊重普朗克的要求而不加以反驳。从政治上来说，德布罗意第一费米第二的次序的确更为合适，但谢天谢地在此情形下这种次序没有起作用。"[76]相反，如果选择了费米，普朗克就不能称获奖者是一个非法西斯国家、一个希望在和平中生活的邻国、一个其命运与德国的命运联系在一起的邻国的公民。"但愿在对于欧洲已经为时过晚之前，好运能让法国和德国走到一起。"对此，接受此奖的法国大使回答说："在内阁大臣中，我们了解并且对之致意的普朗克，不仅是现代物理学杰出的奠基者之一，而且也是一个完美的人，他的国家和整个世界有权为他而骄傲。"[77]虽然普朗克愿意把奖章递交给德布罗意，但是——这是他把科学与政治相混合的一种手段——他

认为与一位法国学者相比，大使是最佳的替代者。⁽⁷⁸⁾

最后再讲一个更微妙的例子。仍然是在这次80周年诞辰庆典中，普朗克在他的学生当中只是有选择地提到马克斯·冯·劳厄和莫里茨·石里克。挑选劳厄这位他最亲密的、层次最高的、最勇敢的弟子，原因不难想象。但为什么挑选奥地利的石里克这个为了哲学，为了一种普朗克所无法容忍的哲学而抛弃物理学的人呢？石里克是一个实证主义者，他最终在维也纳成为马赫的继承者，是一个对普朗克科学概念的坦率批评者。但他也是对纳粹观点的坦率批评者：很可能，作为对他自己的政治观点和反对德国接管奥地利的表示，他想起了石里克的往事（石里克在1936年被一个发疯的学生杀死）。⁽⁷⁹⁾

在他80岁诞辰时，普朗克可能明智地想到要从公开演讲中退下来，恰恰在此之前，他步入了一种新的人生。他成为一个巡回传教士。当然，这一角色是在家庭中。他从小被培养为一个忠实的路德教信徒，在高级中学里经常在宗教和行为举止方面获奖；他在餐桌旁做祈祷；他从未怀疑过有条理的宗教的价值，作为一个年轻人，甚至为他的朋友卡尔·荣格的怀疑论而感到震惊。从1920年起，直到他在1947年去世，他一直在绿森林的教区担任长老。⁽⁸⁰⁾在魏玛时期，他在一般的演讲中，偶尔会提到科学与宗教自如的可协调性；1930年圣诞节他发表在报纸上的一篇文章中，出于对宗教的赞成，他构思了他通常的论点：从事科学，就需要对某些超出科学之外的事物的信仰。如果人们理解了这种需要，他说，他们就不会因为假冒的神的代言者而抛弃教会了，那些人宣告的是一种冒充的科学或一种不负责任的享乐主义。[81] 但直到 1937 年 5 月，普朗克才在一次题为《宗教与科学》的优美的演讲中，就此论题充分地敞开了心扉，这次演讲浓缩了他关于自然与知识的统一性的思考的精华。

这次演讲围绕着一个科学家是否能够真正笃信宗教的问题展开。用宗教一词，普朗克是指"把人类与上帝连接在一起"；对于所有的人，宗教都建立在对面前高高在上的力量的尊敬与敬畏的基础之上。令人们彼此相互激烈争斗的不是宗教，而是宗教的外部装饰和武断的信条，而那些东西只不过是理解这种力量，或者说理解上帝的最不成熟的手段。信仰宗教的人无法从逻辑上证明上帝的客观存在；作为其宗教虔诚的前提，他相信上帝独立于地球和人类而存在，在永恒中，上帝以他全能之手掌握着这个世界。有创造性的科学家也具有作为前提条件的信仰，相信一个独立的外部世界，相信"一种我们可以在某种程度上了解的普适的秩序"。在这里，普朗克所厌恶的实证主义的真实本质得以揭示：它具有的与科学的关系，和不可知论与宗教的关系是一样的。而且，还有另一种相似之处。像信仰宗教的人一样，真正的科学家认识到，他永远也不能充分地理解他的先入之见的目标。他为他微不足道的小小心灵的能力而惊讶，这些能力包括：发现基本的建筑砖石（普适常数！）和自然的规律，在大千世界中，识别出最小作用原理、一种目的论要素的存在、一种"理性的世界秩序"的显示。[82]

一个追随者能够迈出的下一步是：我们走向统一的欲望迫使

我们认为,"科学的世界秩序即宗教的上帝"。然而,有这样一种区别:对于信仰宗教的人,上帝处在所有思考的开始,而对于科学家,上帝则处在所有思考的终点。我们必须相信要符合伦理地行动,而且我们必须要行动;如果社会的成员没有一种得到证明的道德戒律,或等待直到获得决定如何行事的智慧才去做事,社会就不能幸存下来。因此,每一个个人都必须努力发展其天性的两方面:宗教的方面和科学的方面,这两个方面彼此使对方完美,而且彼此互补:"这是一场持续的、进行中的、永不缓和的反对怀疑论和教条主义,反对无宗教信仰和迷信的战斗,是一场宗教与科学并肩进行的战斗。在从最久远的过去到遥远的未来,在这场持续的斗争中,指导方向的口号是:'了解上帝!'"[83]

首次在波罗的海各省为听众做的演讲《宗教与科学》,其受欢迎的程度是惊人的。在不到两年的时间,它重印了5次,在许多报纸上被摘要发表或摘引,新教出版联盟还为之宣传,这个机构认为它标志着在科学与信仰之间一个世纪的冲突的终结。我们被告知说,在天主教的这个反德情绪的无底洞——比利时,普朗克的文章得到了广泛的赞同,尽管它没有追溯所有达到一种人格化的上帝的途径。[84] 这种兴趣来自何处?菲克尔回忆说,当普朗克在维也纳讲到最后一行"了解上帝!"时,引来了狂热的掌声。在大规模战争之前的这最后几年中,演讲者温和的乐观主义和平静的演讲风格,他对科学与普适的宗教的综合,以及他对理性和信仰的统一,给人留下了深刻的印象,而且可能鼓舞了一种希望。

菲克尔说，乐观主义以及对生活的肯定，是普朗克关于所有健全的哲学的核心看法。1934 年，受阿尔伯特·施韦泽一本关于印度思想家的书的启发，普朗克写道，对生活的否定或肯定的问题，是我们的世界观最重要的特征之一。1938 年，在得知施韦泽对中国的圣贤的评价高于对印度的哲人的评价的情况下，他又回到了这一主题。这很合普朗克的意，因为与印度人相比，中国人在肯定的基础上建立了他们的哲学。"在我看来，所有的哲学都具有发展对生活之意义的理解的任务，在提出这一任务时，人们假定生活确实具有意义。因此，不论是谁，在否定生活的意义的同时，也就否定了所有的伦理学和所有洞察事物的本质基础的哲学的前提。"[85]

在战争期间，普朗克的讲话采取了一种灰暗的调子。他最后的重要讲话《感觉与精密科学的极限》，于 1941 年 11 月首次在哈纳克楼做出，这次讲话以无可奈何而告结束。无疑，我们发现了古老的乐观主义及其基础的许多内容：简单地逃避实证主义及其邪恶；科学真正令人惊叹的进步；在假定一个达不到的真实世界时，作为所有科学之基础的健康的信仰；由哈恩对核裂变的发现和廉价能源的前景所预示的纯科学和应用科学的相辅相成。但是，乐观主义受到了限制：铀装置可以摧毁这个行星，而精密科学却给不出理由认为情形将会变好。我们并不是生来就有幸福的权利。"因而，我们必须认为命运所有仁慈的馈赠、认为所有不断流逝的时间都是一种不该得到的礼物，是一种恩惠。"[86]

单靠科学不能给人以安慰，甚至科学加上宗教也不行。剩下的只有无可奈何。普朗克建议"在生活斗争中一种勇敢的锲而不舍,和对更高的力量在意志上平静服从",紧紧抓住任何尘世的力量都不能夺走的财富,即"在对职责一丝不苟的履行中所表现出来的一种纯净的良心"。⁽⁸⁷⁾然而,这种清醒的劝告的基础是一种确信和一种预言:事情会变得更好,一些纯净的德国人的道德心将存留在一个正派的世界上。在战争岁月的中期,普朗克的态度表现在他对一个他深深尊敬的人的回答中,这个人就是研究歌德的伟大学者安东·基彭贝格,基彭贝格曾写道,如果一枚铀炸弹毁灭了人类,那将是上帝的赐福。普朗克回答说,在失望时,基彭贝格可能会发现,更令人鼓舞的是像普朗克那样去做,并"以一种尽可能科学的方式"去看待事物,而不是去预期人类的终结。这意味着要采取"一个无偏见的、客观的观察者"的观点,"……这个观察者热切地而且以极大的兴趣跟随事件的进程,而本人却不因这些事件而蒙受痛苦"。以这样的勇气,普朗克说,他具有一种迫切的愿望要从头到尾地观看危机,要活得足够长久以经历作为"一种改善的开端"的转折点。⁽⁸⁸⁾

普朗克自己把他的音讯传遍整个德国,而且远及萨格勒布和罗马。着了迷的报界在波兰、挪威、荷兰而且毫无疑问还在其他的地方传播这些消息,普朗克被允许访问中立国瑞士和瑞典。⁽⁸⁹⁾显然,纳粹政府和军方某些有影响力的部门认为,在他的传道中,以及就他本人来说,存在着宣传的价值。在1942年,宣传部的一个单位为其庆典档案馆制作了一部关于普朗克的影片;显然这些宣传家设想,一个著名的、受尊敬的人非正式地谈论他们的生活和工作的一段影片，在文化战中可能会是有用的。[90]汉斯·哈特曼这位表侄30年代中期曾在广播中对普朗克做过访谈，他因被认为与政权的关系太密切而在战后被带到清肃纳粹分子委员会面前。1938年，他对他叔叔的生活和观点给出说明，用帝国所认可的特殊术语和代名词称赞普朗克是"德国人"。[91]与此同时，埃里希·鲁道夫·延施这位关于种族与种族完善的专家，举出普朗克作为"理想的德国类型"的科学家的榜样。[92]

那些立足于巨大的谎言的专家也承认，普朗克并没有推进这种奋斗目标。在罗森贝格领导下的国家社会主义联盟的科学总部这个机构，掌握有6000名"科学家"的档案卷宗，它对普朗克予以异乎寻常的关注，并判断说，他的世界主义和对反驳相对论的拒绝，预示着"科学的世界观的一种巨大的贬值"。[93]尽管德国物理学受怀疑而且相对论恢复了名誉，[94]但援引其创立者的名字，就像念咒召唤来魔鬼一样，仍可能是危险的。普朗克在他30年代末的主要演讲中，遵守了不提爱因斯坦的名字的禁令，尽管他经常讨论相对论，这种妥协使他的名望在国外受到损害。[95]

一种更令人不快的把创造者与其创造物相分离的做法，出现在由普朗克的朋友、令人尊敬的阿图尔·诺伊伯所写的《物理学的世界图景》中，诺伊伯被人们认为是一个正直体面的人。尽管他指出了从种族主义的立场来评判科学工作的荒谬，但他仍然感到有义务（这是在1939年）谴责由一个犹太人搞出来的相对论。一位物理学家为了保护自己，匿名写信给诺伊伯，批评他对相对论作者身份的评论。诺伊伯接受了批评，并把来信的副本和以下折中的解释一道寄给了普朗克：这一评论是"对时代精神不必要的赞颂，由于我对我的书（的成功）的关心而可以为人所理解，但从长远的观点来看则是不合适的"。[96] 普朗克实际上回答说，对时代精神更好的承认将是对相对论的作者不置一词。甚至在1942年，普朗克还认为，在他纳粹的影片档案中的讲话里，不提爱因斯坦的名字是一种慎重，尽管他在镜头前赞扬相对论是"整个理论物理学大厦的完成和顶点"；而且在同一年，他劝告劳厄不要在关于相对论的书中写"爱因斯坦"。迟至1943年，一些纳粹的官员还没有注意到或接受在不提名字的情况下对爱因斯坦的工作恢复名誉。[97]

在这样的背景下，1943年或1944年，普朗克在纳粹的外交官俱乐部（他甚至在那里也捎上他的观点！）所做的一次谈话的内容，更加令人震惊。一位名叫冈纳·皮尔的瑞典记者这样写道：[98]

（普朗克）谈到他对于存在的看法。他平静地、谦虚地、机智地……提到作为思想界的带头人和指路者的犹太人爱因斯坦，不屑地看待赤裸裸的偏见和狂热，完全不顾（他身处何地）。他以柔和的嗓音……引出对生活的神圣以及由法律来支配生活的看法……这个身着黑色服装的小个子男人……是如此的伟大，不受任何纳粹要改变他的努力的影响……这就像是在出席一次仪式或一次布道。与那里的魔鬼形成鲜明的对照。

科学总部建议，反对普朗克再做演讲。

普朗克关于宗教的教诲没有提及基督，这一点令盖世太保的宗教团体不高兴，盖世太保的宗教团体在被占领区进行的作为样板的布道中，强行推销这位救世主。"对待基督的中立态度是危险的，甚至是不可能的事。"出于一个更微妙的理由，对基督的忽略也使纳粹分子们感兴趣。这明显地证实了一种曾流传了几个年头的谣言，即普朗克的母亲不是雅利安血统。为了科学一些，科学总部使这一污点定量化，确定普朗克有16分之一的犹太血统。为了平息这一谣言，普朗克让哈特曼在他的书的第二版中插入一段，讲普朗克的母亲出身于东普鲁士的一个牧师家庭。总而言之，普朗克在纳粹官僚机构的更高层有敌人。[99]在这些人当中最大的说谎者——帝国大众宣传教育部部长戈培尔认为，普朗克在最好的情况下也是对帝国态度冷淡。以一种这个政权前后矛盾的摇摆特征，几乎就在希特勒于普朗克的80岁诞辰表示祝愿的同时，戈培尔禁止美因河畔法兰克福市授予普朗克以歌德奖（一项"不寻常的文化性奖励"不能给予一个拥护爱因斯坦的德国人）。[100]

对普朗克来说，军队和受控制的出版物只不过是一种工具，他可以用来向其他人透露他在其中找到安慰的思考。一位目击者回忆，1945年1月在柏林，《感觉与限度》对学习医学的学生听众的影响。普朗克讲了40分钟，几乎不看面前的讲稿。普朗克本人就是启示。"这位科学家平静的声音或许因此使我们尤为感动。在报告厅中，我们以前从未经历过这种表示尊敬的沉默。"[101]

作为救援者

普朗克的布道越来越把他带到空袭的危险中。1943年秋天，在科布伦次，炸弹打断了他的演讲；在法兰克福，破坏是如此巨大，以至于不准许他露面；在卡塞尔，他目睹了"来自地狱的景象"——一个城市的毁坏，并在防空洞里过夜。[102]在上一个春天，他搬到了马格德堡附近易北河西岸的罗盖兹，以逃避对柏林的轰炸。他在绿森林的房子的屋顶被毁掉。他计划修好屋顶并在1943年5月初回到柏林。但他找不到工匠，继续住在乡下，中断了在战争岁月的初期他一直出席的大学里的学术报告会和科学院的会议。[103]他在精神和肉体上依然充满活力（这一年他登上了一座3000米高的山峰），依然乐观，依然一心想着鼓励和安慰其他人。但他马上就要蒙受一连串的灾难，这些灾难使他几乎失去了一切。

第一次灾难发生在1944年2月15日的夜里。对柏林的一场大规模空袭炸平了绿森林的近郊住宅区。从普朗克的家里没能救出一件东西。不仅他的图书、日记和通信，而且连在帝国时期，在接近自然和铁路尽头的这个地方，具有高度文化修养的教授们曾安居的最后实物证据也被毁掉了。[104]

对于失去家园、财产和所有对长期且富有成果的生活精心保存的宝贵记忆，普朗克泰然处之。他写道，在罗盖兹的生活还不算坏，他可以工作（这总是他用来恢复的处方），他准备好了他想要进行的关于科学的伪问题的新演讲。[105]这时，传来了他的孙女埃玛试图自杀的消息。玛格丽特去看这个女孩,并把她送到了疗养院。这时普朗克已病得不能旅行,甚至不能写字。可是他仍然能够安慰其他人,例如像也蒙受了巨大损失的基彭贝格。[106]但这一切只不过是刚刚开始而已。

在1944年晚些时候,埃尔文·普朗克和他儿时的朋友恩斯特·冯·哈纳克,被认定有密谋试图暗杀希特勒的罪行,并被判处死刑。埃尔文可能没有参与密谋的计划,但他认识密谋者中的许多人,显然赞同他们的事业。在1940年准备的一份关于过渡政府的草案,供未来不成功的刺客中的许多人讨论,其中就有出自他的手笔的重要贡献。作为魏玛政权后期负责军事事务的一位高级军官,他曾接触过一些人,通过这些人他试图促使军队在1934年夏天采取行动,反对纳粹分子。根据他对警察的证词,他在30年代末遇到过一些未来的暗杀者,后来又参与了有关如何通过外交手段来结束战争的讨论。他说道,由于意识到这个目标不可能实现,他便中止了行动。[107]

毫无疑问,对于使他儿子受到牵连的讨论,普朗克知道一些情况。他们不仅非常亲密,而且还都是一个古老的俱乐部的成员或常客,这个俱乐部就是暗杀者们集会的科研周三俱乐部。[108]但他没能猜到这个政权由于埃尔文长期与之对立而要索取的代价。普朗克写信给劳厄说,他调动"天堂和地狱中的一切力量",以减轻这一判决,而且像他告诉哈恩的那样,他有理由相信他会成功。[109]1945年2月18日,普朗克得知赦免很快就会到来;5天后,没有任何警告,与所有的希望和预期相反,埃尔文被处决了，没有留下一句话或一件信物。"没有人明白这件事，"玛格丽特写道，"他们说，为他而斡旋干预的希姆莱在东部前线，而希特勒在柏林。"(110) 杀了他的儿子的是普朗克鞭长莫及的那些身份不明且愚蠢至极的小人物。

这一消息几乎要了普朗克的命。他写信给索末菲说，"我的悲伤无法用言词来表达"。他还给侄女和侄子写信说："他是我生命中宝贵的一部分。他是我的阳光，我的骄傲，我的希望。没有言词能描述我因他而蒙受的损失。"(111) 在慰问的信中，有一封来自基彭贝格，像往常一样，他指出在这种生活中没有改善的希望。这一次，普朗克同意了。"你是对的。如果在什么地方存在有安慰的话，就是在上帝那里，我认为，对于自从我童年时就深深地扎根在心中的对上帝的信仰，是一种上天的恩惠……在我们面对的这种疯狂行为终结之前，对于所有仍然可能出现的事，上帝保护你，给你以力量。"埃尔文遇害后，普朗克生活中再也没有了欢乐。(112)

这种疯狂的行为变得越来越糟。肉体上的痛苦又加上了对精神的折磨。普朗克患了脊椎融合症，这简直使他加倍痛苦。罗盖兹变成了战场。走路都不大可能，这位老人不得不离开了他的避难所。他和他的妻子躲在树林里，睡在草堆上。"最糟的是（就像玛格丽特·普朗克对哈特曼叙述的那样）马克斯叔叔不得不忍受令人恐惧的痛苦。他经常因疼痛而喊叫。"最后，由于哥廷根的实验物理学教授罗伯特·波耳报告了普朗克将面临的困境，美国军官才来营救。在身无分文的情况下，普朗克一家在没有被战争毁掉的哥廷根的一个侄女那里得到了庇护。[113]

在医院中待了5个星期之后,普朗克又可以一跛一拐地走路了,但他非常疲倦,不能集中精力和记忆。战争的最后几年把他变成了老人。他仍然在进行关于宗教与科学的演讲;他的看法仍然在影响着听众,并且用玛格丽特的话来说,给他以"仍旧在为公众做些事情"的满足。他最后一次演讲的旅途需要在1月坐没有暖气的火车车厢旅行。有人问他为什么这样做。"在89岁的年纪,我不能在科学上有所成就;留给我可能干的事,就是关心以我的工作为基础的进展,通过在这里和那里不断地重复我的演讲,对那些为真理和知识而奋斗的人,特别是年轻人的希望做出响应。"[114]

在医院又待了很长一段时间之后,作为另一项任务,他接受了伦敦皇家学会的邀请,以唯一的德国人的身份,参加延期了的艾萨克·牛顿诞辰300周年庆祝会。就在会议后不久,他写信给诺伊伯说,这带给了他为进步做出了小小的贡献的良好感觉。"我不是那种让自己痛苦的人。"当有人问起时,他把他精神的源泉定位于从小时候起就被灌输的坚定不移的信仰,定位于"在我们之上的另一个世界,在任何时候,我们都能够并且将会在那里寻得慰藉"。[115]

普朗克也许没有看到他的宗教信仰在另一世界里得到证实,但这些信仰在这个世界上充分地证明了自身。至少对他来说是如此。有些人不相信科学能够或者应该与宗教和睦相处,他们批评说,他的调和对科学或对宗教都是有害的。在科学这方面,马克思主义的作家们为他身上这种极端明显的资产阶级唯心主义而感到遗憾,否则他们就会赞扬他是自发的唯物主义者。[116]而在另一方面,教会的发言人们决不会对普朗克的自然神论表现出热情,这种自然神论略去了对所有已确立的宗教的参照,而且与爱因斯坦的犹太教相比,没有更多的教义内容。因而,它的作用似乎是画蛇添足,是为了改变信仰者们的利用而完善普朗克的生活经验,是把科学的非人格化者与一种对传统的上帝的信仰联系起来。

在他于1947年10月死于中风之前的6个月里,一则谣言开始流传,说普朗克已经皈依了天主教。一位工程师向他询问使他走出这一步的原因。对于传教士们,他的回答没什么用处。普朗克说,他总是深深地信仰宗教,但他不相信"一个人格化的上帝,更不用说像基督一样的上帝了"。[117]一个没有特质的上帝,一种没有装饰的宗教,没有割裂的生活,没有分隔的知识——简而言之,一种没有极端的世界观,这对于预言家和倡导者们几乎没有什么吸引力。

剩下的只有深刻地认识方舟。作为威廉皇帝学会的主席,博施的继承者已经自杀;学会的许多研究所受到破坏或被毁掉,其雇员四处星散;学会的资产化为乌有。在山穷水尽之时,首席秘书把管理的中心搬到了哥廷根,他请求普朗克重新担任主席的职务,直到学会恢复到原来的情形为止。依靠普朗克的权威,在西部占领区剩下的所长们选择奥托·哈恩作为他的第二继任者。从1946年4月1日起哈恩接任。[118]但这并不意味着解决了问题。

尽管英国和法国当局允许学会在他们的占领区继续活动,但美国的占领军希望解散学会,这或许是因为他们相信学会已屈从于纳粹的影响。

这种局面需要基于个人接触的暗中协商,按照玛格丽特·普朗克的说法,这正是她丈夫所擅长的领域。普朗克的倡导和来自伦敦皇家学会的压力,加强了英国人对抗美国人的力量;英国人批准了在其包括哥廷根在内的占领区里接收威廉皇帝学会的可能的接替者,只要学会改成某个不那么引起军国主义联想的名字。一个合适的名字并不难寻找。1946 年 9 月 11 日,"英国占领区科学促进马克斯—普朗克学会"开始存在。在说服美国人,说学会没有与纳粹分子结成联盟的论证中,普朗克的名字以及他儿子的牺牲起了突出的作用。很快,美国人就与英国人携手合作,在1949 年 7 月,三个西方国家批准了在其占领区内马克斯—普朗克学会的规章。[119] 普朗克满意地看到,在重新创立的学会中的领导位置上,他所力主的人经受了在德国的风暴的洗礼。高层的管理者包括作为秘书的劳厄和作为主席的哈恩。马克斯—普朗克物理研究所的所长是海森堡,1942 年在雅利安的物理学家们到当时为止没有结果的抗议的背景下,他接替了德拜。[120]

凭着他们的果子,就可以认出他们来

有一些人认为,普朗克可以而且应该做更多的事情。像他那样的人,在得知清洗文职官员的法律后,如果马上组织起重大的抗议活动，或更理想地，组织起教授们的总罢教，新建立的政权或许会不得不在其对待犹太学者的政策上有所节制。基于这种理论，引人注目的抗议活动，即便无效或产生相反的效果，也是一种在道德上必须履行的责任。在此基础上，普朗克帮助起草了一份宣言，反对苏联政府在1930年对科学家的清洗。在草稿中，他添加了对"良心的责任"的提及，以公开地抗议对于"人类社会生活最基本的规律"如此明显的违背。对于爱因斯坦来说，普朗克的"良心的责任"是一种要无条件履行的责任，"一种绝对的义务"。服从于良心的责任，对于清洗的牺牲者们可能没有什么帮助，但可以使签署者们的良心得到满足，并使世界上其他的地方认识到苏联的威胁。这样一种做法会帮助西欧吗？"这绝不是有把握的，"爱因斯坦写道，"甚至在我们的情形下，外部的形势正在缓慢但稳定地向一种危险的方面发展。"[121]

在1933年，当这种威胁成为现实时，爱因斯坦做出抗议，并试图用道德的寓言来说服普朗克，让他以无可逃避的责任大胆讲话，反对对全体犹太教授的迫害。他写信给他的老朋友：假定你是布拉格的一位教授，当一个新的政权开始掌权，并剥夺了捷克教师生活的手段，而且拒绝允许他们离开这个国家，"你会认为默默地接受解职而不支持他们是正确的吗？"[122]爱因斯坦永远不原谅普朗克公开的沉默，劳厄甚至批评他没有更加"强硬"。[123]不过，爱因斯坦是一个自由的人，对德国几乎没有什么感情，感受不到对于在德国支持他的各机构的责任；劳厄的地位没有高到假定他可以影响事件的进程的程度；而普朗克则既有这种责任也有这种地位,并习惯于履行责任行使职责。他拿定主意,认为留下来并进行抢救比跑开并做出姿态要更有成效。他的成就,在于他任职期间科学院和威廉皇帝学会有细微差别的独立。

再者,像普朗克这样的人们,如果早一些认识到纳粹官僚的一部分可以起到对抗另一部分的作用,那么他们就可能赢得重要的特许。像推翻了斯塔克的那种混战,就表明了可以做些什么。另一个暗示是迟来的对部分纳粹高级官员的认识,即他们因为让鲁斯特毁掉大学而犯了一个严重的错误。工业界和军界对高技术的使用者最终也加入普通科学家、普朗克和其他白色犹太人的行列,去怀疑和抵制雅利安的物理学家们。[124]一种科学家和工业家的联盟不能更早些利用在官僚体制中的分歧吗?

普朗克在气质上不适合公开地反对合法的当局,不适合愤世嫉俗地利用政治上的分歧或个人的野心。他试图在体制内建立一些飞地,以便在其中追求相对正常的生活和工作。他的工作最明显的成果,就是威廉皇帝物理研究所。他也试图通过他的演讲旅行,使其他人注意到生命永恒的价值,从他几乎不可穷尽的供给中带给他们以希望。在这方面,他也有某种成功。

然而,从结果来做评判,这是一种不明确的衡量。为了强调这种模糊性,我们只需考虑普朗克为之如此长期努力奋斗的物理研究所。当这艘方舟在1936年下水并在1945年靠岸时,他有理由为之骄傲。但是,如果需要根据40年代初的航程来评价它的话,他会希望这艘方舟待在海底。他曾鼓励海森堡留在德国,在海森堡的领导下，研究所变成了一个开发核能的计划的中心。这里不是讨论海森堡的意图的地方，要指出的只是由普朗克所提供的设备和工作场所是怎样被使用的。在1943年，海森堡写信给威廉皇帝学会的管理机构，说研究所的高压装置已经被改成了强中子源，"以使用来研究由陆军军械部提出的原子物理学中的问题"。研究所还从事了许多其他类似问题的研究。[125]

普朗克从一开始就担心对核裂变的滥用。曼弗雷德·冯·阿登纳做过一些关于铀计划的工作，在1940年，他在一次驾车时曾与普朗克有过一次谈话。一份《人民观察家报》宣称，对空军的"启发"是要把英国人置于被控制的地位。这两个人一致认为，以可得到的手段，德国不会赢得战争。当时普朗克说，"我非常担心"。阿登纳猜测，他心里想到了哈恩对裂变的发现。普朗克评论道，"它的使用必须是为了人类的利益"。但他接着说，"它将以另外的方式被使用"。[126]

裂变被用于广岛，而不是伦敦。不论海森堡小组的目标是什么，纳粹官僚体系的结构性弱点，它对科学的轻视，以及缺少可自由支配的工业资源，这一切使战时的德国制造核弹成为不可能。因此，在普朗克看来，他的方舟没有设计出将埋葬人类的爆炸装置，这不是侥幸。或者说，俄国人没有最先得到原子弹，在普朗克的判断中，否则那将意味着"我们的文化的结束"。[127] 这是天意如此。

尽管他有这一切悲哀的经历，普朗克仍然坚持他基本的信仰，这种信仰似乎在德国强大起来的那些令人兴奋的日子里就已充分确立了。当时，智力的和社会的生活、对国家的责任和敬爱，以及在道德上必须履行的责任都是一致的。后来，国家、科学和道德分道扬镳；世界的秩序从视野中消失；普朗克的美德、知识和权威无助于使那些与他最亲密的人避开灾难。但这也可能是世界秩序的一部分。怎么说呢？"一件我们早些时候作为不幸而哀叹的事，（可能会被证明）保护我们免于更大的不幸；于是，也许我们的哀叹将变成满足和欣喜。"(128)

这里存在有两难中的两难。几乎没有什么行动是受命于无条件地要履行的责任。合乎道德的行为在实践中由派生于社会经验的行为准则所指导，按其近期和远期的后果来判断。应该怎样以及在何时做出评判？留在职位上，并尽其最大努力保持纯净的良心和善良的愿望，普朗克是否选取了与纳粹打交道的最佳方式？他的世界观是使他更崇高还是把他引入了歧途？

[全文完]

译后记

在1998年刚刚到来之际,我终于译完了德国著名物理学家普朗克的传记《正直者的困境》。其实,按照原来的计划,早就应该译完这本不厚的小书了。但在翻译的过程中,由于工作上的种种变化,由我自由支配的时间被大量挤占,这是导致延误的主要原因之一;而导致延误的另一个原因则是,这本书的翻译,远比我原来所设想的要困难得多。

最初得知有这本普朗克的小传(就此书的篇幅而言),是在几年前读到我国物理学史老前辈戈革先生所写的一篇题为《普朗克的幸与不幸》的评传文章中。从那时起,我就已心存认真阅读这本书的想法,但由于具体在做的研究工作中一时还没有专门涉及量子物理的初期史,更不用说社会史了,所以一直没能实现这一愿望。组编这套书时,便想到了这本普朗克的传记。经请教认真读过此书的戈革先生,认为此书无论从传主的地位,还是从撰写者的研究基础和学术水平上(此传记的作者海耳布朗于1964年获得博士学位,退休前是加利福尼亚大学伯克利分校的科学史教授，也是一位很有造诣的著名物理学史专家），都是值得收入进这套丛书中来的。而另一位美国著名的科学史家在写给我的信中，也曾称此书是一部"非常精致的著作"。

但是，对于这样一本在内容和质量上都堪称上乘的传记，在翻译之前，戈革先生曾提醒说，它的文字不像许多其他的科学家传记那么易懂。虽然有了这种思想准备，但真正做起来，才发现这本颇具特色的传记实在难译。译者以前虽然也曾译过几本关于科学史及科学文化之类的书（包括像萨顿、斯诺这样的大家所写的人文色彩很浓的著作），但比起来，还是觉得这本传记更难译些。其实想来也不难理解，就是一位博学多才、功底深厚的中文作者所写的优雅的文章，对于一般文化程度的中国读者，其文字读起来也可能不轻松。类推下来，外语的著作，自然也一样。而译者又如何敢说对英文（本书中还有一些德语内容）的理解能达到以之作为母语的作者的一般水平？实际上，国外许多优秀的科学史家，除了出色的科学背景之外，在人文和语言方面的素养也是相当令人敬佩的。正是这种相当注意遣词造句的精致的（而不是那种较为常见的、简单的）语言，再加上此传记所涉及的广泛领域，使得本书翻译困难重重。尽管我已尽了最大的努力，但问题和错误肯定不少，对此当然没有理由要求读者谅解，只是恳请读者批评指正。

虽然翻译工作相当吃力，但在阅读和翻译过程中，我却越来越喜欢这本很有特色的传记了。它并没有像某些传记那样面面俱到且事无巨细地讲述传主完整的一生，而只是很有选择地涉及了若干作者认为重要的方面和问题，并在叙述时相当有机地把作者的观点插入其中。任何对现代物理学稍有些了解的人，对于普朗克在物理学中最重要的贡献可能都会有所认识，但对作为科学的管理组织者，对有着丰富甚至相当坎坷的人生经历，就像本传记的标题所提示的那样经常处于两难的困境中且在科学、哲学、宗教、社会和人生等方面都有诸多深刻见地的普朗克，恐怕大多数人可能就不那么熟悉了。其中许多重要内容和信息，即使对于国内的科学史工作者们，也是相当新鲜的。正是由于像普朗克这样一位物理学大师，生活在特殊的时代（包括世纪之交的科学革命和 20 世纪上半叶德国特殊的社会政治背景，如第一次世界大战，希特勒的反动统治及对科学、对犹太人的迫害，等等），再加上作者在丰富的文献基础上深入的研究和精彩的叙述，使得这本传记对于范围广大的读者都会有所启发，并可从中获得教益。当然，最终的评价，还是要由读者在读后做出，正像作者在本书中反复引用《圣经》中的说法那样："凭着他们的果子，就可以认出他们来。"

需要说明的是，在这本仅有两百来页的小书中，有多达 491 条脚注，这也从一个侧面反映了作者治学的严谨。这些脚注主要是关于文献方面的，大多用来说明文献出处（少数脚注中有简略的进一步说明），许多脚注中列出的文献还不止一条，它们需与本书的文献目录联合使用，我们将这些脚注作为注释集中列于本书最后。这些资料仅供有兴趣的研究者使用，对于绝大多数读者来说，不借助它们也能完全理解本书的内容。

最后，译者在此要感谢戈革先生提供的原书以及在翻译的过程中给予译者的帮助。

刘兵
1998年元旦于北京

附录：重评纳粹时期的普朗克

方在庆、陈珂珂 译

编者按 1986年，科学史家约翰·海耳布朗（John L. Heilbron）出版了《正直者的困境：作为德国科学发言人的马克斯·普朗克》(*The Dilemmas of an Upright Man: Max Planck as Spokesman for Gennan Science*, 由加州大学出版社出版) 一书，在学界引起强烈反响。这是用英语出版的第一本较为综合的评价普朗克的著作，尽管还不能称之为"真正的传记"，但由于作者以特有的视角来看待普朗克和德国科学，这本书在普朗克的故乡德国也引起了关注，1988 年德文本出版，取名为《马克斯·普朗克：为科学的一生 (1858—1947)》(*Max Planck. Ein Leben für die Wissenschaft 1858—1947*)，书中附有普朗克的一些演讲，其中还包括他自己写的拜访希特勒的经过，比英文版内容多出一倍以上。随后，海耳布朗根据一些新发现的材料，在2000年改由哈佛大学出版社出版的同一本书中加进了一个"跋"（Afterword），书名也相应地改为《正直者的困境：马克斯·普朗克和德国科学的命运》(*The Dilemmas of an Upright*

Man: Max Planck and the Fortunes of German Science）。尽管除了"跋"之外，书中一字未改，但细心的读者还是会发现，海耳布朗对普朗克的评价发生了变化，单从书名就可以看出。按照海耳布朗自己的说法，他对普朗克的评价有一个从神到人的变化。先是"作为德国科学发言人的普朗克"，随后变成了"普朗克与德国科学的命运"，后者隐含着作者对普朗克与德国科学的批评。英文版的"跋"也被吸收到2006年新的德文版中。德文版的"跋"（Nachwort）比英文版晚6年出现，因而加入了更多的新材料，内容也增加了一倍。按海耳布朗的说法，对普朗克的评价也更准确、更客观了。经海耳布朗建议，并通过他的联系，我们得到德国斯图加特的希策尔出版社（S.Hirzel Verlag, Stuttgart, Germany）的允许，将之翻译成中文发表。在此要特别感谢作者海耳布朗以及德国希策尔出版社的扎比内·克尔纳（Sabine Koerner）女士和安格拉·梅德尔博士（Dr. Angela Meder）。

自1988年《马克斯·普朗克：为科学的一生（1858—1947）》第一版出版以来，又出现了许多有关普朗克在第三帝国时期行为的关键性文件。其中包括威廉皇帝学会（KWG）档案馆里的材料、有关普朗克拜访希特勒的说明的信件、其他一些信件往来以及托马斯·曼（Thomas Mann）和洛特·瓦尔堡（Lotte Warburg）日记中的相关内容。在1989年洛特所发表的日记中，有一些与普朗克有关的内容。它为评价这些新证据提供了一个恰当的框架。洛特是半个犹太人，父亲埃米尔·瓦尔堡（Emil Warburg）是犹太人。埃米尔和普朗克是老朋友，也是柏林大学的同事。洛特自小时候起就认识普朗克。她的哥哥奥托·瓦尔堡（Otto Warburg）是个愤世嫉俗的人，曾得过诺贝尔奖，并主管威廉皇帝生物化学研究所。作为奥托的妹妹，她不断地听到一些有关她父亲1931年去世后的科学的闲言碎语，以至于她自认为懂得如何评价那些名教授。关于普朗克，她这样写道：

> [1933]普朗克太老了，弯腰驼背、衣着不整、头发蓬乱，令人同情。我看到他行动迟缓地走过公园。我告诉他所有有关大学里"解雇"的消息。他对此一无所知。他说没人再向他请教任何事情，科学也不再被关注了。
>
> [1934]为什么他不辞职呢？为什么他还留在位上，亲见威廉皇帝学会的成员就这样无端被解雇，连知会他一声都没有，连一个理由都懒得给？为什么他不扭头不干，指责他们，而是迂回曲折，抱怨诉苦呢？
>
> [1935]一位风烛残年的老人，临死前还失去他余下不多的勇气和性格，让人觉得他似乎从未拥有过这种勇气和性格。

最后这一个评价，是洛特在安全的瑞士写的，促因是普朗克做的一个关于德国物理学会的演讲。作为当时的惯例，为谨慎起见，普朗克在演讲中没有提埃米尔·瓦尔堡所起的重要作用。也是作为当时的惯例，普朗克在演讲中感谢希特勒对德国科学的支持，这引起洛特·瓦尔堡的更大蔑视：

> [1937] 如果这要是真的就好了！……每个人都不顾事实，当他们提及普朗克的名字的时候，就会像巴黎的昂利生(Mr. Henri)最近情绪激动地说……"啊，普朗克，是一位可敬的人！"直到他生命的最后，他都戴着可敬、无私、真正的科学家、忠实于信仰的面具，没有人看到真相，看到他晚年的极端怯懦和极没骨气。没有一个人看到！[1]

他为什么要保住自己的职位？他是如何做出那些必要的小让步的，如行希特勒军礼、顺从纳粹头领、给元首发谄媚电报，用纳粹党的十字标志装饰演讲厅，在演讲中省去爱因斯坦、瓦尔堡和其他犹太人的名字？[2] 是什么对他如此重要，以至于拥有了它，他就能主持对威廉皇帝学会和普鲁士科学院中的犹太人和其他"不受欢迎"的同事的驱逐？他是如何保有他在生前并于死后（如瓦尔堡所预料的那样）所拥有的正直、宽厚和高贵的名声的？

我们知道第一组问题的答案。普朗克保留职位，很大程度上是出于一种责任感。这种责任感不是归于个人，更不是归于

---

1. Warburg 1989, pp.187,235, 250–51, 295–96. 分别摘自 1933 年 10 月 31 日、1934 年 11 月 5 日、1935 年 1 月 28 日、1937 年 10 月 16 日中的内容。
2. 参见 Olff-Nathan 1993, p.20.

国家，而是归于他所服务的德国科学研究机构。他一直以来都强烈地将自己与这些研究机构视为一体，这些研究机构中有很多都是他从其成立之初就一直加以关注的。他过多地卷入了不让斯万特·阿列纽斯（Svante Arrhenius）[1]在1922年做的可怕预言——"目前德国的科学精神还非常高涨，但人们认为它很快就会崩溃"——得以实现的事件中。[2] 德国科学回归到了它在世界上应处的位置，这件事给了普朗克两个错误的暗示：不管将来会发生什么，德国科学都应该被保留，而且通过像他这样具有美好愿望、精力充沛的人的努力，德国科学能够被保留。普朗克等人过高地估计了自己的能力和影响。

奥托·瓦尔堡是在得知他正式获得1931年度诺贝尔奖后不久，对妹妹说这番话的。他把他的父亲和普朗克都归于那种夸大自身作用的老教授一类。她的回答或许有助于解释她后来对普朗克的谩骂。"不，"她说，"这些老人并没有从夸大自身的重要性中受到多大痛苦，他们是为不再能在那些让他们倾注一生的领域里发挥积极作用而苦恼。"她以她父亲为例。他根本就不应该结婚。他只在乎自己的工作；事事坚持逻辑和秩序；没有幽默感，没有同情心，没有人情味。她说，这就是典型的犹太性格："一般来说，在伟大的犹太人当中，除爱因斯坦外，没有一个欢快的、有感染力的犹太人，但爱因斯坦已不再是犹太人……爱因斯

---

1. 阿列纽斯（1859—1927），瑞典化学家，曾获1903年诺贝尔化学奖。——译注
2. Arrhenius to Osterhout, 16 Dec.1922 (Osterhout Papers, American Philosophical Society, Philadelphia).

坦……[马克斯（Max）·]利伯曼（Liebermann），他们是非犹太人，他们不受约束，没有权利意志，快乐，并且给别人带来幸福。"[1] 对洛特·瓦尔堡来说，普朗克，就像她的父兄一样，身上有太多犹太人的性格。

奥托·瓦尔堡和洛特·瓦尔堡说的都对。随着普朗克在科学上的具体贡献越来越少，他作为有影响力的科学发言人的需求逐渐增加，他确实紧紧地抓牢了他的科学及其科学形象。他夸大了自己的影响力，并不是出于自负虚荣，而是因为他无法预见到一个不讲理的政权，而通过详细充分的论证是他施加影响力的唯一方法。

在纳粹攫取政权之后，一旦普朗克知道自己的职责所在，他就无法保持他在威廉皇帝学会任期内的独立和公正了。[2] 当普朗克1930年开始任威廉皇帝学会会长时，他并不是心甘情愿的。对于威廉皇帝学会的一些理事来说，普朗克也不是恰当的人选。最佳人选应该是像威廉皇帝学会的具有超凡魅力的奠基者阿道夫·冯·哈纳克（Adolf von Harnack）那样的人。理事会优先选择的是奥地利科学院副院长里夏德·冯·韦滕斯泰因（Richard von Wettenstein），但韦滕斯泰因本人并不是理事会成员。威廉皇帝学会希望韦滕斯泰因尽快成为理事，这样在一年时间内普朗克担任过渡期的会长。经过一番犹豫之后，普朗克同意了这种安

---

1. Warburg 1989, pp.115—17.
2. Macrakis1993, p.40.

排，条件是只要人们不期望他做重要的决定。与外界交涉的重任由威廉皇帝学会的（犹太血统的）司库弗朗茨·冯·门德尔松（Franz von Mendelssohn）承担。门德尔松对于这种安排相当满意："花了好大的气力，才让他同意成为一名候选者。这段时间我们有一个与政治无关，只管科学的领导。"[1]

在担任临时会长期间，普朗克与威廉皇帝学会的权力极大的秘书长弗里德里希·格卢姆（Friedrich Glum）之间相处融洽。因此当韦滕斯泰因1931年突然死亡时，普朗克同意担任到这一届的3年期满为止。他继续让格卢姆做任何他愿意做的事。[2]

从内心深处来说，普朗克并不想担任威廉皇帝会学会长，正如他不想成为物理学上的革命者一样。但是物理学的进展使他成为一个伟大的革新者，纳粹分子夺权后，强迫他成为一个活跃的政策制定者。由于威廉皇帝学会差不多一半的预算来自政府部门，它的大部分（绝不是所有的）雇员必须服从1933年4月7日颁布的臭名昭著的《公务员重组法》(*Gesetz zur Wiederherstellung des Berufsbeamtentums*)。由于威廉皇帝学会既有国家支持，又有私人机构赞助，普朗克必须对于新的法律所带来的威胁做出反应。

那时他已接近自己任期的尾端。他本可以辞职以示抗议或者拖延不办，但他行动迅速，精力旺盛，将威廉皇帝学会中55

---

1. Kohl 2002, pp.64, 66–8, 74；Mendelssohn to K. Thomas, 19 June 1930, in ibid.,67. 参见 Brocke 1990, pp.344–7。哈纳克突然在1930年6月10日意外去世。
2. Kohl 2002, pp.74–6.

个适于《公务员重组法》的雇员解聘。到这一年年底，其中一半的人离职。正如普朗克对自己的助手恩斯特·特尔朔（Ernst Telchow）所说的，他和格卢姆所采取的策略，"就像风中的树一样"，顺从而不是抵抗。为了在风停之后威廉皇帝学会能继续进行科学研究，顺从是必要的。按照当时的《公务员重组法》，与条件相符的低级雇员必须开除，而高级雇员，如研究所的所长、研究室主任等，只要能满足豁免条件，就可以保留职位，况且那时威廉皇帝学会仍声称保有独立自主的地位。[1] 普朗克认为这是在纳粹风暴中保存德国科学实力这一更高目标的唯一办法。

弗里茨·哈伯（Fritz Haber）和他研究所的两位研究室主任——同是犹太人的迈克尔·波兰尼（Michael Polanyi）和赫伯特·弗罗因德里希（Herbert Freundlich）的辞职决定，削弱了普朗克这种卑躬屈膝政策的效应。4月30日，哈伯向主管部门[帝国教育部（Reichserziehungsministerium）[2]]提出允许他在10月1日退休的申请，其理由是他无法适应新的变化：以往他在选择同事时，都是以能力和性格为标准，不能改为以种族为标准来选人。[3] 普朗克请求哈伯援引退伍军人豁免条例，哈伯拒绝了，但似乎同意暂时留下来，如果主管部门同意他的辞职请求的话。教育部长伯恩哈德·鲁斯特（Bernhard Rust）公开批评哈伯不按种

---

1. Albrecht and Hermann 1990, pp.360, 367, 372 (quote); Beyler 2004, pp.9–10. Becker et al. 1998, pp.691–3 与 Macrakis 1993, p.67 给出的数字不尽相同。
2. 纳粹德国的政府部门。主管科学、教育与文化事务。——译注
3. Kohl 2002, pp.90–2；Beyler 2004, pp.11–12.

族标准来选择雇员的做法，并在 5 月 15 日接受了他的辞呈。第二天，按照事先约定，普朗克晋见希特勒，与他讨论威廉皇帝学会的未来，并为哈伯的案子求情。[1]

普朗克似乎从与希特勒的会面中获得了某种保证，纳粹政权将不再干涉威廉皇帝学会的自由。沃纳·海森堡（Werner Heisenberg）从普朗克处听到这个消息后，将之转告了马克斯·玻恩（Max Born）。5 月 23 日，普朗克在威廉皇帝学会的一次会员大会上说："国家社会主义者的政权，承认科学研究对于德国繁荣的重要性以及在国家中的地位，因而将威廉皇帝学会置于特殊的保护之下，使我们不仅能够维持威廉皇帝学会的运转，而且还能得到我们永不停息的研究工作所需的一切。"大会上普朗克过分乐观的论调给会员们留下了深刻的印象，他们觉得有必要向希特勒发一封电报，承诺威廉皇帝学会将尽最大努力做好自己应尽的义务。"德国科学也准备尽最大努力为在您保护下的新祖国的重建贡献自己的力量。"从这时起，普朗克在开会前都向希特勒致敬，在他的正式通信的结尾处写上"希特勒万岁"。[2]

当时大家都认为，上述的声明和让步，以及对 1933 年 4 月 7 日的《公务员重组法》不加抵制的应用，能让威廉皇帝学会有一定的活动余地。普朗克成功地抵制了菲利普·勒纳德（Philipp Lenard）和约翰尼斯·施塔克（Johannes Stark）肢解威廉皇帝学

---

1. Szöllösi-Janze 1998, pp.648–9, 653–62.
2. 两处引语出自 Albrecht 1993, p.49; for Heisenberg, supra, pp.153–4.

会的企图，以及一些纳粹高官恶意的反犹太人的攻击。其中一个例子就是达勒姆的某个研究所的一位工程师埃瓦尔德·雷克（Ewald Recke）向柏林的纳粹长官的告发事件。雷克认为，威廉皇帝学会是一个"发战争财的犹太奸商、压迫者和马克思主义者的温床"，研究所的所长几乎全是犹太人，他们留在那里就是为了从善良的德国人那里窃取思想和发明。尽管这些话与元首早年的著作绝对吻合，与勒纳德固执的观点——威廉皇帝学会"从一开始……就是一个犹太怪胎……其不可告人的目的就在于，通过金钱与皇帝接近，让他们、他们的朋友以及与他们相似的一伙人作为研究者留在一个愉快并有影响的地方。"——也不谋而合，但即使对于鲁斯特来说，这也太丑陋了。[1]在与普朗克简短地交换过意见后，帝国教育部将雷克的指责深深地封藏在档案中，历史学家只是在不久前才让它重见天日。[2]

普朗克（和格卢姆的！）的"自我调节"（Selbstgleichschaltung）政策使普朗克在1933年6月又赢得了一次选举，再任一届，任期3年。这次选举是在理事会成员减少的情况下举行的。除了门德尔松和其他两位犹太人还在外，其他犹太裔的理事都被清理出去，取而代之，勒纳德、施塔克和其他纳粹分子被吸收

---

1. ecke to Gauleitung, 21 May 1933, in Szollosi-Janze 1998, p.645; Hitler, in Vdlkischer Beobachter, 1921, 引自 Albrecht and Hermann 1990, p.357; Lenard to Theodor Vahlen, 6 Apr 1936, 有关普朗克的继任者，见 ibid., 383.
2. Becker et al.1998, p.563; Kohl 2002, pp.81, 84–5.

进理事会。鲁斯特批准了这个残缺不全的理事会的选举结果。[1] 1933年底,普朗克强烈地感到,他能驾驭与纳粹政权的关系,并让纳粹政权喜欢。他向上级主管部门保证,威廉皇帝学会将遵从元首原则(Führerprinzip)。事实上,威廉皇帝学会一直遵从这一原则,以便确保威廉皇帝各研究所所长能服从会长的全面指导。[2] 他开始接近军界,跟帝国大臣、陆军上将维尔纳·冯·布隆贝格(Werner von Blomberg)讨论建立一个联合委员会,探讨威廉皇帝学会如何帮助解决"国防中所遇到的紧迫问题"。[3]

在这种与纳粹政权周旋,并觉得游刃有余的情况下,普朗克开始设法增加威廉皇帝学会得到的资助,也使得他觉得有能力为一些地位较低的犹太雇员求情。最为人知的是威廉皇帝生物研究所的助理玛蒂尔德·赫兹(Mathilde Hertz)和园丁范妮·迪·博瓦-雷蒙(Fanny du Bois-Reymond)。后者由于出身于一个杰出的德国科学家族,而得到普朗克的照顾。但是帮这两个人求情的事均以失败告终。[4] 在马克斯·莱茵施泰因(Max Rheinstein)方面,普朗克的运气比较好。由于莱茵施泰因在"一战"之后还参加到自由军团(Freikorps)中作战,因而被允许留在威廉皇帝民法研究所。但由于莱茵施泰因后来移民到了美国,在普朗克

---

1. Albrecht and Hermann, pp.369-70; 新的理事在6月23日的会员大会上得到批准。
2. Kohl 2002, pp.85, 87; Beyler 2004, p.13.(元首原则)
3. Albrecht and Hermann 1990, p.376.
4. Ibid., pp.364, 365, 383.

看来，其情同解雇一样。[1] 比起他不能留用助手这件事更让他难堪的是，在威廉皇帝生物研究所所长埃尔文·鲍尔（Erwin Baur）去世后，他不能确保自己对继承者的选择。威廉皇帝学会的人被弃之一边，纳粹党员得以任用。[2]

纳粹党员在威廉皇帝学会的管理高层也占据着位置。我们已经知道在威廉皇帝学会理事会中有纳粹分子。1933年5月，特尔朔加入纳粹党。10月，格卢姆给普朗克写信，说他多年来"相当正面地"对待国家社会主义。人们很难对这些行为直接进行分析。格卢姆的声明可以很好地被用来作为政治上不可靠的记录，它在恰当的时候预先阻止了后来的指控。至于特尔朔，他在后来的去纳粹化听证会上声称，他是在威廉皇帝学会上级管理层的支持下加入纳粹党的，以便让威廉皇帝学会有条件了解德国的新统治者的思想。当普朗克1936年结束他的任期后，卡尔·博施（Carl Bosch）临时接任。当1937年博施的过渡期满后，鲁斯特为博施的继承者提出了许多条件，其中之一就是要用特尔朔来代替格卢姆。为了平息威廉皇帝学会的抗议，鲁斯特说，特尔朔对纳粹党忠诚，而格卢姆妻子的祖父母具有"非亚利安血统"。[3]

人们从失败和模棱两可中也能得到一些教训。其中之一就是1935年1月举行的弗里茨·哈伯逝世一周年纪念会。威廉皇帝

---

1. Macrakis 1993, p. 5 (budget); Kohl 2002, pp.89–90; Kunze 2004, pp.133–4.
2. Heim 2002, pp.11–12.
3. Kohl 2002, p.83 (Glum); Vierhaus and Brocke 1990, p.385, and Beyler 2004, pp.41–2 (Telschow).

学会想由此证明它还持有一定的独立性。另一件事就是普朗克通过努力让选举一个所谓全德的"研究教皇"(Forschungspapst)的提议流产。"对现有的研究体系做任何剧烈的改变都是不对的,因为一个完美合理的分工已经建立,一个较强的集权代表了官僚化和僵化的危险。"[1] 毕竟还有一个威廉皇帝物理研究所。这是普朗克担任主席期间唯一建成的研究所,如果他不坚持,如果没有他的声望,这个研究所是不可能存在的。主要是为了普朗克,也是为了科学,洛克菲勒基金会于1934年11月决定,发放在纳粹夺权之前就定下来的给予学会用于建造研究所的资金。[2]

但洛克菲勒基金会并没有履行它的义务,这不是普朗克所面临的唯一的大难题。帝国财政部反对拨付启动经费,这一点他必须克服。另外,他还得对付施塔克。施塔克认为学会没有必要建立一个这样的研究所,因为20世纪物理学上的绝大多数发现都是在大学里做出来的。普朗克成功了,但付出了代价:哈伯的物理化学研究所。纳粹政权坚持要将做军事研究的格哈特·扬德尔(Gerhart Jander)作为哈伯的继承者,担任所长,将研究所的目标变为致力于改进毒气武器的研究。[3] 普朗克向上级部门抱怨,将研究所军事化对于德国在外的名声是有害的。也许是作为一种妥协,他建议与布隆贝格合作。

---

1. Supra, pp.161–2, and Szollosi-Janze 1998, pp.692–700 (Haber affair); Kohl 2002, p.80 (quote).
2. Supra, pp.175–9.
3. Szollosi-Janze 1998, pp.651–2.

普朗克按照这一建议行动。1934年3月6日，他的行政委员会宣称："威廉皇帝学会将科学兴趣与现在对我们国家尤为重要的军事利益的统一看成其首要任务。"恰好在做这个声明之前，普朗克和格卢姆作为威廉皇帝学会的代表双双加入了"军事政策和军事科学协会"（Gesellschaft für Wehrpolitik und Wehrwissenschaft）。[1]但这样做没有任何成效。上级部门还是将扬德尔硬塞了进来。在扬德尔1935年从研究所辞职，成为格赖夫施瓦尔德大学的教授后，纳粹政权又让一个从事军事研究的科学家担任所长，遭到普朗克的再次反对，但又一次失败了。这次是阿道夫·蒂森（Adolf Thiessen）。蒂森毫无顾忌、报复性地推行"元首原则"，一点也不考虑作为上级的威廉皇帝学会对他的监管。格卢姆在他的《自传》中写道："普朗克和我被哈伯研究所新来的这个家伙吓坏了。他简直是浅薄无知、穷凶极恶。"[2]

普朗克得到了他的物理研究所，并选择彼得·德拜（Peter Debye）为所长。他必须向纳粹政权说明拨付研究所的运作经费的紧迫性，并且要以一种宣传部长约瑟夫·戈培尔（Joseph Goebbels）所能理解的语言来表述。普朗克向这位德国最会撒谎的人保证，政府给研究所的补贴，将是对纳粹政权的最好的宣传，它会让外国不再说纳粹政权不懂科学的重要性。普朗克得到

---

1. Albrecht and Hermann 1990, pp.376–7. 也许值得指出的是，布隆贝格在哈伯纪念会上支持了普朗克；Szöllösi-Janze 1998, p.694.
2. Kohl 2002, pp.98, 102–4, 105 (quote); cf. Deichmann 2000, p240.

了钱，但是威廉皇帝学会想以他的名字来命名研究所的希望落空了。勒纳德和施塔克对此坚决反对，认为他在物理学方面做的还不够，不足以获得如此殊荣。勒纳德和施塔克还认为，挑选德拜来担任一个现代实验物理研究所的所长，是一个很差的决定，因为德拜在粒子加速器方面没有任何经验，可是他们的言论并没有产生什么实际效应。[1]

德拜在1936年3月被任命为所长，但名义上从1935年10月开始就算生效。研究所在1936年建成，1937年开张。大约在1939年10月，德拜在上级的压力下被迫退休。陆军方面打破了与普朗克没有明说的协定，从1940年1月开始接管物理研究所。陆军兵器部（Heereswaffenamt）的库尔特·迪布纳（Kurt Diebner）代替德拜担任所长，正如扬德尔代替哈伯一样。1942年，陆军部将研究所交还给威廉皇帝学会。[2] 海森堡接替德拜任所长，在普朗克所建的房子里进行德国的"铀计划"（Uranprojekt）。

能够得到德拜，正如能建一个研究所一样，都是一种巨大的意外收获。作为一位荷兰人，德拜的任命并不是一种政治上的任命。已有很高科学声望的他，在1936年获得了诺贝尔奖，正好研究所也在这一年建成了。自然，德拜还得到了其他地方的邀请。其中一个他很想去的地方就是慕尼黑，作为阿诺尔德·索末

---

1. Kant 1993, pp.166–7, 169, 171.
2. Ibid., pp.176–7.

菲（Arnold Sommerfeld）的接班人。但他不能接受这样的邀请，他写道："我必须对普朗克保持忠诚。"同样类型的忠诚（如果我们相信洛特·瓦尔堡的话）将科学院联系在一起："如果不是看在老普朗克的面子上，（在爱因斯坦被解聘后）所有的大数学家和大物理学家都会离开科学院。"[1]

在他后一个任期的最后一年，普朗克发现，他鼓励杰出犹太科学家留下来领导研究所的政策开始出问题了。1933年4月7日的《公务员重组法》中为退伍军人留的一条退路被堵死了。

威廉皇帝生物化学研究所所长卡尔·诺伊贝格（Carl Neuberg），曾援引退伍军人豁免条例暂时留了下来，但到了1935年，他也不得不离开。威廉皇帝民法研究所所长恩斯特·拉贝尔（Ernst Rabel）也被迫在1937年2月离开。那时普朗克已从威廉皇帝学会会长的位子上退了下来，但仍在学会工作，作为"荣誉"理事参加学会的会议。普朗克在给拉贝尔的信中这样写道：

> 亲爱的同事，我愿借此机会对您的自我牺牲精神，及您在为德国科学及您所领导的研究所的服务过程中所做出的杰出贡献再次表示感谢。您在世界范围内为提高威廉皇帝学会的声望做出了贡献。不用说，我对您从您产生影响的领域里

---

1. Debye to Sommerfeld, 16 Apr 1935, in Kant 1993, p.168; Warburg 1989, p.169 (17 Jul 1933).

离开充满了同情。您可以放心，我将尽我的最大可能使您在研究所的工作得以延续。[1]

很显然，普朗克仍不明白（或感到有责任），他为了保护科学所采取的政策，事实上对那些听从他的忠告的人造成了伤害。拉贝尔并没有躲在普朗克希望他继续为德国科学服务而提供的那个安静的小角落里。他移民到了美国，在密歇根大学法学院重建了他的研究所。

莉泽·迈特纳（Lise Meitner）的情形也差不多。她是奥地利公民，按当时的规定，她可以留下来。在普朗克的强烈要求下，她在威廉皇帝化学研究所一直留到德国吞并奥地利为止。但在这之后，她不得不求助于其荷兰同事的保护。迈特纳对她当初的迟钝行为后悔不已。战争结束后，迈特纳写信给奥托·哈恩（Otto Hahn）说："现在我很清楚，1933年我没有离开，是犯了道德上的一个大错，最后归根到底，我留下来就支持了希特勒主义。"[2]

她一针见血地指出了普朗克的保存实力的政策的致命缺陷。然而，正如她自己所承认的那样，她的愤愤不平也只是事后聪明。普朗克是在期望纳粹有可能缓和犹太人政策，至少让他们保有职位的情况下，给出他的建议的。普朗克绝不是唯一一个呼

---

1. Planck to Rebel, 4 Feb 1937, in Kunze2004, p.167.
2. Meitner to Otto Hahn, 6 June 1948. in Krafft 1989, p.185, also (in English) in Hentschel and Hentschel 1996, p.401.

吁犹太同事为德国科学而承受（政治）风暴的人。即使那些流亡在外的人，例如最后终老于牛津的物理学家库尔特·门德尔松（Kurt Mendelssohn），最迟在1936年也建议说，任何一个人，除非不得已被迫移民的话，都应该留在德国。[1]

普朗克尽最大可能保留犹太科学家的政策，在奥托·瓦尔堡这里运转得出奇地好。"有史以来最有成就的生物化学家"奥托·瓦尔堡讨厌德国。但是，他因受退伍军人条例保护，在普朗克的鼓励下，留在了德国。作为一位诺贝尔奖主，他受到尊敬。洛克菲勒基金会还为他的研究所提供资金支持。[2] 瓦尔堡在"二战"期间设法保留他的职位（除了1941年的一段时间，在帝国教育部的命令下，普朗克的继任者解雇了他）。在压力之下，帝国宰相手下两个具有典型的纳粹精神分裂症的官员，在负责杀害50000名犹太人，监控其他不合时宜的人的同时，还要将瓦尔堡"雅利安化"，也许是因为有人劝说这些纳粹分子，瓦尔堡可能会生产出一种可以治疗癌症的药品。[3] 他领导自己的研究所，没有做与战争相关的工作，顺利地过渡到了马克斯·普朗克学会(MPG)。

洛特所做的预言：没有人试图撕去普朗克"可敬的、无私

---

1. Macrakis 1993, p.65; Sime 1996, pp.204–207; Mendelssohn to Hugo Gutsche, 6 Feb.1936 (Mendelssohn Papers. Bodleian Library, Oxford); supra, pp.153–54.

2. "The greatest biochemist," in Dictionary of scientific biography.s v. "Warburg, Otto."

3. Macrakis 1993, p.64; Warburg 1989, p.300.

的、真正科学家、忠实其信仰的面具"，被证明是假的。最近的历史学家们发现了可以指责他怯懦和与纳粹合作的证据。在他给威廉皇帝学会的年度报告中，他委婉地提及解聘问题（"斯特恩博士接受了罗彻斯特大学的征召"），正是这一评语受到了特别的、也许是过分的关注，用来说明他早已"预备好……（将）几乎全无反抗地屈服于极权政体"。[1] 最具杀伤力的批评来自赫伯特·梅尔滕斯（Herbert Mehrtens）、赫尔穆特·阿尔布雷希特（Helmuth Albrecht）和其他人，他们声称，普朗克保守的民族主义使得他一旦决定在职责范围内承受政治风暴，就无可避免地与国家社会主义政权合作并受其控制。[2] 这一观点的提出，是围绕着普朗克死前几个月以他的名字发表的题为《拜访希特勒》这一简短介绍展开的。全文如下：

> 在希特勒执政之后，作为威廉皇帝学会的会长，我理应向元首致意。我想利用这一良机为我的犹太同事哈伯说句好话，如果没有他从空气中的氮获取氨的方法，"一战"一开始德国就会战败。希特勒回复我说："我本无意反对犹太人本身，但犹太人都是共产党人，而共产党人是我的敌人，正是为了反对他们，我才发动了战争。"对于我所说的下面的话：有不同类型的犹太人，有的对人类有价值，有的对人类

---

1. Deichmann and Müller-Hill 1994, p.163.
2. Albrecht 1993, pp.53, 63, followed by Szöllösi-Janze 1998, pp.658–62.

没有价值，前者属于具有最优秀的德国文化的古老家庭，因而必须区别对待。他回复说："不是这样的。犹太人就是犹太人，所有的犹太人就像吸血鬼一样粘在一起。不管哪里，只要有一个犹太人，其他各种各样的犹太人就会纷至沓来。犹太人应该自己将自己分好类。既然他们自己不分类，我就用同一方法对待他们。"当我说，让有价值的犹太人移民是一种自我毁灭，因为我们需要他们来做科学工作，此外，这将从根本上使外国受益时，他没有回答我。相反，他说了一些老生常谈的话，最后是这样收尾的："人们说我神经脆弱。这是诽谤。我拥有钢铁一般的意志。"在这样说的时候，他猛烈地拍打着膝盖，语速越来越快，逐渐动怒，最后我只好默不作声自行告退。[1]

正如阿尔布雷希特所发现的那样，这一戏剧性的解释是由普朗克的妻子玛格丽特 [Margarethe Planck（Marga）] 写的，因为她丈夫的身体日益虚弱。普朗克夫妇显然认为，答应《物理学报》(*Physikalishe Blatter*) 编辑的请求，尽可能地为该杂志中的"第三帝国时期德国物理学家的行为"专栏提供一篇文章，也是应尽的义务。阿尔布雷希特注意到，玛格丽特的草稿中将犹太人分为"西部的"和"东部的"，而不是"有价值的"和"无价

---

1. Planck, PB, I (May 1947). 143; 也见 Hentschel and Hentschel 1996, pp.359–61.

值的",她认为,"这种分类,很可能立刻就受到攻击","并不是所有东欧犹太人都是无用的"。阿尔布雷希特还注意到,普朗克也几乎肯定会在他给希特勒的请求中将犹太人建立在地理划分之上,而不是优劣划分之上,因为希特勒已经拒绝了通过善良程度来划分犹太人。在西部和东部犹太人,或已同化的和未同化的犹太人之间做出区分,在两次世界大战期间,在德国,实际上在世界上大部分地区,都是通用的做法。选择其中一个,而不是另一个,是反犹太主义的一种形式,因为每个犹太人一出生就带着一副重担,要证明他[用加利福尼亚大学欧内斯特·劳伦斯(Ernest Lawrence)的话来说,以其比较而言不怎么反犹太主义而自豪]"没有某些非雅利安人所具有的任何特性。"[1]另一方面,无价值和有价值之间的区分,准确地反映出了普朗克个人功利性的盘算:救助的努力首先显然应该瞄准那些在科学上表现不错的人。

在削弱了"普朗克"叙述的他与元首亲自接触(tête-à-tête)的经过的可靠性后,阿尔布雷希特认定在此次会面两周之后海森堡写的一封信的权威性。根据海森堡的说法希特勒向普朗克保证:"除了新的《公务员(重组)法》外,政府不会做任何其他会伤害到我们的科学的事情。"[2]海森堡没有提及犹太人或(希特勒)恼怒之事。阿尔布雷希特推断普朗克晋见希特勒的主要目的

---

1. Albrecht 1993, pp.457–59; Heilbron and Seidel 1989, pp.248–51 (quote).
2. Albrecht 1993, p.47; Heisenberg to Born, 2 June 1933, supra, 154. 会见的日期是1933年5月16日。

是向希特勒表示威廉皇帝学会对元首的忠诚,以换取希特勒准许威廉皇帝学会用自己的方式获得"自我调节"的特权。条件就是(威廉皇帝学会)解雇约80名成员,如果照做了,政府就给威廉皇帝学会增加财政预算。[1]阿尔布雷希特断定,普朗克思前虑后,做了纳粹的合作者。[2]

不论普朗克与纳粹合作的程度如何,海森堡的信都不能被作为推测普朗克同希特勒会面到底发生了什么的可靠证据。海森堡没有描述这次会面的内容,只是在同他以前的老师玻恩通信以劝说其不要移民时有所提及。由于玻恩不是威廉皇帝学会会员,海森堡给他的信不能作为论据以证明普朗克将自己的灵魂出卖给希特勒以求得威廉皇帝学会的特殊豁免权。关于这次会面,同时代的其他报道支持的观点是:普朗克大胆提出了改善"有价值的"西部犹太人困境的问题。洛特·瓦尔堡在1933年7月17日的日记中记载了埃尔温·薛定谔妻子的一次来访。按照薛定谔太太的说法:"希特勒……对普朗克说,他并不像人们将他定位的那样是一个反犹分子,他只是反对共产主义,但是犹太人都是共产党人。这就是他反对犹太人的唯一原因。普朗克总的印象就是希特勒现在十分厌烦犹太事务,但是他无法就此停下来。"[3]

托马斯·曼(Thomas Mann)在他1933年6月2日的日记中写道,希特勒告诉普朗克他与犹太人的唯一争执在于他们"令

---

1. Albrecht and Hermann 1990, pp. 359–82; Macrakis 1993, pp.65–67, 71–72.
2. Albrecht 1993, pp.52–53; Mehrtens 1980, pp.32–33.
3. Warburg 1989, p.170.

人厌恶地与马克思主义等同起来"。6 个月后,曼的朋友,犹太小说家雅各布·瓦塞尔曼(Jacob Wassermann)在流亡瑞士中拜访了曼。瓦塞尔曼详细地描述这次会面:

> (普朗克)回到家中彻底瘫软了。就像刚跟一个年老的洗衣妇谈论过数学一样,一个受过半吊子教育的人却有着走火入魔的思想,这个著名的科学家和思想家一生中还没有遇到过任何比这更无望的事情。当一个人掌握了权力,两个完全不同的世界就要发生冲撞:知识、博学和规范的思想世界必须屈服于令人厌恶的业余涉猎者的傲慢、教条的产物,向它躬身,给它让路。[1]

这个摘录说明,普朗克离开希特勒的时候并未因获得了威廉皇帝学会的豁免权而心情愉快。关于他那时情绪的更多信息可以从这次会面一周后他写给以前的学生加布里埃莱·拉贝尔(Gabriele Rabel)的一封信中获得:"在这个时候,你如果能保持乐观或者轻快,就算是幸运的了。"[2] 拉贝尔出身于一个富裕的、有教养的"有价值的"犹太家庭。她跟恩斯特·拉贝尔是亲戚,通过他结识了韦滕斯泰因和普朗克。恩斯特·拉贝尔是一位世界闻名的法理学家,领导威廉皇帝民法研究所。普朗克帮助加布

---

1. Mann 1977, pp.101, 272 与英译本 Mann 1983, pp.161 (2 June 1933), 186 (20 Dec.1933) 略有不同;Koestler 1996, pp.80–83.

2. Planck to Rabel, 24 May 1933 (Burndy Library, Smithsonian Institution).

里埃莱·拉贝尔找到属于自己的职业（"比起冷静的物理学科来，文学和哲学更适合你的多才多艺和独创性，后者……给创造性的想象戴上了镣铐"），因为她是一个"有价值的人"，又不是一个科学家，普朗克为她给国外的同事写了一封介绍信，她在那里度过了战争岁月。[1]

更为合理的重构可能是这样的：在普朗克向希特勒保证，在建设国家社会主义政权的过程中，威廉皇帝学会将与纳粹党通力合作后，才提出犹太科学家的问题。对于普朗克所承诺的合作，希特勒很可能漠不关心：就像施塔克对勒纳德所说的，希特勒对科学根本没有兴趣。[2] 至于犹太人问题，我们从上面已知，希特勒的反应就像个疯子似的。普朗克很可能由此得到了一个混杂的信息。一方面，希特勒对于威廉皇帝学会具体做些什么并不关心，只要它解雇了犹太职员即可。另一方面，由于希特勒对于科学根本不了解，也不知道研究所所长的价值，威廉皇帝学会很可能从未以一种能让他懂的语言表明自己所从事的科学工作的重要性。因而，普朗克传达的报告很可能造成了不同的印象：在海森堡和威廉皇帝学会的其他主管看来是安心的，而在"有价值的"犹太人看来却是绝望的和令人厌恶的。

正如洛特·瓦尔堡所预言的那样，普朗克在死后也如生前一样保持了正直的名声。1947年夏天，玛格丽特对一位美国教授

---

1. Planck to Rabel, 22 July (quote) and 1 Nov. 1927 (Burndy Library, Smithsonian Institution); Rabel 1963, 54n; Strauss and Röder 1983, p.34.
2. Stark to Lenard, 20 Apr 1933, in Kleinert, in Olff-Nathan 1993, p.161.

谈起她认为普朗克应该并且将被人们以何种形象记住：

> 在我丈夫生病时，我们又一次体验了我丈夫是多么受人尊敬与爱戴。而……这不仅仅因为他是一位科学家，更是因为他为人的品质：完全的纯净与正直，靠近他的人每日都能感受到他的公正与无限的仁慈。[1]

不只是靠近他的人。诺贝尔文学奖得主格哈特·豪普特曼（Gerhart Hauptmann），一位几乎和普朗克同时代但与普朗克关系疏远的人。他通过阅读普朗克在科学方面的一般性论文了解了他。1942年，他在阅读一篇文献时得知了制造足可以毁灭世界的核爆炸的可能性。这一可怕的前景适时地出现于豪普特曼生前没有完成的一篇小说中。[2] 1946年初，在临近去世前，他写信给普朗克：

> 几十年来，我默默地尊敬您。没有其他任何能像您的著作向我表明的那样，如何走近科学。我对您的爱一直以来都是默不出声的……现在，在我生命的尽头，我不能再不表达

---

1. Marga Planck to Ernest Merritt, 6 Mar. and 13 June (quote) 1947; W.R. Miles to Merritt, 19 Feb.1947 (MS14/22/46, Cornell University Archives).
2. Hilscher 1988, pp.453–54 未完成的小说：" *Der neue Christophorus.* "

> 我对——我的校长和老师普朗克——无尽的爱与尊敬。[1]

豪普特曼可以被看成德国国家社会主义者观点的代表。他是极权政府的同路人，纳粹的同情者，是戈培尔宣传机器所鼓吹的那种知识分子。按照他的传记作家的说法："他极易向诱惑屈服，一直处于被动，正是德国受教育中产阶级面对法西斯时处于毫无防备状态的代表。"[2] 豪普特曼是否在普朗克身上也看到了同样的特质？如果确实如此，他就同占领的盟军持不同的观点。盟军认为普朗克是罪恶的威廉皇帝邪恶灵魂的召集者；而德意志民主共和国则提升普朗克到双倍英雄的地位，因为他也像列宁一样，反对过恩斯特·马赫（Ernst Mach），并且对反共产主义的纳粹进行过抵抗，虽然只是微不足道的抵抗，而对于普朗克以前的同事，如迈特纳来说，他们还保留着在1933年前的一个为他们所熟知的，非常正直、有崇高理想与广泛知识的普朗克形象。

这一形象现在得到公认。一位历史学家在马普学会举行的纪念普朗克逝世50周年的活动上解释，无论普朗克有没有伪装，他的形象都不会被撕裂的原因：

> 正如政治一样，科学也要求有一个能给人深刻印象的象征性人物来有效地将它所要传达的信息带给大众。普朗克曾

---

1. Hauptmann to Planck, 31 Jan.1946 (Hauptmann Papers, Preussesches Kultur-Besitz).
2. Hilscher 1988, pp.403–22 (quote).

是并且还将是这样一个代表人物。他代表了专业上的卓越和对真理持久不变的追求，他代表了科学和人格的完整，代表了人性和真实，代表了谦卑和诚实，同样也代表了对科学政策和科学事业组织的殚精竭虑。[1]

在威廉皇帝学会1942年的庆典上，其中有一个重要内容就是放映由戈培尔的宣传部组织拍摄的对威廉皇帝学会的这个代表人物的访谈。作为一个宣传片，它的价值不高。访谈片中，普朗克谈及了自己的背景和事业，谈到了鼓舞过他的老师，谈到了他研究物理规律而不是重写物理规律的谦卑的雄心。他讲了他对自己伟大发现——量子——勉强的认同，"因为它与经典原子理论相矛盾"。他讲了他对相对性的热情，"相对性是理论物理学的顶峰，并使整个理论物理学大厦臻于完备"，但在谈这个问题上，他并没有提及他的老朋友爱因斯坦的名字。至于海森堡和薛定谔所给出的量子理论公式，普朗克与他不便提及的爱因斯坦持有相同的观点，认为它还远非一个完美的理论。这没让他有太多困扰：

> 在某种程度上，它不令人满意（他承认），但是在另一方面，它又是恰当的和令人满意的，因为我们永远达不到终点，找不到定论。科学工作将永远不会停止，如果一旦停止了，结果会非常可怕。如果没有更多的问题，你就会心无定

---

1. Hoffmann 1997, p.54.

所，无所作为。就科学而言，休息就是停滞，休息就是死亡。[1]

对普朗克来讲，工作是一种责任，是一种鸦片剂，是一种救赎。

在他的被拍成影片的访谈中，普朗克即席讲话，没有那种上了岁数的人为了确保他所要表达的的确是他想表达的精心准备："如果有人想知道我是谁，我请他去读我写的和发表的东西。"[2] 这还不够。我们还必须参照他所写的来考察他所做的。他在纳粹统治时期的所作所为遵循了一种世界观，使他身处其中无法保持荣誉全身而退。这正是他大灾难中最悲惨的部分。《马克斯·普朗克：为科学的一生(1858—1947)》一书结尾时对这个问题的答案是：他的世界观背叛了他。

原载于《科学文化评论》第 5 卷 第 6 期（2008）

---

1. Planck 1997, pp.91–94.
2. Ibid., p.94.

注释

序

(1) This resource, which will be available soon on microfiche, is described in Wheaton, *Isis*, 75(1984), 153–157.

(2) Lowood, *Max Planck*(1977); a second edition of this bibliography is in preparation.

01 建立世界图景

(1) HH, 29–40; Dinkler, *Zeitschrift für Theologie und Kirche*, 56 (1959)215, 221; *Realencyclopädie für protestantische Theologie und Kirche*, s. vv. "G.K. Planck" and "H. L. Planck." Cf. Born, Royal Society of London,*Obituary notices*, 6(1948), 161–188, and Unsöld, *Physik* (1958), 9.

(2) Planck to Carl Runge,11 Oct. 1877 (RP); to "Emmachen"

(Frau Max Lenz, his first cousin), 21 Nov. 1917; to Hildegard Gravemann (niece), 27 Feb.1944; and to Dora Martin (cousin), 23 May 1942 (MPG).

(3) Iris Runge, *Carl Runge* (1949), 34; Planck to Carl Runge, 31 July 1877and 24 Jan. 1880 (RP).

(4) Planck, in W. Wien, *Aus dem leben* (1930), 139; Wien, ibid., 29–30, 62; Planck,"Selbstdarstellung" (1942), 5.

(5) Planck to Frieda Clarke (niece), 2 May 1925 (APS).

(6) Information from copies of the records of the Köngl. Maximilians-Gymnasium, kindly supplied by Armin Hermann.

(7) Planck to Joseph Strauss, 14 Dec. 1930, in Balmer, PB, 25 (1969), 558.

(8) Respectively, Planck to R. W. Wood, 7 Oct. 1931, in Hermann, *Frühgeschichte* (1969), 31, and to Bohr, 7 May 1920, in Bohr, *Works*, 3, 677. Cf. Planck to Runge, 9 Dec. 1878 (RP), complaining about insufficient time to finish an easy examination.

(9) Respectively, Planck to Albert Schweitzer, 20 Dec. 1930, in Kangro, *Vorgeschichte* (1970), 123, and Planck to Sommerfeld, 1 July 1923, in AH, 68; cf. Sommerfeld, Nwn, 5 (1918), 199.

(10) PPA, 127 (1929). On Planck's modesty, see the contributions by A.Bertholet, H. Ficker, and E. Lamla to "Max Planck zum Gedächtnis," PB, 4(1948), 162, 174; AH, 76.

(11) Meissner, *Science*, 113 (1951), 75; Planck to Laue, 22

Mar. 1934, in AH, 86.

(12) PA, 1, 599–600 (1899).

(13) Kangro, *Vorgeschichte* (1970), secs. 5.4, 7.2.

(14) Planck to L. Koenigsberg, 7 Feb. 1895 (acc. Darmst., 1922. 93, SPK).

(15) Kuhn, *Black-body theory* (1978), 6–11, 82–91, 278.

(16) Planck to Wien, 27 Feb. 1909 (AHQP); cf. PA, 2, 247 (1910).

(17) Planck, *Erinnerungen* (1948), cols. 116–19; PA, 3, 374 (1948); cf. AH, 7–13.

(18) Planck to Hans Hartmann, 4 July 1942 (MPG).

(19) Balmer, PB, 25 (1968), 558.

(20) Planck to Runge, 9 Dec. 1878 and 4 Mar. 1879 (RP), reporting beginning and ending his thesis; Planck, "Selbstdarstellung" (1942), 4, 6.

(21) PA, 1, 1, 3 (1879); cf. ibid., 197 (1887), 427 (1892).

(22) Ibid., 62–63 (1880), 140, 161 (1882); cf. ibid., 197, 202 (1887).

(23) Planck, *Erinnerungen* (1948), cols. 121–126; PA, 3, 377–379 (1948); AH, 14–20.

(24) Planck to Runge, 13 Apr. 1885 (RP).

(25) Planck, *Erhaltung* (1908), xii–xiii (text of 1887). The faculty praised "the author's methodical thought, his thorough math-

ematical-physical training, [and] the discretion of his judgment" (ibid.,x).

(26) Planck, *Erinnerungen* (1948), cols. 127-130; PA, 3, 380-381(1948).

(27) PA, 1, 371 (1890); Planck, *Erinnerungen* (1948), cols. 137-140;cf. AH, 23.

(28) Planck to Ostwald, 16 July 1891, in Körber, ed., *Briefwechsel Ostwalds* (1961), 1, 35.

(29) Helmholtz, "Wahlvorschlag für Max Planck," in Kirsten and Körber, 1,125-126; Einstein, Nwn, 1 (1913), 1077. Cf. Hans Hartmann, *Naturwissenschaftliche Rundschau*, 11 (1958), 128-131, and Born, Royal Society of London, *Obituary notices*, 6 (1948), 163-166, on Planck's several complaints about delayed recognition.

(30) Planck, *Thermodynamik* (1905), "Vorwort," iii (text of 1897). Cf. his correspondence with Wilhelm Ostwald between 1891 and 1898, in Körber, *Briefwechsel Ostwalds* (1961), 1, 51-67; Planck to Mach, 25 June 1893, in Heller, *Ernst Mach* (1964), 28-29; Planck to Alfred Landé, 3 Feb. 1926(AHQP 4/19).

(31) PA, 1, 163 (1882); ibid., 3, 148-149 (1924).

(32) Planck to an unnamed colleague, 8 July 1890 (DM).

(33) PA, 1, 271, 275 (1887), 289, 294-295 (1889), 350 ff. (1890); *Ostwald, Lebenslinien*(1926), 2, 30-31; *Planck, Erhaltung*(1908), 1, 58(1887).

(34) PA, 1, 372–373 (1891). Cf. Planck to Ostwald, 25 Sept. 1891, in Körber, ed., *Briefwechsel Ostwalds* (1961), 1, 38, and Ostwald, *Lebenslinien* (1926), 2, 187–188.

(35) Planck, *Thermochemie* (1893), iii–iv. The same message appears in Planck to Ostwald, 1 July 1893, in Körber, ed., *Briefwechsel Ostwalds* (1961), 1, 50.

(36) PPA, 2 (1894); Kirsten and Körber, 2, 169–170 (1894).

(37) Kirsten and Körber, 1, 135–136 (1895); Planck to Emil Fischer, 13 Jan. 1895 (TBL).

(38) PA, 1, 373 (1891).

(39) PPA, 1, 4 (1894); Kirsten and Körber, 1,169, 170 (1894).

(40) PPA, 4 (1894); Kirsten and Körber, 1,170 (1894); Planck, *Thermodynamik* (1905), v (1897).

(41) Dugas, *Théorie physique* (1959), 192–208.

(42) Ibid., 208–218.

(43) Cf. Kuhn, *Black-body theory* (1978), 20–28.

(44) Planck to Graetz, 23 May 1897 (DM), partially given in Kuhn, *Black-body theory* (1978), 27–28, 265–266. Cf. Planck, *Thermodynamik* (1905), v(1897).

(45) Planck to Graetz, 23 May 1897 (DM); Emil Picard, "Sciences" (1903),32.

(46) Planck to V. Bjerknes, 31 Mar. 1898 (Oslo Univ. Library).

(47) Kuhn, *Black-body theory* (1978), 97–110, 170–205.

(48) PA, 2, 247 (1910), and ibid., 3, 314 (1906), respectively. Cf. PPA,17 (1913).

(49) PA, 3, 395 (1948); Planck to E.Freundlich, 30 Mar. 1924 (MPG), re "k the so-called Boltzmann constant." Cf. Planck, *Theorie der Wärme* (1930),189, and the review by F. Henning, *Nwn*, 18 (1930), 882.

(50) PA, 1, 728–730 (1901), 743 (1902); cf. Kuhn, *Black-body theory* (1978), 110–113; Klein, *Physics today*, 19(1966), 23–32; and Klein, *Paul Ehrenfest* (1970), 218–224.

(51) Planck, *Thermodynamik* (1905), vii, and *Erhaltung* (1908), 64n; Planck, *Acht Vorlesungen* (1910), 40 (quote).

(52) For example, PA, 2, 2 (1902), re the dispersion theory of Paul Drude and Woldemar Voigt; and ibid., 3, 298–299 (1906), which places the strength of a physical theory not in the generality of its equations but in its special concepts.

(53) Born, Royal Society of London, *Obituary notices*, 6 (1948), 170–171; Andrade, *Nature*, 161 (1948), 284; AH, 29.

(54) "Protokill Vid...Nobelkommittés för fysik sammenträde," 1908, 84 (Nobel Archives, Kungl. Vetenskapsakademien, Stockholm); Nagel, in Bernhard et al., eds., *Science* (1982), 359–361.

(55) Nagel, in Bernhard et al., eds., *Science* (1982), 362. One of the few remaining objectors to atomism, Wilhelm Ostwald, formerly a confederate of Arrhenius's and van't Hof's in establishing

the ionic theory of solutions, received the Nobel prize in chemistry in 1909, shortly after stating publicly that he had come to believe in atoms.

(56) Crawford, *Isis*, 75 (1984), 503–522, and Crawford, *Beginnings* (1984), 128 - 136.

(57) Einstein, in de Haas-Lorentz, H. A. *Lorentz* (1957), 8; Nagel, in Bernhard et al., eds., *Science* (1982), 363–364; Kuhn, *Black-body theory* (1978), 190–195.

(58) Data from the Nobel Archives, Kungl. Vetenskapsakademien, Stockholm; for nationalist bias in the nominations, see Crawford, *Beginnings* (1984), 101–108.

(59) Planck to unnamed colleague, 30 Apr. 1900 (Museum Boerhaave, Leyden); Planck to Lorentz, 7 Oct. 1908 and 16 June 1909, in Kuhn, *Black-body theory* (1978), 304–305; Planck, *Acht Vorlesungen* (1910), 44–45 (quote);cf. Hermann, *Frühgeschichte* (1969), 47–56.

(60) Planck to Wien, 12 July 1914 (AHQP); Sommerfeld, Nwn, 5 (1918),197 - 198.

(61) Planck to Nernst, 11 June 1910, in Hermann, *Frühgeschichte* (1969),153–154. Cf. Kuhn, *Black-body theory* (1978), 230.

(62) Planck, in Institut International de Physique Solvay, *Théorie du rayonnement*, 108–109; Planck to Wien, 8 Dec. 1911 (Autogr. 1/285, SPK), and to Lorentz, 11 Oct. 1913 (LTZ/4).

(63) Einstein, *Nwn*, 1 (1913), 1079; Born, *My life* (1978), 130, recalled being inspired to study relativity by news of Planck's endorsement of it.

(64) Laue, *Nwn*, 35 (1948), 3.

(65) PA, 2, 121–135 (1906), 210–214 (1907); cf. Goldberg, HSPS, 7(1976), 127, 131–132, 154.

(66) PA, 2, 115–116 (1906); Planck, *New science* (1959), 50.

(67) Planck, *Acht Vorlesungen* (1910), 43; cf. PA, 1, 380–381 (1891).

(68) PA, 3, 100–101 (1914).

(69) Ibid., 323 (1906). cf. Planck to Einstein, 6 July 1907 (AE).

(70) PA, 2, 180–183, 188, 191–192, 198 (quote), 202–207 (1907); Goldberg, HSPS, 7 (1976), 137–141. cf. Planck to Einstein, 6 July 1907, in Hermann, PB, 25 (1969), 434.

(71) An early example is Planck to Felix Ehrenhaft, 1908, in "Max Planck zum Gedächtnis," PB, 4 (1948), 169–170.

(72) Einstein to Heinrich Zangger, 16 Nov. 1911, in Seelig, *Helle Zeit*(1956), 43; to Michele Besso, late 1913, in Einstein and Besso, *Correspondance* (1972), 50; Planck to Wien, 12 July 1914 (AHQP). Unknown to Einstein, Planck supported a proposal to test general relativity as early as 1912; Planck to Karl Schwarzschild, 21 Jan. 1913 (AHQP).

(73) Einstein, Nwn, 1 (1913), 1077.

(74) Kirsten and Körber,1, 201–203; Kirsten and Treder, 1, 95–105. Cf. Planck to Wien, 31 July 1913 (AHQP).

(75) Respectively, Planck to Wien, 30 Oct. 1919 (AHQP), and Einstein to Besso, 21 Dec. [1915], in Einstein and Besso, *Correspondance* (1972), 61. Cf. Einstein, in Hermann, *New physics* (1979), 34, and Oseen to Bohr, 3 Mar. 1916, in Bohr, *Works* (1972), 2, 570: "What constitutes Planck's great strength seems to me to be that he aims at such a logical purity."

(76) Planck to Runge, 28 July 1909 (RP), and to Emma Lenz, 27 Oct. 1909 and 19 Oct. 1910 (MPG); AH, 20, 39, 45; W. H. Westphal, in "Max Planck zum Gedächtnis," PB, 4 (1948), 168; Clark, *Einstein* (1971), 176–177, 193, 220–221.

(77) Marga Planck to Ehrenfest, 26 Apr. 1933 (ESC); Gerlach, Die Quantentheorie (1948), 29.

(78) Planck to Runge, 31 July 1877 (RP); Marga Planck to Einstein, 1 Feb. 1948 (AE).

(79) Westphal, Nwn, 45 (1958), 234, and in "Max Planck zum Gedächtnis," PB, 4, (1948), 167; Agnes von Zahn-Harnack, *Harnack* (1951), 343.

(80) Planck to Max Schirmer, 26 Dec.1923 (MPG); AH, 23–25; Hermann, *New physics* (1979), 34; HH, 11; reminiscences by Laue, Nwn, 45(1958), 223; von Zahn-Harnack, in "Max Planck

zum Gedächtnis," PB, 4(1948), 165–167; Hahn, MPG, *Mitteilungen* (1957), 243.

(81) HH, 11–12; Planck to Schäfer, 24 Dec. 1935 (Nachlass Wilhelm Schäfer, Heinrich-Heine-Institut, Düsseldorf), and to Laue, 15 Feb. 1942 (DM). Cf: Westphal, Nwn, 45 (1958), 234.

(82) Planck to Sommerfeld, 11 Sept. 1899 (AHQP 33/3), excerpted in Kangro, *Vorgeschichte* (1970), 148; Planck to van't Hoff, 25 Dec. 1894, and to F.A.F.C. Went, 4 Feb. 1928 (Museum Boerhaave, Leyden); and to Emil Fischer, 14 Dec. 1907 (acc.Darmst. 1917.141, SPK).

(83) Planck to Fischer, 8 May 1895 (TBL); Forman, Heilbron, and Weart, *HSPS*, 5 (1975), 40–42.

(84) Royalties from Planck's many textbooks and essays averaged perhaps one thousand prewar marks a year or more; one essay of 1919 brought almost seven hundred marks in its first edition. Davidis, ed., *Wissenschaft* (1985), 54–55.

(85) Planck to Kultusminister, 14 Mar. 1895 (acc. Darmst. 1913.51, SPK).

(86) Planck to Fischer, 21 Oct. and 18 Nov. 1894 (TBL).

(87) Planck to Kultusminister, 14 Mar. 1895 (acc. Darmst. 1913. 51, SPK).

(88) Fricke, *Zeitschrift für Geschichtswissenschaft*, 8(1960), 1083, 1087–1088, 1101–1102. Cf. Ringer, *Decline* (1969), 55,

141–142, and the memorial issue for Arons in the *Sozialistische Monatshefte*, no. 25–26 (1919), 1059–1074, which includes an appreciation by Einstein of Arons as a physicist.

(89) A. Kirchhoff, ed., *Die akademische Frau* (1897), 256–257, reproduced in Kleinert, PB, 34 (1978), 32; Runge, *Carl Runge* (1949), 34, on Nora; *Berliner akademische Nachrichten*, 8 (1913–1914), 62; Lenz, *Geschichte* (1910), 3, 498.

(90) PA, 3, 227 (1932); Planck to Wien, 19 June 1909 (AHQP); Meitner, *Bulletin of the atomic scientists*, 20: 11 (1964), 3; Westphal, in "Max Planck zum Gedächtnis," PB, 4 (1948), 168.

(91) Hermann, *New physics* (1979), 41; W.R.Shea, "Introduction," in shea, ed., *Otto Hahn* (1983), 11; Planck to Fischer, 17 May 1914 (TBL); Meitner, Nwn, 45 (1958), 406; Planck to Wien, 25 Aug. 1925 (AHQP): "I value her very highly not only scientifically but also personally, she is a true friend."

(92) Cf. D. Hoffmann, AW, ITGOW, *Kolloquien*, 35 (1984), 5–30.

(93) Pyenson, *Young Einstein*(1985), 164–165, 197, 200, 203–205, 208; Planck to Wien, 15 Oct. 1906, 22 Jan. 1923, and 13 Oct. 1924 (AHQP). Planck to leo Koenigsberg, 2 June 1899 (acc. Darmst. 1922. 93, SPK), mentions the difficulty of finding theorists with just the right amount of mathematics.

(94) Lenz, *Geschichte* (1910), 3, after p. 446; Planck, in ibid.,

276–278; Laue, Nwn, 35 (1948), 4.

(95) AH, 47–48; Partington, in "Max Planck zum Gedächtnis," PB, 4(1948), 172; Bose, *Science and culture*, 13 (1947), 238.

(96) PA, 3, 376 (1948).

(97) List in Meissner, *Science*, 113 (1951), 80, correcting Born, Royal Society of London, *Obituary notices*, 6 (1948), 196–197; Pyenson, *Young Einstein* (1985), 212, lists twelve theses on which Planck was an adviser; in a note in *Naturwissenschaft-Technik-Medizin*, 21: 2(1984), 93, Dieter Hoffmann gives twenty-three as the number of Planck's doctorands, and in AW, ITGOW, *Kolloquien*, 35 (1984), 69–70, he lists twenty-five. Cf. AH, 48–49; Meitner, Nwn, 45 (1958), 407–408; Goldberg, HSPS, 7 (1976), 133–138.

(98) Quote from PA, 3, 415 (1938); data from D. Hoffmann, AW, ITGOW, *Kolloquien*, 35 (1984), 71.

(99) Planck to Runge, 9 Dec. 1878 (RP).

(100) Lamla, in "Max Planck zum Gedächtnis," PB, 4 (1948), 173; Planck, in Lenz, *Geschichte* (1910), 3, 276–278.

(101) Schreber, ZPCU, 19 (1906), 213 (quote); GDNA, Unterrichtskommission, *Gesamtbericht* (1908), iii–vii. Cf. Wiedemann, ZPCU, 19 (1906), 267, and Pyenson, *Neohumanism* (1983), 88–93.

(102) Poske, ZPCU, 20 (1907), 401; GDNA, Unterrichtskommission, *Gesamtbericht* (1908), 243.

(103) K.T. Fischer, ZPCU, 20 (1907), 65-66, 74-76, endorsed by Noack, ibid., 147-153; Konen, ibid., 231-234; and GDNA, Unterrichtskommission, *Gesamtbericht* (1908), 249, 268-269, 287, 296, 299. Cf. Schreber, ZPCU, 19 (1906), 213-215; Wiedemann, ibid., 270; Börnstein, ibid.,355-356; and Grimsehl, ZPCU, 20 (1907), 6.

(104) Schreber, ZPCU,19 (1906), 213; Wiedemann, ibid., 267; Grimsehl, ZPCU, 20 (1907), 3-5; K.T. Fischer, ibid., 68; GDNA, Unterrichtskommission, *Gesamtbericht* (1908), 275-276.

(105) Planck to Wien, 9 Oct., 26 and 30 Nov. 1908 (AHQP).

(106) Planck, *Physikalische Zeitschrift*, 11 (1910), 1187; Goldberg, *Archive for history of exact science*, 7 (1971), 23, citing Max Abraham, *Scientia*, 15(1914), 12, 16; Meitner, *Bulletin of the atomic scientists*, 20: 11 (1964), 3, on Lamla. Cf. PhW, 151-152.

(107) Planck to Runge, 15 Sept. and 24 Oct. 1881 (RP).

(108) Planck, *Erhaltung* (1908), vii-viii, xiii; *Thermodynamik* (1905), v. Cf. PhW, 89, 94-95.

(109) Planck, *Erhaltung* (1908), 58; PhW, 99-100.

(110) Planck, to Ostwald, 16 July 1891, in Körber, ed., *Briefwechsel Ostwalds* (1961), 1, 35.

(111) PA, 1, 464-465 (1896). Cf. the exchange with Ostwald in Körber, ed., *Briefwechsel Ostwalds* (1961), 1, 42-59.

(112) His strongest statement is in Nwn, 28 (1940), 778-779;

cf. Blackmore, *Ernst Mach* (1972), 217-222.

(113) Kuhn, *Black-body theory* (1978), 197-199; Planck to Wien, 30 Nov. 1908 (AHQP): "The [Nobel business] has so far brought me only irritation because of completely nonsensical newspaper reports. I ask therefore only for your silent sympathy."

02 捍卫世界图景

(1) PA, 3, 7(1909).

(2) Ibid., 7-10, 15-16; cf. Planck to Ostwald, 24 July 1898, in Körber, ed., *Briefwechsel Ostwalds* (1961), 1, 62.

(3) PA, 3, 19 (1909).

(4) Ibid., 21, 23.

(5) Ibid., 22-27. Cf. Frank, *Nwn*, 5 (1917), 67; Kropp, *Zeitschrift für philosophische Forschung*, 6: 3 (1952), 438-440; Heller, *Ernst Mach* (1964), 133-136; and Feuer, *Einstein* (1974), 341-345.

(6) PA, 3, 29 (1909). Cf. PhW, 105-113, which observes that the argument outlined in the last two paragraphs parallels Lenin's attack on Mach, also composed in 1908.

(7) Planck to Lodge, 13 Dec. 1924 (Society for Psychical Research, London). Cf. *Wege*, v-vi (1933); PhW, 113; Goldberg,

HSPS, 7 (1976), 151.

(8) Brillouin, *Vie* (1959), 229; Unsöld, *Physik* (1958), 16, 29; Born, PB, 16 (1960), 147–148.

(9) Planck to Wien, 9 Oct. 1912 (Autog. 1/1365, SPK). Characteristically, Planck advised Wien, who planned a similar trip, to bring along a close relative (Planck took his daughter Emma): "It is an invaluable advantage to have a soul with you who shares all experiences and ... considers all plans."

(10) Planck to Runge, 28 July 1909 (RP).

(11) Planck, *Acht Vorlesungen*, (1910), "Vorwort," 4; cf. Wege, 179–200(1929).

(12) PA, 3, 31, 44–45 (1910); cf. Wege, 158 (1925); PhW, 157–158.

(13) Respectively, Planck, *Thermochemie* (1893), iii, 30–31, and Planck to Leo Königsberger, 2 June 1899 (acc. Darmst. 1922.93, SPK).

(14) PA, 3, 45 (1910), re Minkowski; PAA, 23 (1914), re Einstein; PA, 3, 370 (1938), re Sommerfeld.

(15) Einstein, Nwn, 1(1913), 1079. Cf. Wien, Ziele (1914); Stark, *Prinzipien der Atomdynamik*, 1(1910), 2; Forman, in Stehr and Maja, eds., *Society and knowledge*(1984), 342–343.

(16) Planck, *Acht Vorlesungen* (1910), 126–127.

(17) Ostwald, *Annalen der Naturphilosophie*, 10 (1910), 105–106;

Petzold, *Zeitschrift für allgemeine Physiologie*, 10 (1910), 107–112. Cf. the even-handed Gerhards, VWPS, 36 (1912), 29.

(18) Cf. Blackmore, *Ernst Mach* (1972), 222; Kleinpeter, VWPS, 36(1912), 5; and Merten, Nwn, 25 (1937), 243–244.

(19) Einstein to Mach, 9 Aug. 1909, in Herneck, *Forschungen und Fortschritte*, 37 (1963), 241. Cf. Blackmore, *Ernst Mach* (1972), 223–226.

(20) Mach, *Physikalische Zeitschrift*, 11(1910), 600.

(21) Ibid., 602, 603.

(22) Ibid., 603 606.

(23) Planck to Laue, 4 July and 5 Aug. 1910, in Thiele, *Centaurus* (1968), 90; Planck to Wien, 6 July 1910 (AHQP).

(24) Planck, *Physikalische Zeitschrift*, 11(1910), 187–188.

(25) Ibid., 1189–1190.

(26) Respectively, Carl Cranz, Technische Hochschule, Berlin, to Mach, 4 Oct. 1910, and Paul Jensen, physiologist, Göttingen Univ., to Mach, 4 Apr. 1911, in Thiele, *Centaurus*, 13(1968), 88, 90. Cf. Sommerfeld, Nwn, 5(1918), 199: the only time Planck was known to have acted "out of his matter-of-fact reserve ... [was] in his almost passionate polemic" with Mach.

(27) Einstein to Mach, ca.1912, in Thiele, Centaurus, 13 (1968), 86; Herneck, *Forschungen und Fortschritte*, 37 (1963), 241–242. Einstein's answer, in Planck, *New science* (1959), xi: Planck

"probably felt that Mach did not appreciate the physicist's longing for perception of this pre-established harmony" between experience and theory.

(28) Einstein to Mach, 25 June 1913, in Thiele, *Centaurus*, 13 (1968), 86.

(29) Sommerfeld, "Ernst Mach," AW, Munich, *Jahrbuch*, 1917, 65–66.

(30) Einstein to Besso, 13 May 1917, in Einstein and Besso, *Correspondance*(1972), 114; Einstein, discussion of relativity at the Société française de philosophie, spring 1922, quoted by Herneck, PB,15 (1959), 563–564; Holton, *Thematic origins* (1973), 226–231; Blackmore, *Ernst Mach* (1972), 248–259.

(31) Laue,"Antrittsrede," 30 June 1921, in PPA, 37; Kirsten and Körber, 2, 256.

(32) Cf. Kleinpeter, VWPS, 36 (1912), 11, and Feyerabend, *Studies in history and philosophy of science*, 15 (1984), 1–22.

(33) Cf. Gerhards, VWPS, 36 (1912), 24, 41, 45, 63; Frank, Nwn, 5(1917), 66–69.

(34) Planck to Runge, 28 Nov. 1881 (RP).

(35) Heilbron, in Bernhard et al., eds., *Science* (1982), 51–73.

(36) Frank, Nwn, 5 (1917), 67; cf. Heilbron, in Bernhard et al., eds., *Science* (1982), 59.

(37) Planck, *Acht Vorlesungen* (1910), 2, and Sb, 1913, 75.

(38) Respectively, Planck to Harnack, 1914, in Kangro, *Vorgeschichte*(1970), 227, and Harnack, 1911, as quoted in Seelig, *Albert Einstein* (1952), 45.

(39) Planck to Sommerfeld, 18 Jan., 7 and 11 Mar.1908 (AHQP/84). Sommerfel refused the cartel's invitation to edit Boltzmann; Planck turned to Boltzmann's successor, Fritz Hasenöhrl, who completed the work in 1909.

(40) Schroeder-Gudehus, *Scientifiques* (1978), 42–48.

(41) PA, 3, 337–338 (1923); PPA, 73. Cf. Planck to Karl Schwarzschild, 19 May 1913 (AHQP), praising Schwarzschild's maiden speech at the Berlin Academy (quoted in Kirsten and Treder, 2, 238–241), which argues that mathematics, astronomy, physics, and chemistry constitute "one science…, which like Greek culture can only be grasped as a whole"; and *Wege*, 243 (1933): "For science, objectively considered, forms an internally closed whole. Its division into fields is not based on the nature of things."

(42) LS, 1, 228; Künzel, AW, ITGOW, *Kolloquien*, 35 (1984), 73.

(43) Willstätter, *Aus meinem Leben* (1949), 231; Laue, Nwn, 35 (1948), 5–6. A rare example of Planck's bending, rather than amending, the rules appears in Planck to Emil Fischer, 11 Jan. 1918 (Fischer/28, TBL).

(44) Planck to Wien, 14 June 1914, answering a letter from

Wien of 12 June favoring a split (AHQP).

(45) Einstein, Nwn, 1(1913), 1077. The inspiration for Einstein's article came from the publisher Ferdinand Springer, who wanted something from Einstein for his new journal, Naturwissenschaften; Davidis, *Wissenschaft und Buchhandel* (1985), 53.

(46) Planck to Lorentz, 11 Oct. 1913, withdrawing from the Solvay congress of 1913 for lack of time (LTZ/4); Planck to Wien, 14 Dec. 1913 (AHQP); Planck to Paul Ehrenfest, 19 June 1914 (ESC 8/7). Born, in Einstein and Born, *Briefwechsel* (1969), 19, and in Born, *My life* (1978), 161, 164–165, 187.

(47) Planck, *Berliner akademische Nachrichten*, 8 (1913–1914), 27 (1 Nov. 1913); Planck to Hans Hartmann, 7 Mar. 1912 (MPG), to Gustav Roethe, 29 July 1916 (Göttingen Univ. Library), and to Leo Graetz, 18 June 1888 (DM), re Karl.

(48) Schäfer, "Festrede" (1913), 27, 29; cf. Benno Erdmann, *Monismus*(1914), 3–4.

(49) Planck, Sb (1913), 74 (23 Jan.).

(50) Ibid.

(51) PA, 3, 77 (3 Aug. 1914).

(52) PA, 3, 89(1914), anticipated in Planck to Runge, 28 Nov. 1881 (RP): the predictions that are the goal of science presuppose causality.

(53) PA, 3, 89 (1914).

(54) Planck to Study, 2 Dec. 1913 (Autog. I/383, SPK).

(55) Burchardt, *Wissenschaftspolitik* (1975), 85–94, esp. 93; Wendel, *Kaiser-Wilhelm-Gesellschaft* (1975), 75–115.

(56) Haber et al., "Antrag," Feb.1914, and Harnack to Schmidt-Ott (Kultusminister), 12 Sep. 1917, in Kirsten and Treder, 1, 146–149; Burchardt, *Wissenschaftspolitik* (1975), 118–119; Wendel, *Kaiser-Wilhelm-Gesellschaft*(1975), 197–201; KWG, Senat, "Protokoll," 21 Mar. 1914, 4–5, and 22 Oct. 1914, 1 (Fischer/1, TBL).

(57) Harnack, in MPG, *50 Jahre* (1961), 83, 89 (1909); Kirsten and Treder, 1, 147.

(58) Harnack, *Schwelle* (1916), 3–4, and *Erforschtes* (1923), 279(1916).

(59) Einstein to Lorentz, 2 Aug. 1915, in Nathan and Norden *Einstein on peace* (1981), 11, on Planck's ignorance of the text; Wehberg, *Wider den Aufruf* (1920); vom Brocke, in Calder et al., eds., *Wilamowitz* (1985), 654–655, 692–693, 702–703, 708.

(60) Planck's close colleagues Harnack and Nernst also signed the Appeal, the text of which has often been reprinted, for example, in Schroeder-Gudehus, *Deutsche Wissenschaft* (1966), 272–274. For the chauvinism of the Berlin professors and students in the fall of 1914, see Basler, in Berlin, Univ., *Wissenschaftliche Zeitschrift*, 10 (1961), 182–184; for the chauvinism of the Academy, thirty-three of whose then current or later members signed the Appeal, see LS,

1, 175–176. Vom Brocke in Calder et al., eds., *Wilamowitz* (1985), 657–659, makes the point that the signers, many of whom had important political or administrative posts, were not starry-eyed intellectuals.

(61) Respectively, "Erklärung der Hochschullehrer des deutschen Reiches"(16 Oct. 1914) and "Die Universitäten des deutschen Reiches an die Universitäten des Auslandes" (Sept. 1914), in *Berliner akademische Nachrichten*, 9 (1914–1915), 35, 20.

(62) Quoted in Basler, in Berlin, Univ., *Wissenschaftliche Zeitschrift*, 10(1961), 182; Planck to Wien, 8 Nov. 1914 (AHQP). Cf. PhW, 220.

(63) E. Fischer to T.W. Richards, 16 Nov. 1914, in Reingold and Reingold, eds., *Science in America* (1981), 229; Planck to Emma and Max Lenz, 17 Sept. 1914 (MPG).

(64) For example, Leibniz Day, 1 July 1915, in Sb (1915), 483 (the collective spirit is a "suit of armor" to protect the most sensitive points of an individual's honor), and the kaiser's birthday, 25 Jan. 1917, in Sb (1917), 35–36 (the war has brought "the entire force of the nation to a single focus").

(65) "Aufforderung"(AHQP); Wien to C.W. Oseen, 19 Nov. 1914, and to August Sperl, 1 July 1915, in Wien, *Aus dem Leben*(1930), 60, 62. Cf. Lenard, *Quantitatives* (1918), 14–15; Badash, Royal Society of London, *Notes and records*, 34 (1979), 108, gives

examples of British counterclaims.

(66) Planck to Wien, 1 Jan 1915 (AHQP). Cf. Forman, *Isis*, 64 (1973),157; the faithfully drawn protagonist in McCormmach's *Night thoughts* (1982), 143–152, 210–214, held opinions similar to Planck's and refused to follow Wien.

(67) PA, 3, 179 (1929), 343 (1928, quote); cf. ibid., 347 (1928), 414(1938); Einstein to Zangger, 16 Nov. 1911, in Seelig, *Helle Zeit* (1956), 43.

(68) Planck to Lorentz, 15 Nov. 1914 and 8 Aug. 1915 (LTZ/5).

(69) Planck to Lorentz, 28 Mar. 1915 (LTZ/5).

(70) Planck to Wien, 4 May 1915 (AHQP); Planck to Lorentz, 27 Feb. 1916(LTZ/5).

(71) Planck to Lorentz, 28 Mar. 1915 (LTZ/5).

(72) Planck to Arrhenius, 15 Nov. 1914 (Stockholm Univ. Library); LS, 1,176–177; vom Borcke, in Calder et al., eds., *Wilamowitz* (1985), 664, 700,719.

(73) Planck to Arrhenius, 6 Dec. 1914 (Stockholm Univ. Library); Sb(1915), 484; Benz, *Arnold Sommerfeld* (1975), 85.

(74) Cf. Harnack, *Erforschtes* (1923), 33–34, and Schwabe, *Wissenschaft und Kriegsmoral* (1969), 195, n. 24.

(75) Substantive differences from the original text, enclosed in Planck to Lorentz, 27 Feb. 1915, are indicated by curly brackets;

the corresponding original text, if any, is given in the Notes. The texts and a draft of Lorentz's suggestions, dated 20 Mar. 1916, are in LTZ/5.

(76) Originally: "form unfortunately gave rise to many misinterpretations and to an altogether false conception of the feelings of its signers."

(77) Here the original has additionally: "against the unprecedented campaign of slander that surprised the German people at the outbreak of the war (you will excuse me for not giving examples), but above all."

(78) Here the original has additionally: "Thence arose the necessity of an explicit."

(79) Originally: "already have a premature assessment of the great questions of the historical present."

(80) Cf. Planck's response to Einstein's inaugural address to the Academy, 2 July 1914 (PPA, 25; Kirsten and Körber, 2, 248): in physics it is "easier than in other sciences to settle the sharpest objective considerations in high personal esteem and in hearty friendly feeling".

(81) Planck to Lorentz, 28 Mar. 1916; he again mentioned unburdening his conscience in letters of 28 Apr. and 23 Oct. 1916 (LTZ/5).

(82) *The Observatory*, 39 (June 1916), 284–285. Other news-

paper reactions are preserved in LTZ/5 .

(83) Planck to Lorentz, 28 Nov. 1914 (LTZ/5), 24 July and 3 Sept. 1917, 14 Feb. and 31 Mar. 1918 (LTZ/6), and to Emil Fischer, 10 Feb.1918 (Fischer/28. TBL); Lorentz to Einstein, 26 July 1919 (AHQP/86).

(84) Basler, in Berlin, Univ., *Wissenschaftliche Zeitschrift*, 10(1961), 189−190; Planck, Sb, 1915 (Leibniz Day, 1 July), 483−484; LS, 1, 184−186,227−228; Einstein, *SoziaListische Monatshefte*, no. 25−26 (1919), 1055−1056; Planck to Roethe, 29 July 1916 (Göttingen Univ. Library). On corresponding moves in Britain, where J.J. Thomson as president of the Royal Society played a part similar to Planck's see Badash, Royal Society of London, *Notes and records*, 34 (1979), 94−97, 110−112.

(85) Basler, Berlin,Univ., *Wissenschaftliche Zeitschrift*, 10(1961), 186−189; LS, 1, 178−179; the praise of Delbrück comes from Born, *My life* (1978),167. Texts of Schäfer's and Delbrück's declarations are printed in Grumbach, *Das annexionistische Deutschland* (1917), 132−140 and 409−411, respectively.

(86) Harnack, *Erforschtes* (1923), 287−288 (quote), 294−295 (1916), 298−307 (1917); Planck to Einstein, 29 Dec. 1917 (AE).

(87) Planck to Einstein, 26 Oct. 1918 (AE); Clark, Einstein (1971), 188, 198; Kirsten and Treder, 1, 213−214; Fricke, ed., Die bürgerlichen Parteien (1968), 1, 179−182.

(88) PhW, 224, citing a questionnaire of 1939; Planck to Max Schirmer, 17 May 1931, mentioning allegiance to the DVP (MPG); "Aufruf der Deutschen Volkspartei" (18 Dec. 1918), in Salomon, *Die deutschen Parteiprogramme*, 3,(1920), 86–89, and the "Wahlaufruf" of the Bavarian DVP, ibid., 90–94. Cf. Forman, *Minerva*, 12 (1974), 49; LS, 2, 242; Laue, Nwn, 45 (1958),223.

(89) Respectively, Planck to Wien, 19 Aug. 1918 (AHQP), to Max and Emma Lenz, 24 July 1916 (MPG), and to Roethe, 29 July 1916 (Göttingen Univ. Library). Cf. Planck to Lorentz, 24 July 1917 (LTZ/6), and to Emil Fischer, 2 July 1917 (Fischer/28, TBL), re Erwin; Fischer to T.W. Richards, 16 Nov. 1914, in Reingold and Reingold, eds., *Science in America* (1981), 229, on the unexpected willingness, "which far surpassed our highest expectations," of German youth to die.

(90) Planck to Emma Lenz, 6 Jan. 1919 and 3 Jan. 1920 (MPG), and to Frieda Clarke (niece), 23 Dec. 1919 (APS).

(91) Planck to Lorentz, 21 Dec. 1919 (LTZ/6), and to Frieda Clarke, 23 Dec. 1919 (APS).

(92) Einstein to Born, 9 Dec. 1919, in Einstein and Born, *Briefwechsel*(1969), 39; Planck to Emma Lenz, 3 Jan. 1920 (MPG). and to Runge, 19 Dec. 1919 (RP).

(93) HH, 17. The granddaughters were named after their mothers; Emma studied music, Greta became a physician. Planck to

Frieda Clarke, 12 May and 23 Oct. 1939 (APS).

(94) Einstein to Sommerfeld, ca. 1 Mar. 1918, in Einstein and Sommerfeld, *Briefwechsel* (1968), 48; Banesh Hoffmann, *Albert Einstein* (1972), 222.

(95) Einstein to Hedwig Born, 8 Feb. 1918, in Einstein and Born, *Briefwechsel* (1969), 23. Born shared the estimate: "You can certainly be of a different opinion from Planck's, but you can only doubt his upright, honorable character if you have none yourself." Born to Einstein, 28 Oct. 1920, ibid., 71, and 7 Apr.1923, ibid., 110.

(96) Nagel, in C. G. Bernhard et al., eds, *Science* (1982), 370–374; Sommerfeld to Nobel prize committee, 3 Jan. 1918, in "Förslag till utdeling av Nobelpriset i fysik," 1918, 211 (Nobel Archives, Kungl. Vetenskapsakademien, Stockholm).

(97) Planck to Stark, 28 Nov. 1919 and 17 Apr. 1920 (Stark Papers, SPK); German ambassador, Stockholm, to Auswärtiges Amt, Berlin, 8 June 1920(Reichsministerium des Innern, Nr 8970, Bl. 120, Zentrales Staatsarchiv, Potsdam).

03 科学博士

(1) Planck, Sb (1918), 993 (14 Nov.); Planck to Sommerfeld, 15 and 20 Dec. 1919 (AHQP/84); Laue, Nwn, 35 (1948), 5. Cf.

Schroeder-Gudehus, *Minerva*, 10 (1972), 537–570.

(2) Wien, *Aus dem Leben* (1930), 50, 67, 69.

(3) Planck to Wiedemann, 8 June 1919 (acc. Darmst. 1919. 143, SPK), and to Runge, 2 Aug. 1919 (RP); Planck, "Internationale Arbeitsgemeinschaft," *Berliner Tageblatt*, 25 Dec. 1919, 4. Beiblatt.

(4) Planck, Sb (1919), 548. Harnack put the same point in similar words in 1920; Schlicker, *NTM*, 12 : 1 (1975), 45–46.

(5) Friedrich von Müller, in GDNA, *Verhandlungen* (1920), 22; Laue, Nwn, 35 (1948), 5.

(6) Richter, *Forschungsförderung* (1972), 26.

(7) Planck to Runge, 2 Aug. 1919 (RP); cf. Künzel, AW, ITGOW, *Kolloquien*, 35 (1984), 78.

(8) AH, 61, quoting Planck to Schmidt-Ott, 19 Apr. 1920; LS, 2, 126–27; Forman, *Environment* (1967), 290–293, drawing on NDW, *Berichte*, 1(1922), 13–16, 54–55 . Over thirty years later Schmidt-Ott still considered it a wonder that all the governments, scientific organizations, and industrial firms approached agreed to adhere to the NDW without reservationa proof, he said, of "how much the cultural heritage of our people was valued and its destruction feared, even in the changed political circumstances." *Erlebtes* (1952), 179.

(9) NDW, *Berichte*, 1(1921–1922), 32, 3 (1923–1924), 33–36,

57–62, 4 (1924–1925), 29, 12 (1932–1933), 10; Richter, *Forschungsförderung* (1972), 35; cf. Forman, *Environment* (1967), 297, 301–304.

(10) Cf. PPA, 75–78 (1924).

(11) Forman, Environment (1967), 313–319; Richter, Forschungsförderung (1972), 36–37, and Richter, *Sudhoffs Archiv*, 57 (1973), 196–200; Haber and Hahn, Nwn, 11 (1923), 31–32, 210–211; NDW, *Berichte*, 3 (1923–1924), 35–36, 47–54.

(12) Stark to Schmidt-Ott, 15 Dec. 1920, in Richter, *Forschungsförderung* (1972), 14; Forman, *Minerva*, 12 (1974), 62–63, quoting Schmidt-Ott, *Erlebtes* (1952), 180; Einstein to Born, 30 Apr. 1922, in Einstein and Born, *Briefwechsel* (1969), 103; Planck to Sommerfeld, 8 July 1923 (AHQP/84).

(13) PA, 3, 119–120 (1919); Planck to Bjerknes, 27 Mar. 1920(Oslo Urriv. Library), and to Wien, 13 June 1922 (AHQP); AH, 64.

(14) NDW, *Berichte*, 5 (1925–1926), 85.

(15) KWG, Senat, "Protokoll," 31 Mar. 1916, 2, and 12 Feb. 1917, 2, 4; KWG, "Berichtüber die 3. Hauptversammlung" (Apr. 1916), 2; KWG, *Liste*(1917), 17, 31 (all in Fischer/1, TBL).

(16) KWG, Senat, "Protokoll," 11 May 1917, 5, 6 July 1917, 6–7, and 16 Jan. 1918, 5 (Fischer/1, TBL); Harnack, *Die Institute* (1917), 10. Half of the Society's portion came from a gift from "Fabrikbesitzer Stock in Stolzenburg."

(17) KWG, *Liste* (1917), 31 (TBL); Planck to Einstein, 29 Dec. 1917, 20 July 1919, 5 Apr. 1922 (AE).

(18) Glum, Nwn, 9 (1921), 300, and Glum, in Harnack, ed., *Handbuch*(1928), 30; Einstein to Glum, 2 Mar. 1921 (MPG/A39).

(19) KWG, Senat, "Protokoll," 3 June 1919, 15–16 (Fischer/1, TBL).

(20) Harnack to Reichswirtschaftsamt, 28 Dec. 1918; KWG, "Protokoll," 11 May 1920; [Harnack] to the Preussischer Finanzminister, 20 May 1920; KWG, Hauptversammlung, "Bericht," 18 May 1921, all in MPG, *50 Jahre* (1961),163–165, 169–170, 171–172, 176–178. Cf. Glum, in Harnack, *Die Institute* (1917), 17–18, 27–28, and Schlenck, in Abb, *Aus fünfzig Jahren*(1930), 29–298.

(21) Harnack in KWG, "Mitteilungen für die Mitglieder," no. 8 (1916), 1, and Haber, report of 1917 (Fischer/1, TBL); cf. Harnack, *Die Institute* (1917), 7.

(22) Reishaus-Etzold, JW, 1973: 1, 43, 45, 48, 51–59; cf. Schlicker, NTM, 12: 1(1975), 48.

(23) Reishaus-Etzold, JW, 1973: 1, 39; Harnack, *Erforschtes* (1923), 246, 249, and Planck et al. to Harnack, 5 Mar. 1929, in Kirsten and Treder, 1, 155, re the Reichsanstalt.

(24) Planck to Laue, 8 June 1924 (DM).

(25) Glum, *Wissenschaft, Wirtschaft und Politik* (1964), 377–

378; Reishaus-Etzold, JW, 1973 : 1, 41; Krupp von Bohlen to Planck, 22 July 1930, in MPG, 50 Jahre (1961), 189; Schmidt-Ott, *Erlebtes* (1952), 135.

(26) Heisenberg, Nwn, 23 (1935), 321, and Bachmann and Trummert, *Münchener medizinische Wochenschrift*, 112 (23 Jan. 1970), 159 (quotes); Planck, Ernte, 13: 7 (Apr. 1932), 31–33; HH, 80–109 (transcripts of broad-cast interviews in 1932 and 1935); Planck to Hans Hartmann, 25 Nov. 1932, 23 Jan. 1933, 30 Apr. 1934 (MPG). It is said that Planck's name appeared more often as an author in the *Vossische Zeitung* or the *Dresdcner Anzeiger* than in the *Annalen der Physik*; D. Hoffmann, *Zur Geschichte* (1982), 21.

(27) Bader, *Forschung* (1941), 121; HH, 90 (broadcast of 1935).

(28) Planck, *Die Woche* (1931), and Ernte (1932), 33; HH, 94 (1935); Schlicker, JW, 1975: 2, 162–163 .

(29) Planck to Sommerfeld, 1 July 1923, in AH, 68, and Ficker, "Max Planck zum Gedächtnis," PB, 4 (1948), 163 (activities at the AW); E.Gruneisen, in PA, 3, 406, Planck to Sommerfeld, 2 Feb. 1929 (AHQP/84), and to Wien, 21 May and 25 Aug. 1925 (DPG and *Annalen der Physik*), 9 and 14 July 1922, 20 Mar. 1927 (DM), all in AHQP; Planck to Frieda clarke, 2 May 1925(APS), and exchange with Oskar von Miller, Feb. 1924, in Fuchs, *Der Aufbau* (1957), 57–58; Planck to Walter Gerlach, 14 Nov. 1928 (AHQP).

(30) Planck to Wien, 29 May and 26 Aug. 1921, 1 Oct. 1926 (AHQP); to Laue, 10 Nov. 1927 (DM); to Max Schirmer, 25 Nov. 1927 (MPG); Benz, *Sommerfeld* (1975), 157–159.

(31) D. Hoffmann, AW, ITGOW, *Kolloquien*, 35 (1984), 57; Planck to unnamed correspondent, 19 July 1932 (Autog. I/286, SPK).

(32) Axel von Harack, "Max Planck zum Gedächtnis," PB, 4 (1948), 170–171; Ficker, ibid., 163 - 164; HH, 25; AH, 73–74. On the joys of climbing, see Planck's obituary of Paul Drude, PA, 3, 317 (1906).

(33) PAA, 71 (1923).

(34) Schroeder-Gudehus, *Scientifiques* (1978), 107–128, and Schroeder-Gudehus, *Deutsche Wissenschaft* (1966), 90–119.

(35) Speech of 21 Dec. 1918, quoted in Scbroeder-Gudehus, *Scientifiques*(1978), 130; cf. Grundemann, in Dresden, Technische Hochschule, *Wissenschaftliche Zeitschrift*, 14 : 3 (1965), 802.

(36) Lorentz to Einstein, 26 July 1919 (AHQP/86); Arrhenius to Emil Fischer, 31 Mar. 1919, and Fischer to Arrhenius, 31 Mar and 1 May 1919 (quote), in Fischer/8, 6, 28, TBL, respectively. Cf. Planck to Vilhelm Bjerknes, 17 Mar. 1920 (Oslo Univ. Library): the cartel of German academies is prepared to resume exchange of communications with academies in Entente countries but will not take the initiative.

(37) Planck to Emil Fischer, 25 Apr. 1919 (Fischer/28, TBL); Lorentz to Einstein, 4 May and 26 July 1919 (AHQP/56).

(38) Wehberg, *Wider den Aufruf* (1920), summarized in Schroeder-Gudehus, *Scientifiques* (1978), 252, and Schroeder-Gudehus, *Deutsche Wissenschaft* (1966), 200–202; Planck to unnamed colleague, 3 Dec. 1923 (LTZ/8).

(39) Schroeder-Gudehus, *Scientifiques* (1978), 133, 140–149; Grundemann, in Dresden, Technische Hochschule, *Wissenschaftliche Zeitschrift*, 14: 3(1965), 799.

(40) C.G. Simpson to R. T. Glazebrook, 29 Mar. 1926, and to Arthur Schuster, 20 Apr.1926, reporting a conversation with Lorentz. Cock, Royal Society of London. *Notes and records*, 37 (1983), 267.

(41) Schroeder-Gudehus, *Scientifiques* (1978), 262–263, 266–272, 298; Grundemann, in Dresden, Technische Hochschule, *Wissenschaftliche Zeitschrift*, 14: 3 (1965), 805–806. According to Planck to Lorentz, 2 Feb. 1927 (LTZ/8),the central govemment forwarded the invitation to the academies and universities with the comment that no immediate reply was required.

(42) For example, GDNA (1922), in HH, 52; Sb (1928), xvii; planck to Lorentz, 22 Sept. 1925 (LTZ/8); PPA, 130 (1930); cf. LS, 2, 202, 206.

(43) Sb (1926), lxxxviii; PA, 3, 348 (1928). The last echoes Planck's Leibniz Day talk of 1915, Sb, 482, and PPA, 28: "the fundamentally unnatural mixture of scientific and political

activity."

(44) Planck, Sb (1926), lxxxviii. Cf. Planck to Lorentz, 22 Sept. 1925(LTZ/8): Germans prefer an organization of scientific entities, like the old International Association of Academies, to one of countries, like the International Research Council, "in which the political element naturally plays a much greater part."

(45) Cf. Forman, *Isis*, 64 (1973), 169–171; LS, 2, 97; PhW, 219.

(46) A great worry in 1919–1920; cf. Müller, in GDNA, *Verhandlungen*, 86(1920), 20; Ringer, *Decline* (1969), 206–207.

(47) Apelt, *Weimarer Verfassung* (1946), 195; Bergsträsser, Parteien(1955), 256, 260–264, 277–278; Fricke, ed., *Die bürgerlichen Parteien*(1968), 1, 646–657.

(48) Fricke, *Die bürgerlichen Parteien* (1968), 1, 653–654; Felix Salomon, *Die deutschen Parteiprogramme* (1920), 97–111.

(49) Planck to Laue, 31 Aug. 1943 (DM); Kangro, *Dictionary of scientific biography*, 11, 14, s.v."Planck"; Planck, *Das Reich*, no. 32 (9 Aug. 1942), on the elitism of science.

(50) Planck, Sb(1924), xvii; LS, 2, 201; Schlicker, JW, 1975: 2, 180; Planck to Emma Lenz, 25 May 1924 (MPG), to Frieda Clark, 2 May 1925(APS), and to Staatssekretär Pünder, 6 June 1927 and 2 July 1929 (Bundesarchiv, Koblenz).

(51) Planck to Wien, 6 Mar. and 29 Nov. 1926, 21 Oct. 1927

(AHQP); Congresso internazionale dei fisici, *Atti* (1928), 1, ii–ix, 7, 49.

(52) Planck to Lorentz, 13 June 1926 (quote), 2 Feb., 6 June, 18 Dec. 1927(LTZ/8); Lorentz to Einstein, 6 Apr. 1926 (AHQP/86).

(53) Planck to F.A.F.C. Went, 30 Apr. 1928 (Museum Boerhaave, Leyden).

(54) Lorentz's pace was too slow for the majority of the Berlin Academy, which refused to print appreciative remarks that Einstein made about him. Planck to Einstein, 4 Dec. 1925 (AE); cf. Wien to Planck, 1 May 1915 (AHQP).

(55) Schlicker, JW, 1975: 2, 169.

(56) Grundemann, in Dresden, Technische Hochschule, Wissenschaftliche Zeitschrift, 14: 3 (1965), 804. On the course of the so-called "Counter Boycott," see Schroeder-Gudehus, *Scientifiques* (1978), 272–298, Schroeder-Gudehus, *Deutsche Wissenschaft* (1966), 213–265, and Schlicker, AW, ITGOW, *Kolloquien*, 24 (1981), 33–37.

(57) Cf. Cock, Royal Society of London, *Notes and records*, 37 (1983), 269, 273–274.

(58) Schmidt-Ott, in NDW, *Berichte*, 2 (1922–1923), 4, and ibid., 4 (1924–1925), 5: "There is no better answer to [a recent affirmation of exclusion] than scientific progress in Germany." Cf.

HH, 52.

(59) Planck, Sb (1926), lxxxvi, xc; Planck to Lorentz, 2 Feb. 1927 (LTZ/8); PA, 3, 348 (1928); Planck to F.A.F.C. Went, 4 Feb. 1928 (Museum Boerhaave, Leyden); Planck to Einstein, 23 Mar. 1933 (AE); Ehrenfest to Planck, 26 Mar. 1933 (ESC); Clark, Einstein (1971), 459–460.

(60) Planck to Paul Langevin, in André Langevin, *Paul Langevin* (1971), 123–124; Planck to Karl Brandi, 2 Mar. 1931 (Göttingen Univ. Library).

(61) Forman, *Isis*, 64 (1973), 179–180; Schroeder-Gudehus, *Scientifiques* (1978), 235–239, 286–287.

(62) Ludloff, in Jena, Univ., *Wissenschaftliche Zeitschrift*, 1956–1957: 6, 709–715; Schroeder-Gudehus, *Scientifiques* (1978), 294–295; Forman, *Isis*, 64 (1973), 167.

(63) Grau, in Bielfeldt et al., eds., *Deutschland, Sowjetunion* (1966), 173, 175–177; Schmidt-Ott identified with the rightist opposition Deutsche Nationale Volkspartei. *Erlebtes* (1952), 166. As late as 21 June 1925, Planck did not know whether the Academy would send anyone (letter to Wien, AHQP).

(64) Quoted by Vogel, in Bielfeldt et al., eds., *Deutschland, Sowjetunion* (1966), 468; Schmidt-Ott, *Erlebtes* (1952), 221–221; LS, 1, 218.

(65) Schmidt-Ott, *Erlebtes* (1952), 226; LS, 2, 221; Pachaly, in

Bielfeldt et al., eds., *Deutschland, Sowjetunion* (1966), 132–134. Cf. Schroeder-Gudehus, *Scientifiques* (1978), 247–248, summarizing NDW, *Berichte*, 5 (1925–1926), 127, 7 (1927 –1928), 173.

(66) Planck to Lorentz, 22 Sept. 1925 (LTZ/8).

(67) PPA, 48 (1921); LS, 2, 114–115; Schlicker, JW, 1975: 2, 171–172; Sb (1935), cii. The Academy did admit technical physicists who had also done "scientific" work, for example, Karl Willy Wagner and Johannes Stumpf, in 1926; cf. Planck, Sb (1926), xcv ff., and LS, 2, 236.

(68) Planck to Nernst, 23 June 1922 (DM), and to Wien, 31 Aug. 1921(AHQP); ADB, 11–12.

(69) Richter, *Sudhoffs Archiv*, 57 (1973), 200; Pyenson, *Young Einstein* (1985), 232; ADB, 95.

(70) ADB, 11–12.

(71) Grundemann, in Dresden, Technische Hochschule, *Wissenschaftliche Zeitschrift*, 16: 5 (1967), 1624–1625; Laue to Sommerfeld, 25 Aug. 1920, in Einstein and Sommerfeld, *Briefwechsel* (1968), 65.

(72) Laue, Nernst, and Rubens, *Tägliche Rundschau*, 26 Aug. 1920, in Kirsten and Treder, 1, 208–209; Hedwig Born to Einstein, 8 Sept. 1920, and Einstein to the Borns, 9 Sept. 1920, in Einstein and Born, *Briefwechsel* (1969), 58–59.

(73) K. Haensch to Albert Einstein, 6 Sept. 1920; F. Sthamer

to the Foreign Office, 2 Sept. 1920; Einstein to the Berlin Academy, 13 Mar. 1920; in Kirsten and Treder, 1, 204, 206-207, 210, respectively. Cf. ibid., 225-240; LS, 2,99-102; Planck to Sommerfeld, 1 July 1923 (AHQP/84): "I am convinced that by that [a trip to the United States] you have rendered a good service to German science and also to German politics."

(74) Roethe to Planck, 10 Sept. 1920, and Planck to Roethe, 14 Sept. 1920, in Kirsten and Treder, 1, 205-206.

(75) Sommerfeld to Einstein, 3 Sept. 1920, in Einstein and Sommerfeld, *Briefwechsel* (1968), 65, 68; Sommerfeld, *Deutsche Revue*, 43: 3 (1918), 132; Müller, in GDNA, *Verhandlungen* (1920), 17. Cf. Planck to Einstein, 22 Oct. 1921 (AE).

(76) Planck to Einstein, 5 Sept. 1920 (AE).

(77) *Physikalische Zeitschrift*, 21 (1920), 666-667; Weyl, in Deutsche Mathematiker-Vereinigung, *Jahresbericht*, 31(1922), 61-62.

(78) Haensch to the Foreign Office, 29 Sept. 1920, in Kirsten and Treder, 1, 208; Sommerfeld to Einstein, 3 and 11 Sept. 1920, in Einstein and Sommerfeld, *Briefwechsel* (1968), 65, 71; LS, 1, 116; Einstein to J.J. Laub, 11 Nov. 1910(AE), as quoted in Pyenson, *Young Einstein* (1985), 232.

(79) Planck to Wien, 9 Feb. 1911 (AHQP).

(80) Haberditzl, iri Harig and Mette, eds., *Naturwissenschaft-*

Tradition-Fortschritt (1963), 321; LS, 3, 172; Planck to Wien, 19 June 1926 (AHQP).

(81) Planck to Wien, 20 Nov. 1922 (Autog. 1/1282, SPK); D. Hoffmann, AW, ITGOW, Kolloquien, 35 (1984), 14.

(82) Haber to Staatssekretär H. Schulz, June 1924, re Planck's move to the PTR, in Kirsten and Treder, 1, 162; Planck to E. Lescher, 17 Sept. 1924 (APS,quote); Stark to Planck, 10 Sept. 192?(SPK); Stark to Reichsministerium des Innern, 6 June 1922, and Planck to W. Nernst, 23 June 1922 (DM).

(83) Meitner, Nwn, 45 (1958), 407; ADB, 90, quoting recollections of Felix Ehrenhaft; Weyl, in Deutsche Mathematiker-Vereinigung, *Jahresbericht*, 31(1922), 51. Cf. Hermann, *New physics* (1979), 59–60; Schmidt-Ott, *Erlebtes* (1952), 181.

(84) Grundemann, in Dresden, Technische Hochschule, *Wissenschaftliche Zeitschrift*, 16: 5 (1967), 1624; Planck to Wien, 13 June 1922 (AHQP). Cf. Sommerfeld to Einstein, 7 Oct. 1920, in Einstein and Sommerfeld, *Briefwechsel*(1968), 72.

(85) Einstein to Planck, 6 July and 12 Aug. 1922, and Planck to Einstein, 8 July 1922 (AE). Rathenau was killed on 24 June 1922.

(86) Planck to Wien, 9 July 1922 (AHQP), and, in almost the same words,to Laue, same date (DM); cf. Hermann, PB, 29 (1973), 483–487. Einstein had found it prudent to withdraw from an

earlier scheduled appearance, at the Naturforscherversammlung of 1919, for similar reasons; Planck to Laue, 8 July 1919 (DM).

(87) Sommerfeld to H.O.Wieland, 27 Oct. 1928 (DM).

(88) Letter of 14 Jan. 1923, copy in DM.

(89) Planck to Einstein, 10 and 18 Nov. 1923 (AE). Cf. Planck to Einstein, 20 July 1919 (AE).

(90) Planck to Ehrenfest, 30 Nov. 1923 (ESC); Planck to Lorentz, 5 Dec. 1923 (LTZ/8); Forman, *Isis*, 64 (1973), 166–167.

(91) Hedwig Born to Einstein, 8 Sept. 1920, in Einstein and Born, *Briefwechsel* (1969), 58.

(92) PPA, 42–43, 45. Cf. Planck to Wien, 1 Feb. and 13 June 1922(AHQP).

(93) PPA, 47–48.

(94) Forman, HSPS, 3 (1971), 58–63, 77–88; Schrödinger, Nwn, 17(1929), 11 (a text of 1922); Planck, *BerLiner Tageblatt*, 18 June 1933, 1. Beiblatt, on crank mail.

(95) Planck to Laue, 8 July 1919 (DM); Laue, *Deutsche Revue*, 47 (1922), 48–56. Cf. Forman, HSPS, 3 (1971), 32–34, 92–96, 101–103.

(96) PPA, 46, 48 (1922); cf. Planck to Wien, 9 July 1922, characterizing contemporary theory as "much chaff and little wheat".

(97) PPA, 47.

(98) *Wege*, 119–121, 127–134 (1923), 168 (1926).

(99) PA, 2, 543–544 (1923). In an equally characteristic remark (ibid.,545), Planck thanked Bohr for publishing many of his important papers in German journals .

(100) *Wege*, 135–141 (1923). Cf. PhW, 176–179, and the critical assessment in Kropp, *Zeitschrift für philosophische Forschung*, 6: 3 (1952), 455.

(101) Planck to Haering, 25 May, 6 and 26 June 1926 (Tübingen Univ. Archives).

(102) Planck to Haering, 26 June, 1 July, 5 and 24 Aug. 1926 (Tübingen Univ. Archives).

(103) PAA, 11 (1912), suggests Planck's understanding of statistics in physics just before the war; the correspondence with Ehrenfest is in ESC, the tone of which will appear from Planck to Ehrenfest, 22 Feb. 1920: "I can assure you in all seriousness that nothing is more welcome to me than a fundamental and straightforward criticism of my presentation."

(104) Planck to Sommerfeld, 11 Feb. 1916, in Benz, *Sommerfeld* (1975), 97, and 12 May 1916 (AHQP/84); and to Karl Schwarzschild, 30 Mar. 1916(AHQP/Schw), mentioning his unsuccessful attempt at an alternative theory of the Balmer series.

(105) Sommerfeld, Nwn, 17(1929), 481, also in Benz, *Sommerfeld* (1975), 90; the exchange occurred around the time of

the first Solvay council.

(106) Planck to Lorentz, 31 Mar. 1918 (LTZ/6); PA, 3, 119 (1919); cf. Planck's praise of Bohr in PA, 2, 543–544 (1923).

(107) Planck to Lorentz, 15 Dec. 1925 (LTZ/8).

(108) PA, 3, 159–162, 165–166, 170 (1926); cf. PhW, 194–196.

(109) Planck to Wien, 22 Mar.1926 (AHQP), to Schrödinger, 24 May 1926, in Przibram, ed., *Briefe* (1963), 6, to Lorentz, 13 June 1926 (LTZ/8), and to Schrödinger, 15 June 1926, in Przibram, *Briefe* (1963), 16; Heisenberg to Pauli, 8 June 1926, in Pauli, *Briefwechse*l (1979), 1, 328.

(110) Planck to Schrödinger, 2 Apr. 1926, in Przibram, *Briefe* (1963), 3.

(111) For example, Lorentz to Schrödinger, 27 May 1926, and Planck to Schrödinger, 4 June 1926, in Przibram, *Briefe* (1963), 41–50, 12; Planck to Lorentz, 13 June 1926 (LTZ/8), and to Wien, 19 Dec. 1926 (AHQP).

(112) Schrödinger to Planck, 4 July 1927, in Przibram, *Briefe* (1963), 18.

(113) PA, 2, 637 (1927), a review of Schrödinger's *Abhandlungen zur Wellenmechanik* (Leipzig: Barth, 1927).

(114) Heisenberg, *Zeitschrift für Physik*, 43 (1927), 172–198. The formulation in the text is a modification of Heisenberg's original conception forced upon him by Bohr. Cf. Heibron, *Revue*

d'histoire des sciences (in press).

(115) Bohr, in Congresso internazionale, *Atti* (1928), 2, 565–588.

(116) Planck to Lorentz, 6 June 1927 (LTZ/8); Ehrenfest to Planck, 8 May 1927 (ESC).

(117) PA, 2, 629–631 (1927).

(118) Planck to Lorentz, 6 June 1927 (LTZ/8).

(119) Einstein to Schrödinger, 31 May 1928, in Przibram *Briefe* (1963), 29; Planck to Ehrenfest, 15 May 1927 (ESC, quote); Planck, *Wege*, 238–242(1932).

(120) Bohr to Ernest Rutherford, 3 June 1930 (AHQP); Laue, Nwn, 20(1932), 915–916, Laue, Nwn, 22 (1934), 439–440, and Laue, *Scientia*, 54(1933), 412. The events of the late 1930s naturally confirmed Laue in his opinion; Laue to C. von Weizsäcker, 21 Nov. 1942 (DM).

(121) Schrödinger to Planck, 4 July 1927, in Przibram, *Briefe* (1963), 17.

(122) Einstein, Forschungen und Fortschritte, 5 (1929), 248 (28 June 1929), in Tauber, ed., *Einstein's relativity* (1979), 45; Nwn, 16 (1928), 368; Pauli,*Briefwechsel* (1979), 2, 215.

(123) Schrödinger, "Antrittsrede," in PPA, 120, and Kirsten and Körber, 2, 264–266; Planck, "Erwiderung," in PPA, 121–124, and Kirsten and Körber, 2, 266–268 (4 July 1929); LS, 2, 58–59, 231–232. Cf. Bertrand Russell to Bohr, 30 Sept. 1935 (AHQP): "I

am looking forward to seeing you for various reasons, but among others because I hope to get to understand why Heisenberg's principle is so incompatible with determinism. Left to myself I should only have thought that the things to be determined are not what used to be supposed."

(124) PA, 3, 177(1928).

(125) Cf. Planck to Ehrenfest, 12 Jan. 1929, and Marga Planck to Ehrenfest, 22 Feb. 1929 (ESC); Kropp, *Zeitschrift für philosophische Forschung*, 6 : 3(1952), 446–450; PA, 3, 181–183 (1929); and PhW, 127–131, which criticizes Planck for relaxing his intolerance of positivism.

(126) PA, 3, 183, 185–187 (1929).

(127) PA, 3, 202–206 (1929); repeated in several places, for example, *Wege*, 288–289 (1936), 315–318 (1937).

(128) Cf. Haas, *Materiewellen* (1928), 146.

(129) PA, 3, 208 (1929); Einstein to Planck, 15 Nov. 1930 (AE).

(130) Ehrenfest to Planck, 1 June 1927, and Planck to Ehrenfest, 24 July 1927(ESC); Planck to Sommerfeld, 2 Feb. 1929 (AHQP/84); *Wege*, 201–208, 213(quote) (1930), 318–319 (quote) (1937). Cf. PhW, 167.

(131) PA, 3, 225–230 (1932); cf. ibid., 3, 247 (1933); LS, 2, 315–316.

(132) The Notgemeinschaft's budget dropped from 8 million marks (897000 for physics) in 1928 to 4.4 million (385000 for physics) in 1932, according to Richter, *Forschungsförderung* (1972), 24.

(133) Planck, in Kirsten and Körber, 2, 266 (1929).

(134) Bavink, *Unsere Welt*, 25 (1933), 233; Heilbron, *Revue d'histoire des sciences* (in press); *Völkischer Beobachter*, 15 Dec. 1933 and 15 Jan. 1934, and Lenard to Alfred Rosenberg, 9 Jan. 1936, in Poliakov and Wulf, eds., *Das Dritte Reich* (1959), 296. Planck admired Bavink: Planck to Hildegard Gravemann, 4 Jan. 1943 (MPG).

(135) Jordan to Bohr, May 1945 (AHQP).

(136) *Wege*, 215–218 (1930), 223–242 (1932); PA, 3, 250 (1933); cf. PhW, 197, 200–202. The pervasive misunderstanding of Planck's position may be estimated from the article "Wille" in the *Lexikon für Theologie und Kirche* (1938),10, col. 915, which cites him as authority for the view that the concept of causality in modern physics leaves room for free will.

(137) PA, 3, 239 (1932); PPA, 152 (1935).

(138) Planck to Bohr, 19 Oct. 1930 (AHQP); Planck's lecture appeared in Danish in *Fysisk tidsskrift*,28 (1930), 161–181.

(139) PA, 3, 253–254 (1933).

(140) Sb (1926), lxxxv–lxxxvi (also in PPA, 94), following the

lead of Sb (1917), 37–38. Cf. Forman, *Isis*, 64 (1973), 158–160.

(141) PA, 3, 209 (1930); PPA, 131 (1930), echoed by Schreiber in.Abb,ed., *Aus fünfzig Jahren* (1930), 9, 12 (a festschrift for Schmidt-Ott). Planck made an exception for transcendent genius and in the cause of international good manners in his contribution to an English festschrift on the centennial of James Clerk Maxwell's birth; PA, 3, 352 (1931).

(142) Planck to Vilhelm Bjerknes, 30 Dec. 1932 (Oslo Univ. Library); Einstein, in Planck, *New science* (1959), ix. Cf. Heisenberg, Nwn, 23 (1935),321.

(143) Sommerfeld to Moritz Schlick, 17 Oct. 1932, quoted in Pauli, *Briefwechsel* (1979), 2, 58; Benz, *Sommerfeld* (1975), 157.

(144) For example, Groos, *Determinismus* (1931), 141; Davidson, *Free will* ([1937]), 82; Erickson, *Journal of philosophy*, 35 (1938), 208–211; but cf. the appreciatiye review of *Kausalbegriff* by Ferguson, Nature, 130 (1932), 48.

(145) Frank, *Erkenntnis*, 1 (1930–1931), 126; Frank, *Erkenntnis*, 5(1935), 71; Frank to Bohr, 9 Jan. 1936 (AHQP).

(146) Jordan, Nwn, 22 (1934), 488–489, and Jordan, *Anschauliche Quantentheorie* (1936), 302–305, 308, 317–318. Jordan's conceptions about biology, vitalism, free will, etc., are hardly positivistic; Planck tried to make him see that even in his physics he admitted something like a real outer world. Planck

to Jordan, 7 July 1936 and 21 Mar. 1937 (Jordan Papers, SPK); Planck, Nwn, 28(1940), 779.

(147) Heisenberg, *Zeitschrift für angewandte Chemie*, 44 (1931), 189, and Heisenberg, Nwn, 21 (1933), 608 (quote).

(148) Planck to unnamed correspondent, 15 Jan. 1933 (Autogr. I/287, SPK).

(149) Pauli to Heisenberg, 29 Sept. 1933, in Pauli, *Briefwechsel* (1979), 2, 214. Pauli thought Planck's "mind [Geist] " to be very "sloppy [schlampig] "; Heisenberg understood the judgment to refer to Planck's epistemology, not to his politics (letter of 7 Oct. 1933, ibid., 218); cf. the editor's remarks, ibid., 211, 215.

(150) Jensen, *Erkenntnis*, 4: 3 (1934), 181–182; Max Hartmann, *Vorträge und Aufsätze* (1956), 2, 111–113, 116; Eagle, *Religion versus science* (1935), 243–248; Groos, *Determinismus* (1931); J.W.A. Hickson, *Philosophical review*, 47 (1938), 601; Inge, *God and the astronomers* (1933), 58–64; Keussen, *Willensfreiheit* (1935), 27–37.

(151) Hoffmeister, Wörterbuch (1944), s.v. "Determinismus und Indeterminismus," "Wissenschaft und Lebenspraxis," and "Heisenbergische Unsicherheitsrelation ".

04 在灾难中

(1) Cf. Glum, Wissenschaft, *Wirtschaft und Politik* (1964), 436.

(2) Schmidt-Ott, NDW, *Berichte*, 12 (1932–1933), 12. Cf. HH, 70; ADB, 58–60.

(3) Hahn in MPG, *Mitteilungen* (1957), 244, and Hahn, *My life* (1970), 140; Heisenberg, *Physics and beyond* (1971), 151–152 (a Thucydidean reconstruction); Planck to Schrödinger, 19 Nov. 1933 (AHQP/92), and to Laue, 11 Sept. 1933 (DM): if Schrödinger must resign, he should do so quietly and allege reasons of health. Cf. ADB, 209, 227: Planck to Einstein, 13 Apr. 1933, in AH, 78, 83, 84.

(4) Ehrenfest to Planck, 26 Mar. 1933 (ESC); the remark about purity is handwritten in the margin of Ehrenfest's carbon copy.

(5) Marga Planck to Ehrenfest, 26 Apr. 1933 (ESC); Planck to Anton Kippenberg, 12 May 1933 (KA). Planck could not help Ehrenfest, who died by his own hand soon after writing Marga.

(6) Harald Bohr to R.G.D. Richardson, 30 May 1933 (Richardson Papers, Library of Congress).

(7) Planck to Paul Langevin, 24 Sept. 1925, in André Langevin, *Paul Langevin* (1971), 123–124.

(8) For example, Planck to laue, 11 Sept. 1933, re Lise Meitner; 31 Mar. 1934, re Richard Courant; and 21 Aug. 1935, re Arnold Berliner (DM); to Schrödinger, 10 Nov. 1933 (AHQP).

(9) "The last stand," *New York Times*, 12 Jan. 1936; Planck to Laue, 31 Jan. 1936, and 24 Nov. 1941, the latter lamenting Meyerhof's emigration (DM).

(10) Planck, PB, 3 (1947), 143; Charlotte Schoenberg to Richardson, 27 July 1933 (Richardson Papers, Library of Congress).

(11) Heisenberg to Born, 2 June 1933 (quote), in Pauli, *Briefwechsel* (1979), 2, 168, and to Niels Bohr, 30 June 1933, in ibid., 204. Sommerfeld saw more clearly and expected that Heisenberg too might soon want to leave; marginal note on W.L. Bragg to Sommerfeld, 29 May 1933 (Bethe/3, Cornell Univ. Library).

(12) For example, PhW, 226 (East); Frank, *Einstein* (1947), 236 (West).

(13) Einstein, interview with *New York World Telegram*, in Clark, *Einstein* (1971), 458, 462.

(14) For example, looking into the bureaucratic consequences of Einstein's wish to resign his German citizenship and helping with details about travel leaves. Einstein to Planck, 17 July 1931; Planck to Einstein, 20 Jan., 4 and 6 Mar. 1933(AE).

(15) Planck to Einstein, 19 Mar. 1933 (AE), in AH, 78. The

same view was held by opposite sides, for example, Stark, *Nature*, 133 (21 Apr. 1934), 614 ("The withholding of criticism of the new regime in Germany, or at least a conscientious regard for truth in scientific circles, will be to the advantage not only of international cooperation but also of the Jewish scientists themselves"), and Otto Warburg, according to Allan Gregg, diary, 25 Oct. 1933 (RF 717/1).

(16) Ficker to Einstein, 18 Mar. 1933, to Auswärtiges Amt, 29 Mar. 1933, to Planck, 29 Mar. 1933, and Planck to Ficker, 31 Mar. 1933, all in Kirsten and Treder, 1, 243–245; Planck to Einstein, 31 Mar. 1933, in AH, 78 Cf. LS, 3, 7–11, Hermann, *New physics* (1979), 75–76, and Planck to Einstein, 18 June 1933 (AE), re Einstein's resignation from the Orden *Pour le mérite*, of which Planck was the chancellor.

(17) Einstein to AW, 28 Mar. 1933, and Ficker to Planck, 8 Apr. 1933, in Kirsten and Treder, 1, 246, 253; cf. ibid., 249–251, 257, 259.

(18) laue to Ficker, 11 July 1947, in ibid., 253.

(19) Ibid., 248, 257–261.

(20) Laue to Ficker, 11 July 1947, in ibid., 274.

(21) Ficker to Einstein, 7 Apr. 1933, Planck to Ficker, 13 Apr. 1933, and Einstein to AW, 10 Apr. 1933, in ibid., 252–255.

(22) Einstein to AW, 12 Apr. 1933, in ibid., 262. Cf. Clark,

Einstein(1971), 467–471.

(23) AW, "Protokoll," 11 May 1933, in Kirsten and Treder, 1, 267. Cf. LS, 3, 170–171.

(24) Einstein to Planck, 6 Apr. 1933, answering Planck to Einstein, 31 Mar. 1933, in AH, 79.

(25) Planck et al., "Antrag an das Kultusministerium," 30 Nov. 1933, Lenard to Kultusministerium, 22 Dec. 1933, and Stark to same, 9 Jan. 1934, all in Kirsten and Treder, 1, 267–269; Laue, P*hysikalische Zeitschrift*, 34 (1933), 889–890; Planck to Laue, 11 Sept. 1933 (DM).

(26) Paschen to Ficker, 10 Nov. 1933, in LS, 3, 173; cf. Paschen to Bohr, 1 Feb. 1935 (AHQP).

(27) D. Hoffman, AW, ITGOW, *Kolloquien*, 35 (1984), 16.

(28) LS, 3, 31; Haberditzl, in Harig and Mette, eds., *Naturwissenschaft-Tradition-Fortschritt* (1963), 324. Cf. ADB, 113–116; Hermann, *New physics*(1979), 84–85.

(29) Text in MPG, *50 Jahre* (1961), 190, and in Hahn, in MPG, *Mitteilungen* (1960), 3–4.

(30) Hahn, in MPG, *Mitteilungen* (1960), 4; Glum, *Wissenschaft, Wirtschaft und Politik* (1964), 447–450; Planck, PB, 3 (1947), 143; ADB, 57, 171.

(31) Laue, Nwn, 22 (1934), 97; Planck to Laue, 22 Mar. 1934, in AH, 86; Haber, Nwn, 21 (1933), 293.

(32) MPG, *50 Jahre* (1961), 190–194; Hahn, in MPG, *Mitteilungen* (1960), 6–13; Glum, *Wissenschaft, Wirtschaft und Politik* (1964), 440–441. Cf. ADB, 67–68; Hermann, *New physics* (1971), 86; *Willstätter, Ausmeinem Leben* (1949), 272–277.

(33) LS, 3, 47–49, 372; ADB, 117–118; Richter, *Forschungsförderung* (1972), 21; Arnold Berliner to Ehrenfest, 25 Apr. 1933, in Pauli, *Briefwechsel* (1979), 2, 147 (quote).

(34) Krafft, *Fritz Strassmann* (1981), 43–44; Harteck to Karl Bonhoeffer, 17 and 28 June, 8, 15, and 24 Nov., 26 Dec. 1933 (Rensselaer Polytechnic Inst., Troy, New York). On a scale where 1=anti-Nazi, 3=Nazi, Harteck was rated 2 by British Intelligence (list in Chadwick Papers 4/56, Churchill College, Cambridge). Cf. Scherzer, in Flitner, ed., *Deutsches Geistesleben* (1965), 50–52, on the pressure brought by Nazi agents to coopt young scientists.

(35) ADB, 42–43, 60–61; *Science*, 77 (1933), 529; Glum, *Wissenschaft, Wirtschaft und Politik* (1964), 471; Allan Gregg, diary, 15 June 1934(RF 717/2); ADB, 1; LS, 3, 32.

(36) *New York Times*, 12 Jan. 1936, 3 : 2; cf. Planck to R.B. Goldschmidt, 12 July 1936 (Goldschmidt Papers, TBL).

(37) KWG, Nwn, 23 (1935), 411.

(38) KWG, Nwn, 22 (1934), 339, and KWG, Nwn, 24 (1936), 19. Cf. Planck's broadcast for foreign consumption, in HH, 97–100 (1935).

(39) Stark to Lenard, 3 May and 20 Aug. 1933, in Kleinert, PB, 36: 2(1980), 36; Planck, "Deutsche Physik," *Berliner Börsenzeitung*, 25 May 1933; "The scientific situation in Germany," *Science*, 77 (1933), 529.

(40) Stark, "Der germanische Galilei," *Nationalsozialistische Erziehung* (1937), 105, in Poliakov and Wulf, eds., *Das Dritte Reich* (1959), 288–289; Lenard, *Deutsche Physik* (1936), 1, "Vorwort"; Scherzer, in Flitner, ed., *Deutsches Geistesleben* (1965), 53; Brüche, PB, 2 (1946), 232–236; Lenard, "Erinnerungen" (AHQP), 130, 134. Cf. the declaration of Heidelberg science students, 1936, in Poliakov and Wulf, *Das Dritte Reich* (1959), 305.

(41) Planck to Schrödinger, 10 Nov. 1933 (AQHP/84).

(42) Stark to Laue, 21 Aug. 1934 (DM); *Das Schwarze Korps*, 15 July 1937, 6, in Poliakov and Wulf, eds., *Das Dritte Reich* (1959), 307–308; Stark, "Einstein, Heisenberg, und Schrödinger," *Nationalsozialistische Monatshefte*, no. 71(Feb. 1936), 106–107, in ibid., 301; D. Hoffmann in Humboldt, Univ., *Wissenschaft* (1982), 99–100.

(43) Planck to Laue, 22 Dec. 1936 (DM), and AH, 90–91. Planck nominated Hahn and Meitner in chemistry in 1929, 1930, and 1933, and Paschen and Sommerfeld in physics in 1923, 1925, 1926, 1928, 1932, and 1933. Otherwise, after his own prize gave him the right of perpetual nomination, he put forward

Einstein (1919,1921, 1922), Bohr (1922), A. H. Compton (1927), Heisenberg and Schrödinger (1930), and Otto Stern (1931), all of whom won eventually. Data from Nobel Archives, Kungl. Vetenskapsakademien, Stockholm.

(44) Stark in *Das Schwarze Korps*, 15 July 1937, in Poliakov and Wulf, *Das Dritte Reich* (1959), 301; ADB, 158; *Science*, 85 (1937), 171.

(45) Stark and Gehrcke to Preussicher Minister für Kunst und Wissenschaft, 27 May 1934, excerpted in Berliner to Planck, 28 July 1934 (DM); Lenard to Reichsminister für Volksaufklärung und Propaganda, 8 Oct. 1934, in Grundemann, in Dresden, Technische Hochschule, *Wissenschaftliche Zeitschrift*, 16: 5 (1967),1626. For the attack on Heisenberg, see Haberditzl, in Harig and Mettle, eds.,*Naturwissenschaft-Tradition-Fortschritt* (1963), quoting correspondence of Rosenberg (Heisenberg belongs in a concentration camp but cannot be sent because of possible repercussions abroad), and ADB, 141-144, 153-168.

(46) Gehrcke, *Physikalische Zeitschrift*, 37 (1936), 439-440, referring to Lenard, *Deutsche Physik*, 1 (1936), 12; Haberditzl, in Harig and Mette, eds., *Naturwissenschaft-Tradition-Fortschritt* (1963), 324-325; ADB, 142-144; Hermann, *New physics* (1979), 89.

(47) Lenard to Vahlen, 6 Apr. 1936, and Stark to Lenard, same date, in Kleinert, PB, 36: 2 (1980), 37. Some of these sentiments

were published in *Das Schwarze Korps* in the summer of 1937, after Planck had retired; Schlicker, FW,1975: 2, 184; AH, 92–93.

(48) Lenard, "Erinnerungen" (AHQP), 136–137.

(49) Richter, *Forschungsförderung* (1972), 58; ADB, 118–122; W.E. Tisdale to W. Weaver, 1 Aug. 1934 (RF 717/2), reporting the opinion that Stark was losing influence.

(50) Planck to Laue, 17 Nov. 1937 (DM), partially in AH, 94.

(51) Glum, *Wissenschaft, Wirtschaft und Politik* (1964), 487–490; KWG, Nwn, 36 (1938), 321; MPG, *50 Jahre* (1961), 195–196; ADB, 61. Planck supported Bosch's election; LS, 2,198; Marga Planck to Hans Hartmann, 29 Dec. 1946 (MPG).

(52) Krafft, *Fritz Strassmarnn* (1981), 170–173.

(53) Planck to Laue, 17 Nov. 1937 (DM).

(54) See Vahlen's inaugural speech and Planck's reply, 30 June 1938, in Sb (1938), xcviii–c; LS, 3, 63–68, 72, 157–158, 166, 201. The elections in physics 1936–1939 brought only first-rate men: Debye, Hans Geiger, Ludwig Prandtl, Heisenberg (in 1938, despite the steady attacks on him in 1937–1938), and Walther Bothe. Ibid., 177–178.

(55) Letter of 15 Mar. 1939, in LS, 3, 70. Planck had juxtaposed the declining status of German science in the world with the situation and responsibility of the Academy in Sb (1937), liii.

(56) Stark, *Nature*, 141 (30 Apr. 1938), 770–772; Lenard, in

Zeitschrift für die gesamte Naturwissenschaft, 5 (1939), 41.

(57) Dingler, *Zeitschrift für die gesamte Naturwissenschaft*, 4 (1939), 329, 339–341, and ibid. 5 (1939), 47, 57; cf. Dingler, *Methode der Physik* (1938), 396. Dingler put his several attacks together as *Max Planck und die Begründung der sogenannten modernen theoretischen Physik* (1939).

(58) Wilhelm Müller, *Zeitschrift für die gesamte Naturwissenschaft*, 5 (1939), 173–174, and 6 (1940), 283; Glaser, ibid., 5 (1939), 275.

(59) Dingler, *Zeitschrifi für die gesamte Naturwissenschaft*, 5(1939), 341; Planck to Artur Neuberg, 24 Apr. 1940 (ANP); Neuberg to Planck, 17 May 1938 and 25 Jan. 1939, re a lecture by Dingler, and 11 May 1942, re Planck's success (ANP); Planck to Neuberg, 13 Nov. 1941 (Autog. I/443, SPK).

(60) Planck to Laue, 24 Nov. 1929 (DM); Einstein et al. to Harnack, 5 May 1929, in Kirsten and Treder, 1, 154–157.

(61) L.W. Jones, diary entries, Feb. 1930, and to RF, 5 Mar. 1930; RF to KWG, 14 Apr. 1930, and Gregg and Jones to Harnack, 1 May 1930 (RF 717/1).

(62) Glum to Gregg and Jones, 1 May 1930; "H.A.S.," diary entry, 15 Dec. 1930; Jones, diary entries, 2 Jan., 30 Mar., 12 July 1931, 7 Apr. 1932; Glum to Gregg, 1 Oct. 1931, all in RF 717; "Niederschrift über die gemeinsame Sitzung des Kuratoriums und des Direktoriums des KWI für Physik," 14 July 1931, in Kirsten and Treder, 1, 158.

(63) Planck to Laue, 10 Nov. 1931 (DM), and to Einstein, 4 Mar. 1933(AE), still hoping for Franck; Einstein to Planck, 15 Nov. 1930 (AE), and to Laue, 12 July 1922 (MPG A/39), on Laue's de facto directorship. Cf. KWG,Nwn, 20 (1932), 428.

(64) W.E. Tisdale to Warren Weaver, 4 Sept. 1934 (RF 717/2).

(65) Tisdale, diary entry, 12 June 1934; Planck to Max Mason, 6 July, and to RF, 3 July 1934 (RF). Like Debye, Planck pretended that the KWG followed the führer principle by giving directors full authority in their laboratories. Planck in HH, 91 (1935).

(66) T.B. Appleget to Mason, 30 July 1934; Tisdale to Weaver, 4 and 24 Sept. 1934, and Weaver to Tisdale, 14 Sept. 1934 (RF 717/2).

(67) Tisdale to Weaver, 1 Aug. 1934 (RF).

(68) Planck to Tisdale, 29 Aug. 1934 (RF).

(69) Tisdale, diary entry, 28 Oct. 1934 (quote), Mason to Planck, 1 Nov. 1934, and Planck to Mason, 12 Feb. 1935 (RF); Planck to Debye, 11 Feb. and 11 Apr. 1935 (MPG A/39).

(70) Tisdale, diary entry, 4 Oct. 1935, Weaver, memo to file, 21 Jan. 1938, and Debye to Weaver, 31 May 1938 (RF 717); "Aktennotiz" of meeting of 26 May 1937 at the Reichsministerium für Wissenschaft, Erziehung und Volksbildung (MPG A/39). The Society had long since accepted the name; Debye to Ernst Telschow, 26 Feb. 1936 (ibid.).

(71) *Wege*, 259-260, 263-265, 270-271, 272 (quote).

(72) Planck, Sb (1935), cii-ciii; Sb (1937), xxi-xxii. Cf. HH, 58-66.

(73) Wege, 277-278, 280 (quote), 286-287. Cf. the review by Bernhard Merten, Nwn, 25 (1937), 541-542.

(74) PA, 3, 366-367 (1937); LS, 3, 61. Cf. Planck, Nwn, 27 (1939), 666, praising Laue for keeping alive theoretical physics at the University of Berlin.

(75) Planck, Nwn, 26 (1938), 779.

(76) Sommerfeld to Einstein, 30 Dec. 1937, in Einstein and Sommerfeld, *Briefwechsel* (1968), 118 ; Richter, Forschungsförderung (1972), 58. Sommerfeld had come to see politics from Planck's point of view: Planck to Laue, 22 Oct. 1941 (DM).

(77) PA, 3, 411-412 (1938). Cf. AH, 93-97.

(78) Planck to Laue, 10 Apr. 1938 (DM).

(79) PA, 3, 415; Herneck, *Wissenschaftsgeschichte* (1984), 79-81, 85-86. Both Planck and Einstein had a high regard for Schlick's ability: Planck to Wien, 13 June 1922 (AHQP); Einstein to Born, 9 Dec. 1919, in Einstein and Born, *Briefwechsel* (1969), 38-39.

(80) AH, 9, 13; Iris Runge, *Carl Runge* (1949), 24-26; Herneck, *Wissenschaftsgeschichte* (1984), 89; Planck to Frieda and Hans Clarke, 17 May 1936(APS), mentioning lectures in Vienna,

Budapest, Graz, Basel, Bern, Geneva, Zurich; Planck to Laue, 3 Mar. 1944 (DM), mentioning table prayers.

(81) HH, 75–80.

(82) Wege, 293–294, 297, 304 (1937).

(83) Wege, 304–305, 306. Cf. Kropp, *Zeitschrift für philosophische Forschung*, 6 (1952), 450–453.

(84) *Das evangelische Deutschland*, 14: 23 (6 June 1937), 197; Planck to Frieda clarke, 17 May 1937 (APS); Daisomont, *Max Planck* (1948), 6, 12.

(85) Planck to Schweitzer, 16 Nov. 1934 and 9 Aug. 1938, in Kangro, *Vorgeschichte* (1970), 236.

(86) Wege, 325, 331–334, 337–338, 339 (quote).

(87) Wege, 339 (1941). Planck had used similar language before, but to a different purpose, for example, in ibid., 273 (1935), where "a clear conscience and a good will" are the fixed points of a progressive weltanschauung, and in ibid., 322 (1937), where one is advised to do one's duty, not because there is nothing else to do, but because it might confer "a blessing and prosperity on our dear German nation." Cf. Planck's broadcast of 1935, in HH, 104.

(88) Planck to Anton Kippenberg, 17 May 1942 and n.d., and Kippenberg to Planck, 19 Mar. 1945. Planck and Kippenberg had become close in the Goethe-Gesellschaft before the war; Planck to Kippenberg, 2 May 1938, 27 May 1939, 10 July 1941 (KA).

Similar upbeat messages occur in Planck to Laue, 10 Feb. and 19 May 1941 (DM), to Hildegard Gravemann, 20 May 1942 (MPG), and to Artur Neuberg, 3 Apr. 1942 (ANP).

(89) Planck to Hartmann, 28 Apr. 1942 (visits to Dresden, Mülheim, Essen, Münster) (MPG); to Max Schirmer, 30 Sept. 1943 (visit to Kassel) (MPG); to Laue, 6 and 20 Sept. 1942 (visit to Zagreb, arranged by the German "representative" there), and 5 June 1943 (visit to Italy) (DM); to Artur Neuberg, 4 Dec. 1942 (visit to Budapest) (ANP); to Hildegard Gravemann, 18 June 1943 (visit to Sweden) (MPG); *Deutsche allgemeine Zeitung*, 81 (27 Sept. 1942), front page; *Moselland kulturpolitische Blätter* (Apr.–June 1943), 69–71; Hale, The captive press (1934), 279–283; Martens, *Zum Beispiel " Das Reich"* (1972), 43 , 258.

(90) Kirsten, in AW, *Aus der Arbeit*, 8: 4 (1983), 12–13.

(91) Planck to Hartmann, 18 Jan. 1946, re denazification (MPG). Planck probably agreed to the biography to help Hartmann's literary career; cf. Planck to Hans Hartmann, 19 Oct. 1932, 19 Oct. 1935, and 1 Jan. 1936 (MPG).

(92) Erich Rudolf Jaensch, *Der Gegentypus* (Leipzig, 1938), quoted in Lindner, in Mehrtens and Richter, eds., *Naturwissenschaft, Technik und NS-Ideologie* (1980), 97. Cf. PhW, 226, which shrewdly compares later editions of Hartmann, which mention Planck's antifascist attitude, with the edition of 1938.

The Plancks provided some biographical information, for example, in Planck to Hartmann, [May 1942] (MPG); "HH" is the fourth version.

(93) Baumgärtner, *Weltanschauungskampf* (1977), 92.

(94) On the rout of Aryan physics in 1940, see Benz, *Sommerfeld* (1975), 177–178; LS, 3, 132–133, 140; and ADB, 177–179.

(95) *Science*, 84 (16 Oct. 1936), 35; Scherzer, in Flitner, ed., *Deutsches Geistesleben* (1965), 55.

(96) Anon. to Neuberg, 23 [Dec.] 1940, Neuberg to Planck, 30 Dec. 1940, and Planck to Neuberg, 10 Nov. 1939 (ANP).

(97) Planck to Neuberg, 5 Feb. 1941 (ANP); Planck; "Selbstdarstellung"(1942), 9; Planck to Laue, 3 July 1942 and 5 June 1943 (DM); Direktor, Institut für theoretische Physik, Munich, to Dekan, Naturwissenschaftliche Fakultät, Leipzig, 29 Oct. 1942, in Wendel, in Harig and Mette eds., *Naturwissenschaft-Tradition-Fortschritt* (1963), 332.

(98) Pihl, *Germany* (1944), 228–229.

(99) Boberach, ed., *Berichte* (1971), 723–724; Baumgärtner, *Weltanschauungskampf* (1977), 92; Planck to Hartmann, [May 1942] (MPG); HH, 39.

(100) Goebbels, diary, May 1943, quoted in LS, 2, 140; Mayor, Frankfurt/Main, to KWG, 26 Oct. 1943, in O'Flaherty,

American Association of University Professors, *Bulletin*, 42 (1956), 441 (quote); AH, 103. Cf. Born, in Royal Society of London, *Obituary notices*, 6 (1948), 179–180, and O'Flaherty, *American scientist*, 47 (1959), 73. Planck received the Goethe prize just after the war, to the great satisfaction of Schweitzer, a previous winner: Schweitzer to Planck, 20 Jan. 1946, in Kangro, *Vorgeschichte* (1970), 235.

(101) Bachmann and Trummert, Münchener medizinische Wochenschrift, 112(1970), 159; AH, 113.

(102) AH, 105–106; Planck to Laue, 23 Sept. and 19 Oct. 1943 (DM).

(103) On the house: Planck to Dora Martin, 17 Mar. 1943 (MPG), to Hildegard Gravemann, 6 Apr. and 18 June 1943 (MPG), and to Laue, 2 and 3 Dec. 1943, 4 Jan. 1944 (DM). On academic lif: Planck to Laue, esp. 13 Jan. 1940, 5 Aug. and 20 Dec. 1941, 11 Mar. 1942; he was still concerned with Academy business in June 1944, according to Marga Planck to Laue, 9 June 1944 (DM).

(104) Planck to Max Schirmer, 29 Oct. and 22 Nov. 1943 (MPG); Marga Planck to Annamarie Schrödinger, 9 May 1948 (AHQP/92). Cf. Agnes von Harnack, in "Max Planck zum Gedächtnis, " PB, 4 (1948), 166; Planck to Hildegard Gravemann, 27 Feb. 1944 (MPG), and to Schirmer, 20 Feb. 1944 (MPG).

(105) Planck to Schirmer, 2 Mar. 1944, and to Hartmann, 24

Nov. 1943, 2 May 1944, 3 Jan. 1945 (MPG).

(106) Marga Planck to Laue, 22 Apr. and 11 June 1944, the last requesting that Iaue draft a preface to a new edition of Wege; Planck to Laue, 29 July and 8 Aug. 1944 (DM); Planck to Kippenberg, 5 May 1944 (KA).

(107) Peter Hoffmann, *The German resistance* (1977), 27, 110, 178–179; Peter, *Spiegelbild einer Verschworung* (1961), 290; Planck to Laue, 8 Aug. 1944(DM), and to Schirmer, 13 Oct. 1944 (MPG).

(108) Peter Hoffmann, *The German resistance* (1977), 117; Bachmann and Trummert, *Münchener medizinische Wochenschrift*, 112 (1970), 161. Klaus Scholder, *Die Mittwochs-Gesellschaft* (1982), 368, lists Heisenberg but not the Plancks as a member. The arrest of many of its leaders immediately after the attempt destroyed the club (ibid., 11, 42–43).

(109) Planck to Laue, 2 Nov. 1944, in AH, 111, and to Hahn, 5 Nov. 1944(DM); to the Hans Hartmanns, 3 Jan. 1945 (influential people have been mobilized) (MPG); to Laue, 29 Jan. 1945 (DM); Marga Planck to Laue, 8 Mar. 1945 (DM), and to Frau Otto Hahn, 11 Feb. 1945 (MPG). Cf. Glum, *Wissenschaft, Wirtschaft und Politik* (1964), 395–396, 413, 429.

(110) Marga Planck to Laue, 18 Mar. 1945 (DM).

(111) Axel von Harnack, in "Max Planck zum Gedächtnis," PB, 4 (1948), 170–171; Planck to Sommerfeld, 4 Feb. 1945

(AHQP), and to Fritz and Grete Lenz 2 Feb. 1945 (MPG), in AH, 113–114, and, in similar words, to Schirmer, 29 Jan. 1945 (MPG).

(112) Planck to Kippenberg, 14 Mar. 1945 (KA); Marga Planck to Annamarie Schrödinger, 10 Nov. 1947 (AHQP/92).

(113) Marga Planck to Hartmann, 12 Dec. 1945 (MPG); AH, 114–116; Laue, Nwn, 35 (1948), 7.

(114) HH, 27–28, re a lecture in Hamburg; AH, 116–117, 123–124, 126; Marga Planck to Hartmann, 15 May 1947 (MPG, quote), and to Sommerfeld, 3 July 1946 (AHQP/33); Planck, in *Atlantis*, 14 (1947), 14, as quoted by D. Hoffmann, in Urania, *Zur Ceschichte* (1982), 25.

(115) Planck to Neuberg, 17 Sept. 1946 (ANP); Planck to A. Berthollet, 28 Mar. and 14 Dec. 1945, in "Max Planck zum Gedächtnis," PB, 4 (1948), 162; cf. Born, in Royal Society of London, *Obituary notices*, 6 (1948), 180.

(116) For example, Jánossy, in Kockel et al., eds., *Max-Planck-Festschrift* (1959), 397; Klohr, in Halle, Univ., *Wissenschaftliche Zeitschrift*, 6: 2 (1954), 293–299. Cf. Dinkler, *Zeitschrift für Theologie und Kirche*, 56 (1959), 201–202, 216–217. Even the astute Vogel takes Planck's religiosity to have been a "Troian horse for religion and the Church" (PhW, 234).

(117) Planck to W.H. Kick, 18 June 1947, in Herneck, *Wissenschaftsgeschichte* (1984), 89–90; PhW, 227, lists philosophers

and theologians who tried to christianize Planck's religion.

(118) AH, 119-120, and Hermann, *New physics* (1979), 111-115; Elisabeth Heisenberg, *Das politische leben*. (1980), 150-154; Planck to Direktoren, 24 July 1945 and 23 Mar. 1946, and to Hahn, 25 July 1945, in MPG, *50 Jahre* (1961), 189-190, 201.

(119) Marga Planck to Hartmann, 27 Jan. 1946 (MPG); Gründungssitzung, "Protokoll," 11 Sept. 1946, and Research Control Authorities to Hahn, 8 July 1949, in MPG, *50 Jahre* (1961), 202-205, 231; Stamm, *Zwischen Staat und Selbstverwaltung* (1981), 81-98.

(120) ADB, 188-195; Richter, in Mehrtens and Richter, Naturwissenschaft, Technik und NS-IdeoLogie (1980), 116-141.

(121) Einstein to Planck, 10 Oct. 1930 (AE).

(122) Einstein to Planck, 6 Apr. 1933 (AE).

(123) Cf. Gregg, diary, 16 June 1934 (RF 717/2), on Laue; Marga Planck to Einstein, 26 Nov. 1947 (AE), on Einstein's refusal to write Planck after their exchanges in 1933.

(124) ADB, 207-208; Ramsauer, *Physik-Technik-Pädagogik* (1949), 82-84; LS, 3, 132-133, 140; Grundemann, in Dresden, Technische Hochschule,*Wissenschaftliche Zeitschrift*, 16: 5 (1967), 1626.

(125) Heisenberg to KWG, Generalverwaltung, 22 June 1943 (MPG A/39); Irving, *The German atomic bomb* (1967).

(126) Ardenne, *Mein Leben*, (1984), 148–150. British Intelligence rated both Ardenne and Heisenberg as Nazis for their wartime activities (Chadwick Papers 4/56, Churchill College, Cambridge).

(127) Planck to Klippenberg, 7 Feb. 1946 (KA).

(128) Wege, 289 (1936). Cf. Einstein to Marga Planck, 10 Nov. 1947 (AE), and Planck to Neuberg, 16 May 1942 (ANP).

参考文献

Abb, Gustav, ed. *Aus fünfzig jahren deutscher Wissenschaft.* Berlin: de Gruyter, 1930.

Akademie der Wissenschaften, Berlin. *Max Planck in seinen Akademie-Ansprachen.* Berlin: Akademie-Verlag, 1948.

Akademie der Wissenschaften, Berlin. Institut für Theorie, Geschichte und Organisation der Wissenschaft. *Die Entwicklung Berlins als Wissenschaftszentrum,* 1870–1930, 1 (1981), and 5 (1984). (*Kolloquien,* 24, 35.)

Andrade, E.N.da C. "Max Planck." *Nature,* 161 (1948), 284.

Apelt, Willibalt. *Geschichte der Weimarer Verfassung.* Munich: Biederstein, 1946.

Ardenne, Manfred von. *Mein Leben für Forschung und Fortschritt.* 7th ed. Munich: Nymphenburger, 1984.

Bachmann, D., and W. Trummert. "Max Planck in der Vorlesung von Sauerbruch." *Münchener medizinische Wochenschrift,* 112 (23 Jan. 1970), 158–161.

Badash, Lawrence. "British and American views of the German menace in World War I." Royal Society of London, *Notes and records*, 34 (1979), 91-121.

Bader, Joseph. *Forschung und Forschungsinstitute. Eine Monographie der technisch-wissenschaftlichen Forschungseinrichtungen. I. Der Staat als Forscher.* Munich: Verlag der deutschen Technik, 1941.

Balmer, H. "Planck und Einstein beantworten eine wissenschaftliche Rundfrage." PB, 25 (1969), 558.

Basler, Werner. "Zur politischen Rolle der Berliner Universität imersten imperialistischen Weltkrieg 1914 bis 1918." Berlin Universität. *Wissenschaftliche Zeitschrift, Gesellschafts- und Sprachwissenschaftliche Reihe*, 10 (1961), 181-203.

Baumgärtner, Raimund. *Weltanschauungskampf im Dritten Reich. Die Auseinandersetzung der Kirchen mit Alfred Rosenberg.* Mainz: Matthias-Gninewald-Verlag, 1977.

Bavink, Bernhard. "Die Naturwissenschaften im Dritten Reich." *Unsere Welt*, 25(1933), 225-236.

Benz, Ulrich. *Arnold Sommerfeld. Lehrer und Forscher an der Schwelle zum Atomzeitalter*, 1868-1951. Stuttgart: Wissenschaftliche Verlagsgesellschaft, 1975.

Bergsträsser, Ludwig. *Geschichte der politischen Parteien in Deutschland.* 9th ed. Munich: Olzog, 1955.

Bernhard, C.G., et al., eds. *Science, technology and society in the time of Alfred Nobel.* Oxford: Pergamon, 1982.

Beyerchen, Alan D. *Scientists under Hitler.* New Haven: Yale University Press, 1977.

Bielfeldt, Hans-Holm, et al., eds. *Deutschland, Sowjetunion. Ausfünf Jahrzehnten kultureller Zusammenarbeit.* Berlin: Humboldt-Universität, 1966.

Blackmore, *John T. Ernst Mach. His work, life, and influence.* Berkeley and Los Angeles: University of California Press, 1972.

Boberach, Heinz, ed. *Germany. Reichssicherheitshauptamt. Sicherheitsdienst. Berichte des SD und der Gestapo über Kirchen und Kirchenvolk in Deutschland.* Mainz: Matthias-Grünewald-Verlag, 1971.

Börnstein, R. "Physikalische Unterrichtsübungen für künftige Lehrer." ZPCU, 19(1906), 355–356.

Bohr, Niels. "The quantum postulate and the recent development of atomic theory." In Congresso Internazionale dei Fisici, *Atti* (1928), 2, 565–588.

——. *Collected works.* Ed. L. Rosenfeld et al. Amsterdam: North Holland, 1972–.

Bom, Max. "Max Karl Ernst Ludwig Planck, 1858–1947." Royal Society of London. Obituary notices, 6 (1948), 161–188.

——. "Die Physik und die Ismen." PB, 16 (1960), 147–148.

——. *My life. Recollections of a Nobel Laureate.* New York:

Scribners, 1978.

Bose, D.M. "Max Planck." *Science and culture*, 13 (1947), 237–242.

Brillouin, Léon. *Vie, matière et observation*. Paris: Albin Michel, 1959.

Brocke, Bernhard vom. "Wissenschaft und Militarismus." W.M. Calder III, Hellmut Flashar, and Theodor Lindken, eds. *Wilamowitz nach 50 Jahren*. Darmstadt: Wissenschaftliche Buchgesellschaft, 1985. pp. 649–719.

Brüche, Ernst. "Deutsche Physik und die deutschen Physiker." PB, 2 (1946), 232–236.

Burchardt, Lothar. *Wissenschaftspolitik im Wilhelminischen Deutschland: Vorgeschichte, Gründung und Aufbau der Kaiser-Wilhelm-Gesellschaft zur Förderung der Wissenschaften*. Göttingen: Vandenhoeck and Ruprecht, 1975.

Clark, Ronald. *Einstein, the life and times*. New York: World, 1971.

Cock, A. G. "Chauvinism in science: the International Research Council, 1919–1926." Royal Society of London. *Notes and records*, 37 (1983), 249–288.

Congresso Internazionale dei Fisici. *Atti*. 2 vols. Bologna: Zanichelli, 1928.

Crawford, Elisabeth. "Arrhenius, the atomic hypothesis, and the

1908 Nobel prizes in physics and chemistry." *Isis*, 75 (1984), 503–522.

———. *The beginnings of the Nobel institution: the science prizes, 1901 - 1915.* Cambridge: Cambridge University Press, 1984.

Daisomont, M. *Max Planck et la philosophie religieuse.* 2nd ed. Bruges: Editions "de Temple, " 1948.

Davidis, Michael, ed. *Wissenschaft und Buchhandel. Der Verlag Julius Springer und seine Autoren.* Munich: Deutsches Museum, 1985.

Davidson, Martin. *Free will or determinism.* London: Watts, 1937.

Dingler, Hugo. *Die Methode der Physik.* Munich: E. Reinhardt, 1938.

———. "Determinismus oder Indeterminismus. (Zu Max Plancks gleichnamigem Vortrag." *Zeitschrift für die gesamte Naturwissenschaft*, 5 (1939), 42–57.

———."Zur Entstehung der sogen. modemen theoretischen Physik." Ibid., 4(1939), 329–341.

———. *Max Planck und die Begründung der sogenannten modernen theoretischen Physik.* Berlin: Ahnenerbe-Stiftung Verlag, 1939.

Dinkler, Erich. "Max Planck und die Religion." *Zeitschrift für Theologie und Kirche*, 56 (1959), 201–223.

Dugas, René. *La théorie physique au sens de Boltzmann.* Neuchâtel, Switzerland: Editions du Griffon, 1959.

Eagle, Albert. *The philosophy of religion versus the philosophy of science*. Manchester: for the author, 1935.

Einstein, Albert. "Max Planck als Forscher." Nwn, 1 (1913), 1077–1079.

———. "Leo Arons als Physiker." *Sozialistische Monatshefte*, 1919: 25/6, 1055–1056.

Einstein, Albert, and Michele Besso. *Correspondance*, 1903–1955. Ed. Pierre Speziali. Paris: Hermann, 1972.

Einstein, Albert, and Max Born. *Briefwechsel*, 1916–1955. Munich: Nymphenburger, 1969.

Einstein, Albert, and Arnold Sommerfeld. *Briefwechsel*. Ed. Armin Hermann. Basel and Stuttgart: Schwabe, 1968.

Erdmann, Benno. *Über den modernen Monismus*. Berlin: Norddeutsche Buchdruckerei, 1914. (Speech at the celebration of the birthday of the kaiser, 27 Jan. 1914.)

Erickson, Ralph W. "Planck's concept of causality." *Journal of philosophy*, 35(1938), 208–211.

Ferguson, Allan. "Prof. Planck and the principle of causality in physics." *Nature*, 130 (1932), 45–48.

Feuer, Lewis S. *Einstein and the generations of science*. New York: Basic Books, 1974.

Feyerabend, Paul K. "Mach's theory of research and its relation to Einstein's." *Studies in history and philosophy of science*, 15 (1984),

1–22.

Fischer, Karl T. "Vorschläge zur Hochschulausbildung der Lehramtskandidaten für Physik." ZPCU, 20 (1907), 65–78.

Fonrman, Paul. *The environment and practice of atomic physics in Weimar Germany*. Ph. D. thesis, University of California, Berkeley, 1967.

———. "Weimar culture, causality and quantum theory, 1918–1927: Adaptation by German physicists. and mathematicians to a hostile intellectual environment."HSPS, 3 (1971), 1–115.

———. "Scientific internationalism and the Weimar physicists: The ideology and its manipulation in Germany after World War I." *Isis* , 64. (1973), 151–180.

———."Financial support and political alignment of physicists in Weimar Germany." *Minerva*, 12 (1974), 39–66.

———. " *Kausalität, Anschaulichkeit,* and *Individualität,* or How cultural values prescribed the character and the lessons ascribed to quantum mechanics." In Nico Stehr and Volker Maja, eds., *Society and knowledge*. New Brunswick and London: Transaction Books, 1984. pp. 333–347.

Forman, Paul, J. L. Heilbron, and Spencer Weart. "Physics circa 1900: Personnel, funding, and productivity of the academic establishments." HSPS, 5(1975), 1–185.

Frank, Philipp. "Die Bedeutung der physikalischen

Erkenntnistheorie Machs für das Geistesleben der Gegenwart." Nwn, 5 (1917), 65–72.

———. "Was bedeuten die gegenwärtigen physikalischen Theorien für die allgemeine Erkenntnislehre?" *Erkenntnis*, 1 (1930–1931), 126–157.

———. "Zeigt sich in der modernen Physik ein Zug zu einer spiritualistischen Auffassung?" *Erkenntnis*, 5 (1935), 65–80.

———. *Einstein. His Life and times*. New York: Knopf, 1947.

Fricke, Dieter. "Zur Militarisierung des deutschen Geisteslebens im Wilhelminischen Kaiserreich: Der Fall Leo Arons." *Zeitschrift für Geschichtswissenschaft*, 8 (1960), 1069–1107.

Fricke, Dieter, ed. *Die bürgerlichen Parteien in Deutschland. Handbuch der Geschichte der burgerlichen Parteien*. 2 vols. Leipzig and Berlin (West),1968–1970.

Fuchs, Franz. *Der Aufbau der Physik im Deutschen Museum, 1905 - 1953*. Munich: Oldenburg, 1957. (Deutsches Museum. *Abhandlungen und Berichte*, 25: 3.)

Gehrcke, E. "Wie die Energieverteilung der schwarzen Strahlung in Wirklichkeit gefunden wurde." *Physikalische Zeitschrift*, 37 (1936), 439–440.

Gerhards, Karl. "Zur Kontroverse Planck-Mach." VWPS, 36 (1912), 19–68.

Gerlach, Walter. *Die Quantentheorie. Max Planck, sein Werk und seine Wirkung.* Bonn. Universitäts-Verlag, 1948.

Gesellschaft deutscher Naturforscher und Ärzte. Unterrichtskommission. *Gesamtbericht.* Ed. A. Gutzmer. Leipzig and Berlin: Teubner, 1908.

Glaser, Ludwig. "Juden in der Physik: Jüdische Physik." *Zeitschrift für die gesamte Naturwissenschaft*, 5 (1939), 272–275.

Glum, Friedrich. "Zehn Jahre Kaiser-Wilhelm-Gesellschaft zur Forderung der Wissenschaften." Nwn, 9 (1921), 293–300.

———. "Die Kaiser-Wilhelm-Gesellschaft zur Forderung der Wissenschaften." In Harnack, *Handbuch* (1928), 11–37.

———. *Zwischen Wissenschaft, Wirtschaft und Politik. Erlebtes und Erdachtes in. vier Reichen.* Bonn: Bouvier, 1964.

Goldberg, Stanley. "The Abraham theory of the electron: the symbiosis of theory and experiment." *Archive for history of exact science*, 7 (1971), 7–25.

———. "Max Planck's philosophy of nature and his elaboration of the special theory of relativity." HSPS, 7 (1976), 125–160.

Grau, Conrad. "Die deutschen Universitäten und die 200-Jahr-Feier der Akademie der Wissenschaften der UdSSR 1925." In Bielfeldt et al., eds., *Deutschland, Sowjetunion* (1966), 172–178.

Grimsehl, Ernst. "Über den Hochschulunterricht für künftige Lehrer der Physik." ZPCU, 20 (1907), 1–6.

Groos, Helmut. *Die Konsequenzen und Inkonsequenzen des*

Determinismus. Munich: Reinhardt, 1931.

Grumbach, S. *Das annexionistische Deutschland.* lausanne: Payot, 1917.

Grundemann, S. "Zum Boykott der deutschen Wissenschaft nach dem ersten Weltkrieg." Dresden. Technische Hochschule. *Wissenschaftliche Zeitschrift,*14: 3 (1965), 799–806.

——."Das moralische Antlitz der Anti-Einstein Liga." Ibid., 16: 5 (1967),1623–1626.

Haas, Arthur Eric. *Materiewellen und Quantenmechanik.* Leipzig: Akademie Verlagsgesellschaft, 1928.

Haas-Lorentz, G.L.de.H.A. *Lorentz Impressions of his life and work.* Amsterdam: North Holland, 1957.

Haber, Fritz. "Zum fünfundsiebzigsten Geburtstage des Präsidenten der Kaiser-Wilhelm-Gesellschaft Max Planck." Nwn, 21 (1933), 293.

Haber, Fritz, and Otto Hahn. "Richtlinien für die Tätigkeit des Japanausschusses der Notgemeinschaft der deutschen Wissenschaft." Nwn, 11 (1923), 31–32, 210–211.

Haberditzl, Werner."Der Widerstand deutscher Naturwissenschaftler gegen die 'Deutsche Physik' und andere faschistische Zerrbilder der Wissenschaft." In Harig and Mettle, eds., *Naturwissenschaft-Tradition-Fortschritt* (1963), 320–326.

Hahn, Otto. "Einige persönliche Erinnerungen an Max

Planck." MPG. *Mitteilungen.* 1957, 243-246.

———. "Zur Erinnerung an die Haber-Gedächtnisfeier vor 25 Jahren, am 29. Januar 1935." MPG. Mitteilungen, 1960, 3-13.

———. *My life.* New York: Herder and Herder, 1970.

Hale, Oron J. *The captive press in the Third Reich.* Princeton University Press,1934.

Harig, Gerhard, and Alexander Mette, eds. *Naturwissenschaft-Tradition-Fortschritt.* Berlin: Deutscher Verlag der Wissenschaften, 1963.

Harnack, Adolf von. *An der Schwelle des dritten Kriegsjahrs.* Berlin: Wiedemannsche Buchhandlung, 1916.

———. "Friedensaufgaben und Friedensarbeit." In Harnack, *Erforschtes* (1923), 279-297.

———.*Die Institute und Unternehmungen der Kaiser-Wilhelm-Gesellschaft zur Förderung der Wissenschaften.* Berlin: Reichsdruckerei, 1917.

———. "Offener Brief an Herrn clemenceau." In Harnack, *Erforschtes* (1923),303-305.

———. "Die Kaiser-Wilhelm-Gesellschaft im Jahr 1922." In Harnack, *Erforschtes* (1923), 243-252.

———. *Erforschtes und Erlebtes.* Giessen: Töpelmann, 1923.

Harnack, Adolf von, ed. *Handbuch der Kaiser-Wilhelm-Gesellschaft.* Berlin: Reimar Hobbing, 1928.

Hartmann, Hans. *Max Planck als Mensch und Denker*. 4th ed. Basel, Thun, and Düsseldorf: Ott, 1953.

———. "Max Planck im Kampf um seine Grundideen." *Naturwissenschaftliche Rundschau*, 11 (1958), 128–131.

Hartmann, Max. *Gesammelte Vorträge und Aufsätze*. 2 vols. Stuttgart: G. Fischer, 1956.

Heilbron, J.L. "Fin-de-siècle physics." In Bernhard et al., *Science, technology, and society* (1982), 51–73.

———. "The Copenhagen spirit in quantum physics and its earliest missionaries." *Revue d'histoire des sciences* (in press).

Heisenberg, Elisabeth. *Das politische Leben eines Unpolitischen. Erinnerungen an Werner Heisenberg*. Munich: Piper, 1980.

Heisenberg, Werner. "Über den anschaulichen Inhalt der quantentheoretischen Kinematik und Mechanik." *Zeitschrift für Physik*, 43 (1927), 172–198.

———. "Max Planck: Positivismus und reale Aussenwelt." *Zeitschrift für angewandte Chemie*, 44 (1931), 189.

———. "Max Planck: Wege zur physikalischen Erkenntnis." Nwn, 21 (1933), 608.

———. *Physics and beyond. Encounters and conversations*. New York: Harper and Row, 1971.

Heller, K.D. Ernst Mach: *Wegbereiter der modernen, Physik*. Vienna: Springer, 1964.

Hermann, Armin. "Einstein auf der Salzburger Naturforscherversammlung 1909." PB, 25 (1969), 433–436.

———. *Frühgeschichte der Quantentheorie (1899–1913)*. Mosbach in Baden: Physik Verlag, 1969.

———. "Max Planck-praeceptor physicae." PB, 29 (1973), 483–487.

———. *Max Planck in Selbstzeugnissen und Bilddokumenten*. Reinbeck: Rowohlt, 1973.

———. *The new physics. The route into the atomic age. In memory of Albert Einstein , Max von Laue, Otto Hahn, Lise Meitner* Bonn and Bad Godesberg: Inter Nationes, 1979.

Herneck, Friedrich. "Zu einem Brief Albert Einsteins an Ernst Mach." PB, 15(1959), 563–564.

———."Zum Briefwechsel Albert Einsteins mit Ernst Mach." *Forschungen und Fortschritte*, 37 (1963), 239–243.

———. *Wissenschaftsgeschichte: Vorträge und Abhandlungen*. Berlin: Akademie-Verlag, 1984.

Hickson, J. W. A. "Recent attacks on causal knowledge." *Philosophical review*, 47 (1938), 595–606.

Hoffmann, Banesh. *Albert Einstein, creator and rebel*. New York: Viking, 1972. Hoffmann, Dieter. "Johannes Stark: eine Persönlichkeit im Spannungsfeld von wissenschaftlicher Forschung und faschistischer Ideologie." Humboldt-Universität, Berlin.

Sektion Marxistisch-Leninistische Philosophie. Wissenschaft und Persönlichkeit. Berlin: Humboldt-Universität, 1982. pp. 90–101. (Philosophie und Naturwissenschaft in Vergangenheit und Gegenwart, 22.)

———."Max Planck und die Popularisierung naturwissenschaftlicher Erkenntnisse." Urania. Gesellschaft zur Verbreitung wissenschaftlicher Kenntnisse. *Zur Geschichte der Verbreitung wissenschaftlicher Kenntnisse unter den Volksmassen im kapitalistischen Deutschland.* Berlin: Urania, 1982. pp. 19–28.

———."Die Physik an der Berliner Universität in der ersten Hälfte unseres Jahrhunderts. Zur personellen und institutionellen Entwicklung sowie wichtige Beziehungen mit anderen Institutionen physikalischer Forschung in Berlin."AW. ITGOW. *Kolloquien*, 35 (1984), 5–30.

———. "Max Planck als akademischer Lehrer." Ibid., 55–71.

Hoffmann, Peter. *The history of the German resistance, 1933–1945.* Trans. Richard Barry. Cambridge: MIT Press, 1977.

Hoffmeister, Johannes. *Wörterbuch der philosophischen Begriffe.* Leipzig: F. Meiner, 1944.

Holton, Gerald. *Thematic origins of scientific thought. Kepler to Einstein.* Cambridge: Harvard University Press, 1973.

Inge, William Ralph. *God and the astronomers.* London and New York: Longmans Green, 1933.

Institut International de Physique Solvay. *La théorie du*

rayonnement et les quanta. Rapports et discussions de la réunion tenue à Bruxelles du 30 octobre au 3 novembre 1911. Paris: Gauthiers-Villars, 1912.

Irving, David. *The German atomic bomb. The history of nuclear research in Nazi Germany.* New York: Simon and Schuster, 1967.

Jánossy, L. "Plancks philosophische Ansichten in der Physik." In Kockel et al.,eds., *Max-Planck-Festschrift* (1959), 389–407.

Jensen, Paul. "Kausalität, Biologie, und Psychologie." *Erkenntnis*, 4 (1934),165–214.

Jordan, Pascual. "Über den positivistischen Begriff der Wirklichkeit." Nwn, 22(1934), 485–490.

———. *Anschauliche Quantentheorie. Eine Einführung in die moderne Auffassung der Quantenerscheinungen.* Berlin: Springer, 1936.

Kaiser-Wilhelm-Gesellschaft. *Liste der Mitglieder.* Berlin: Reichsdruckerei, 1917.

———."Tätigkeitsbericht." Nwn, 20 (1932), 428–461, Nwn, 23 (1935), 321–367, and Nwn, 24 (1936), 19–48.

Kangro, Hans, *Vorgeschichte des Planckschen. Strahlungsgesetzes.* Wiesbaden: Franz Steiner, 1970.

Keussen, Rudolf. *Die Willensfreiheit als religiöses und philosophisches Grundproblem.* Freiburg/Br.: Willibrordbuchhandlung, 1935.

Kirsten, Christa. "Kommentar [zu Plancks Selbstdarstellung] ." AW. *Aus der Arbeit von Plenum und Klasse*, 8: 4 (1983), 4−11.

Kirsten, Christa, and Hans-Günther Körber. *Physiker über Physiker*. 2 vols. Berlin: Akademie-Verlag, 1975−1979. (Vol. 1, *Wahlvorschläge zur Aufnahme von Physikern in die Berliner Akademie 1870 bis 1930*; vol. 2, *Antrittsreden···, Gedächtnisreden*.)

Kirsten, Christa, and Hans-Jürgen Treder. *Albert Einstein in Berlin*, 1913−1933. 2 vols. Berlin: Akademie-Verlag, 1979.

Klein, Martin J. "Thermodynamics and quanta in Planck's work." *Physics today*, 19: 11 (1966), 23−32.

———. *Paul Ehrenfest*. Amsterdam: North Holland, 1970.

Kleinert, Andreas. "Eine Stellungnahme Plancks zur Frage des Frauenstudiums." PB, 34 (1978), 31−33.

———. "Lenard, Stark, und die Kaiser-Wilhelm-Gesellschaft." PB, 36: 2(1980), 35−38, 43.

Kleinpeter, Hans. "Zur Begriffsbestimmung des Phänomenalismus." VWPS, 36(1912), 1−18.

Klohr, Olof. "Max Planck - Naturwissenschaft - Religion." Halle Universität. *Wissenschaftliche Zeitschrift, Math-Naturw. Reihe*, 6: 2 (1957), 293−299.

Kockel, B., W. Macke, and A. Papapetrou, eds. *Max-Planck-Festschrift* 1959. Berlin: Deutscher Verlag der Wissenschaften, 1959.

Körber, Hans-Günther, ed. *Aus dem wissenschaftlichen Briefwechsel Wilhelm Ostwalds.* Berlin: Akademie-Verlag, 1961–.

Konen, Heinrich. "Zur Frage des Unterrichtes der Studierenden der Physik an den Universitäten." ZPCU, 20 (1907), 231–234.

Krafft, Fritz. *Im Schatten der Sensation. Leben und Wirken von Fritz Strassmann.* Weinheim: Verlag Chemie, 1981.

Kropp, Gerhard. "Die philosophischen Gedanken Max Plancks." *Zeitschrift für philosophische Forschung,* 6: 3 (1952), 434–458.

Kuhn, T. S. *Black-body theory and the quantum discontinuity, 1894–1912.* New York and Oxford: Oxford University Press, 1978.

Künzel, Friedrich. "Max Planck als Sekretär der Berliner Akademie der Wissenschaften in den Jahren 1912 bis 1938." AW. ITGOW. *Kolloquien,* 35(1984), 73–84.

Langevin, André. *Paul Langevin, mon père.* Paris: Editeurs francais réunis,1971.

Laue, Max von. "Steiner und die Naturwissenschaft." *Deutsche Revue,* 47(1922), 41–49. (Also in laue, *Gesammelte Schriften,* 3, 48–56.)

———. "Zu der Erörterung über Kausalität." Nwn, 20 (1932), 915–916.

———. "Ansprache bei der Eröffnung der Physikertagung in

Würzburg." *Physikalische Zeitschrift*, 34 (1933), 889 - 890. (Also in Laue, *Gesammelte Schriften*, 3, 61–62.)

———. "Materie und Raumerfüllung." *Scientia*, 54 (1933), 402–412, and Suppl., 182–191.

———. "Nachruf auf Fritz Haber." Nwn, 22 (1934), 97.

———. "Über Heisenbergs Ungenauigkeitsbeziehungen und ihre erkenntnistheoretische Bedeutung." Nwn, 22 (1934), 439–440.

———. "Max Planck." Nwn, 35 (1948), 1–7.

———. "Zu Max Plancks 100. Geburtstage." Nwn, 45 (1958), 223.

———. *Gesammelte Schriften und Vorträge*. 3 vols. Braunschweig: Vieweg, 1961.

Lenard, Philipp. *Quantitatives über Kathodenstrahlen aller Geschwindigkeiten*. Heidelberg, 1918. (Akademie der Wissenschaften, Heidelberg. Math.-Naturw. Klasse. Abhandlungen, 5.)

———. *Deutsche Physik*. 4 vols. Munich: J. F. Lenmanns, 1936–1937.

———. "Erinnerungen eines Naturforschers, der Kaiserreich, Judenherrschaft und Hitlerzeit erlebt hat." Typescript autobiography, AHQP.

Lenz, Max. *Geschichte der königlichen Friedrich-Wilhelms-Universität zu Berlin*. 4 vols. Halle: Buchhandlung des

Waisenhauses, 1910–1918.

Lexikon für Theologie und Kirche. Freiburg/Br.: Herder, 1938.

Lindner, Helmut. "'Deutsche' und 'gegentypische' Mathematik." Mehrtens and Richter, eds., *Naturwissenschaft, Technik, und NS-Ideologie* (1980), 88–115.

Lowood, Henry. *Max Planck. A bibliography of his non-technical writings.* Berkeley: Office for History of Science and Technology, University of California, 1977.

Ludloff, Rudolf. "Der Aufenthalt deutscher Hochschullehrer in Moskau und Leningrad 1925." Jena. Universität. *Wissenschaftliche Zeitschrift, Gesellschafts-und Sprachwissenschaft liche Reihe*, 1956/7: 6, 709–721.

Mach, Ernst. "Die Leitgedanken meiner naturwissenschaftlichen Erkenntnislehre und ihre Aufnahme durch die Zeitgenossen." *Physikalische Zeitschrift*, 11(1910), 599–606.

Martens, Erika. *Zum Beispiel "Das Reich." Zur Phänomenologie der Presse im totalitären Regime.* Cologne: Verlag Wissenschaft und Politik, 1972.

Max-Planck-Gesellschaft. *50 Jahre Kaiser-Wilhelm-Gesellschaft und Max-Planck-Gesellschaft zur Forderung der Wissenschaften.* Cöttingen: MPG, 1961.

"Max Planck zum Gedächtnis." PB, 4 (1948), 133–180. (Contributions by Alfred Bertholet, Louis de Broglie, Felix

Ehrenhaft, Heinrich von Ficker, Axel von Harnack, Friedrich Hoffmann, Pascual Jordan, Ernst Lamla, J. R. Partington, Wilhelm Westphal, and Agnes von Zahn-Harnack.)

McCormmach, Russell. *Night thoughts of a classical physicist.* Cambridge: Harvard University Press, 1982.

Mehrtens, Herbert, and Steffen Richter, eds. *Naturwissenschaft, Technik und NS-Ideologie*: *Beiträge zur Wissenschaftsgeschichte des Dritten Reiches.* Frankfurt/Main: Suhrkamp, 1980.

Meissner, Walther. "Max Planck, the man and his work." *Science*, 113 (1951), 75–81.

Meitner, Lise. "Max Planck als Mensch." Nwn, 45 (1958), 406–408.

——. "Looking back." *Bulletin of the atomic scientists*, 20: 11 (1964), 2–7.

Merten, Bernhard. "Max Planck: Das Weltbild der neuen Physik." Nwn, 25(1937), 253–254.

Müller, Friedrich von. "Eröffnungsrede." GDNA. *Verhandlungen*, 86 (1920), 15–24.

Müller, Wilhelm. "Judischer Geist in der Physik." *Zeitschrift für die gesamte Naturwissenschaft*, 5 (1939), 162–175.

——. "Die Lage der theoretischen Physik an den Universitäten." Ibid., 6(1940), 282–298.

Nagel, Bengt. "The discussion concerning the Nobel prize for

Max Planck." In Bernhard et al., *Science, technology, and society* (1982), 352–376.

Nathan, Otto, and Heinz Norden, eds. *Einstein on peace.* New York: Avenel, 1981.

Noack, Karl. "Die Vorbildung der Physiklehrer." ZPCU, 20 (1907), 147–153.

O'Flaherty, James C. "Max Planck and Adolf Hitler." American Association of University Professors. *Bulletin*, 42 (1956), 437–444.

———. "A humanist looks at Max Planck." *American scientist*, 47 (1959), 68–79.

Ostwald, Wilhelm. "Max Planck: Die Einheit des physikalischen Weltbildes." *Annalen der Naturphilosophie*, 10 (1910), 105–106.

———. *Lebenslinien. Eine Selbstbiographie.* 3 vols. Berlin: Klasing, 1926–1927.

Pachaly, Erhard. "Die Beziehungen der Notgemeinschaft der deutschen Wissenschaft zur sowjetschen Wissenschaft." In Bielfeldt et al., eds., *Deutschland, Sowjetunion* (1966), 129–137.

Pauli, Wolfgang. *Wissenschaftlicher Briefwechsel.* Ed. A. Hermann, K. von Mayenn, and V. F. Weisskopf. New York, Heidelberg, and Berlin: Springer, 1979–.

Peter, Karl Heinrich. *Spiegelbild einer Verschwörung. Die Kaltenbrunner-Berichte an Bormann und Hitler über das Attentat vom* 20. Juli 1944. Stuttgart: Seewald, 1961.

Petzold, Joseph. "Die vitalistische Reaktion auf die Unzulänglichkeit der mechanischen Naturansicht." *Zeitschrift für allgemeine Physiologie*, 10 (1910), 69-119.

Picard, Emile. "Sciences." Paris. Exposition Universelle Internationale de 1900. Jury International. *Rapports. Introduction générale*, 2, vii-ix, 1-114. Paris: Imprimerie nationale, 1903.

Pihl, Gunnar T. *Germany. The last phase*. New York: Knopf, 1944.

Planck, Max. *Grundriss der allgemeinen Thermochemie. Mit einem Anhang: Der Kern des zweiten Hauptsatzes der Wärmetheorie.* Breslau: Eduard Trewendt, 1893.

———. *Vorlesungen über Thermodynamik*. 2nd ed. Leipzig: von Veit, 1905. (lst ed., 1897.)

———. *Das Prinzip der Erhaltung der Energie. Von der Philosophischen Fakultät Göttingen preisgekrönt*. 2nd ed. Leipzig and Berlin: Teubner, 1908. (1st ed., 1887.)

———. *Acht Vorlesungen über theoretische Physik gehalten an der Columbia University in the City of New York im Frühjahr* 1909. Leipzig: Hirzel, 1910.

———. "Zur Machschen Theorie der physikalischen Erkenntnis. Eine Erwiderung." *Physikalische Zeitschrift*, 11 (1910), 1186-1190.

———. " [Ansprache] ." *Berliner akademische Nachrichten*, 8

(1913–1914), 26–27.

———. *Das Weltbild der neuen Physik.* Leipzig: Barth, 1929.

———. *Einführung in die Theorie der Wärme.* Leipzig: Hirzel, 1930.

———. "Dem Andenken an W. Wien." In Wien, *Aus dem Leben* (1930), 139–141.

———. "Neue Erkenntnisse der Physik." *Die Woche*, 1931, 1419–1920.

———. "Ein Blick in das Universum. Die Stellung und Bedeutung der heutigen Physik." Ernte, 13: 7 (1932), 31–33.

———. "Überproduktion von wissenschaftlichen Ideen." *Berliner Tageblatt*, Sonntags-Ausgabe (1. Beiblatt), 18 June 1933.

———. "Arnold Sommerfeld zum siebzigsten Geburtstag." Nwn, 26 (1938), 777–779.

———. "Max von Laue. Zum 9 Oktober 1939." Nwn, 27 (1939), 665–666.

———. "Naturwissenschaft und reale Aussenwelt." Nwn, 28 (1940), 778–779.

———. "Warum kann Wissenschatt nicht populär sein?" *Das Reich* (Berlin), no. 32, 9 August 1942.

———. "Selbstdarstellung (1942)." *AW, Berlin. Aus der Arbeit von Plenum und Klasse*, 8: 4 (1983), 4–11.

———. *Wege zur physikalischen Erkenntnis.* 3rd ed. Leipzig:

Hirzel, 1944.

———. "Mein Besuch bei Adolf Hitler." PB, 3 (1947), 143.

———. *Erinnerungen*. Ed. W. Keiper. Berlin: Keiperverlag, 1948.

———. *Physikalische Abhandlungen und Vorträge*. 3 vols. Braunschweig: Vieweg, 1958.

———. *The new science*. New York: Meridian, 1959.

Poliakov, Leon, and Josef Wulf, eds. *Das Dritte Reich und seine Denker*. Berlin: Arani, 1959.

Poske, Friedrich. "Die Einrichtungen für den naturwissenschaftlichen Unterricht an den höheren Schulen Preussens." ZPCU, 20 (1907), 401–404.

Przibram, K., ed. *Schrödinger, Planck, Einstein, Lorentz. Briefe zur Wellenmechanik*. Vienna: Springer, 1963.

Pyenson, Lewis. *Neohumanism and the persistence of pure mathematics in Wilhelmian Germany*. Philadelphia: American Philosophical Society, 1983.

———. *The young Einstein. The advent of relativity*. Bristol and Boston: Adam Hilger, 1985.

Ramsauer, Carl. *Physik-Technik-Pädagogik. Erfahrungen und Erinnerungen*. Karlsruhe: G. Braun, 1949.

Realencyclopädie für protestantische Theologie und Kirche. 3rd ed. Ed. Albert Hauck. Leipzig: J. C. Hinrichs'sche Buchhandlung, 1896–1913.

Reingold, Nathan, and Ida Reingold, eds. *Science in America. A documentary history*, 1900-1939. Chicago: Chicago University Press, 1981.

Reishaus-Etzold, Heike. "Die Einflussnahme der Chemiemonopole auf die 'Kaiser-Wilhelm-Gesellschaft zur Förderung der Wissenschaften E.V.' während der Weimarer Republik." FW, 1973: 1, 37-61.

Richter, Steffen. *Forschungsförderung in Deutschland, 1920-1936*. Düsseldorf: VDI, 1972.

———."Der Kampf innerhalb der Physik in Deutschland nach dem Ersten Weltkrieg." *Sudhoffs Archiv*, 57 (1973), 195-207.

———."Die 'Deutsche Physik.'" In Mehrtens and Ricbter, *Naturwissenschaft, Technik und NS-Ideologie* (1980), 116-141.

Ringer, Fritz. *The decline of the German mandarins*. Cambridge. Harvard University Press, 1969.

Runge, Iris. *Carl Runge und sein wissenschaftliches Werk*. Göttingen: Vandenhoeck and Ruprecht, 1949.

Salomon, Felix. *Die deutschent Parteiprogramme. Heft 3. Von der Revolution bis zum neuen Reichstag, 1918-1920*. 3rd ed. Leipzig and Berlin: Teubner. 1920.

Schäfer, Dietrich. "Festrede." Berlin. Universität. *Feier... zur Erinnerung an die Erhebung der deutschen, Nation im Jahre 1813*. Berlin: Universitäts-Buchdruckerei, 1913. pp. 5-29.

Schenck, Rudolf. "Arbeitsgemeinschaft und Gemeinschaftsarbeit in Naturwissenschaften und Technik." In Abb, ed., *Aus fünfzig Jahren* (1930), 286–299.

Scherzer, Otto. "Physik im totalitären Staat." In Andreas Flitner, ed. *Deutsches Geistesleben und Nationalsozialismus.* Tübingen: Rainer Wunderlich, 1965. pp. 47–58.

Schlicker, Wolfgang. "Forschung und Gesellschaft - Vergesellschaftung der Forschung. Zur Stellung der Notgemeinschaft der deutschen Wissenschaft in der bürgerlichen Forschungspolitik der Weimarer Republik." *NTM. Schriftenreihe für Geschichte der Naturwissenschaft, Technik und Medizin*, 12: 1(1975), 45–55.

——. "Zu Max Plancks Bedeutung für die Leitung der Wissenschaft und Organisation der Forschung unter besonderer Berücksichtigung seines Wirkens in der Weimarer Republik." FW, 1975: 2, 161–185.

Schmidt-Ott, Friedrich. *Erlebtes und Erstrebtes*, 1860 - 1950. Wiesbaden: Franz Steiner, 1952.

Scholder, Klaus, ed. *Die Mittwochs-Gesellschaft. Protokolle aus dem geistigen Deutschland 1932 bis 1944.* Berlin: Severin and Siedler, [1982].

Schreber, Karl. "Zum Unterricht in der Experimentalphysik auf den Universitäten." ZPCU, 19 (1906), 213–215.

Schreiber, Reinhold. "Auslandsbeziehungen der deutschen Wissenschaft." In Abb,ed., *Aus fünfzig Jahren* (1930), 9–21.

Schroeder-Gudehus, Brigitte. *Deutsche Wissenschaft und internationale Zusammenarbeit*, 1914 - 1928. Geneva: Dumaret and Golay, 1966.

———."The argument for the self-government and public support of science in Weimar Germany." Minerva, 10 (1972), 537–570.

———.*Les scientifiques et la paix*. Montreal: Presses de l'Université, 1978.

Schrödinger, Erwin. "Was ist ein Naturgesetz?" Nwn, 17 (1929), 9–11. (Text of 9 Dec. 1922.)

Schwabe, Klaus. *Wissenschaft und Kriegsmoral. Die deutschen Hochschullehrer und die politischen Grundfragen des Ersten Weltkrieges.* Göttingen: Musterschmidt, 1969.

[Science.] "The scientific situation in Germany." *Science*, 77 (1933), 528–529.

Seelig, Carl. *Albert Einstein und die Schweiz.* Zurich: Europa-Verlag, 1952.

———. *Helle Zeit - Dunkle Zeit.* Zurich: Europa-Verlag, 1956.

Shea, W. R.,ed. *Otto Hahn and the rise of nuclear physics.* Dordrecht and Boston: Reidel,1983.

Sommerfeld, Arnold. " [Ernst Mach.] " Akademie der

Wissenschaften, Munich. *Jahrbuch*, 1917, 58–67.

———. "Max Planck zum sechzigsten Geburtstage." Nwn, 5 (1918), 195–202.

———. "Die Entwicklung der Physik in Deutschland seit Heinrich Hertz." *Deutsche Revue*, 43: 3 (1918), 122–132.

———. "Über die Anfänge der Quantentheorie von mehreren Freiheitsgraden." Nwn, 17 (1929), 481–483.

Stamm, Thomas. *Zwischen Staat und Selbstverwaltung. Die deutsche Forschung im Wiederaufbau 1945–1965.* Cologne: Verlag Wissenschaft und Politik, 1981.

Stark, Johannes. *Die Prinzipien der Atomdynamik*. 3 vols. leipzig: Hirzel,1910–1915.

———."The attitude of the German government towards science." *Nature*, 133(21 Apr. 1934), 614.

———. *Adolf Hitler und die deutsche Forschung.* Berlin: Pass and Garleb, [1934].

———."Einstein, Heisenberg und Schrödinger." *Nationalsozialistische Monatshefte*, no. 71, 1936. In Poliakov and Wulf, eds., *Das Dritte Reich* (1959), 300–308.

———."The pragmatic and the dogmatic spirit in physics." *Nature*, 141 (30 Apr. 1938), 770–772.

Stem, Leo, ed. *Die Berliner Akademie der Wrssenschaften in der Zeit des Imperialismus.* 3 vols. Berlin: Akademie-Verlag, 1975–

1979. (Vol. 1, 1900–1917, by Conrad Grau; vol. 2, 1917–1933, by Wolfgang Schlicker; vol. 3, 1933–1945, by Conrad Grau, Wolfgang Schlicker, and Liane Zeil.)

Tauber, Gerald E., ed. *Albert Einstein's theory of general relativity.* New York: Crown, 1979.

Thiele, Joachim. "Ein zeitgenössisches Urteil über die Kontroverse zwischen Max Planck und Ernst Mach." *Centaurus*, 13 (1968), 85–90.

Unsöld, Albrecht. *Physik und Historie. Rede und Ansprachen anlässlich der Enthüllung des Kieler Max-Planck-Denkmals am 23. April 1958.* Kiel: Ferdinand Hirt, 1958.

Vogel, Heinrich. *Zum philosophischen Wirken Max Plancks. Seine Kritik am Postivismus.* Berlin: Akademie-Verlag, 1961.

——."Die Stellung Max Plancks zur Sowjetunion und ihren Wissenschaftlern,dargestellt am Beispiel seiner Reise im Jahre 1925." In Bielfeldt et al.,eds., Deutschland, Sowjetunion (1966), 466 –472.

Wehberg, Hans. *Wider den Aufruf der 93 ! Das Ergebnis einer Rundfrage an die 93 Intellektuellen über die Kriegsschuld.* Berlin: Verlag für Politik und Geschichte, 1920.

Wendel, Günter. "Der Kampf deutscher Naturwissenschaftler gegen die Vorbereitung eines Atomkrieges." In Harig and Mette, eds., *Naturwissenschaft-Tradition-Fortschritt* (1963), 327–342.

——. Die Kaiser-Wilhelm-Gesellschaft, 1911–1914. *Zur*

Anatomie einer imperialistischen Forschungsgesellschaft. Berlin: Akademie-Verlag, 1975.

Westphal, Wilhelm H. "Max Planck als Mensch." Nwn, 45 (1958), 234–236.

Weyl, Hermann. "Die Relativitätstheorie auf die Naturforscherversammlung in Bad Nauheim." Deutsche Mathematiker-Vereinigung. *Jahresbericht*, 31 (1922), 51–63.

Wheaton, Bruce R. "Inventory of sources for history of twentieth-century physics (ISHTCP), " *Isis*, 75 (1984), 153–157.

Wiedemann Eilhard. "Über den Hochschulunterricht für künftige Lehrer der Physik." ZPCU, 19 (1906), 265–271.

Wien, Wilhelm. *Ziele und Methoden der theoretischen Physik*. Würzburg, 1914.

(Speech at the celebration of the 232nd anniversary of the University of Würzburg.)

——*Aus dem Leben und Wirken eines Physikers*. Ed. Karl Wien. Leipzig: Barth, 1930.

Willstätter, Richard. *Aus meinem Leben. Von Arbeit, Musseund Freunden*. Munich: Verlag Chemie, 1949.

Zahn-Harnack, Agnes von. *Adolf von Harnack*. 2nd ed. Berlin: De Gruyter, 1951.

在注释及参考文献中出现的常用缩写如下：

ADB	Alan D. Beyerchen. *Scientists under Hitler*. New Haven: Yale University Press, 1977.
AE	Albert Einstein Papers. Hebrew University, Jerusalem.
AH	Armin Hermann. *Max Planck in Selbstzeugnissen und Bilddokumenten*. Reinbeck: Rowohlt, 1973.
AHQP	Archive for History of Quantum Physics. Office for History of Science and Technology, University of California, Berkeley.
ANP	Artur Neuberg Papers. Sächsische Landesbibliothek, Dresden.
APS	American Philosophical Society, Philadelphia.
AW	Akademie der Wissenschaften.
DM	Deutsches Museum, Munich.
DPG	Deutsche Physikalische Gesellschaft.
ESC	Ehrenfest Scientific Correspondence. Museum Boerhaave, Leyden, and AHQP.

GDNA	Gesellschaft Deutscher Naturforscher und Ärzte.
HH	Hans Hartmann. *Max Planck als Mensch und Denker.* 4th ed. Basel, Thun, and Düsseldorf: Ott, 1953.
HSPS	*Historical studies in the physical sciences.*
ITGOW	Institut der Theorie, Geschichte und Organisation der Wissenschaft.
JW	*Jahrbuch für Wirtschaftsgeschichte.*
KA	Anton Kippenberg Papers. Schiller-National-Museum, Marbach.
Kirsten and Körber	Christa Kirsten and Hans-Günther Körber. *Physiker über Physiker.* 2 vols. Berlin: Akademie-Verlag, 1975–1979.
Kirsten and Treder	Christa Kirsten and Hans-Jürgen Treder. *Albert Einstein in Berlin,* 1913–1933. 2 vols. Berlin: Akademie-Verlag, 1979.
KWG	Kaiser-Wilhelm-Gesellschaft.
LS	Leo Stem, ed. *Die Berliner Akademie der Wissenschaften in der Zeit des Imperialismus.* 3 vols. Berlin: Akademie-Verlag, 1975–1979.
LTZ	Hendrik Antoon Lorentz Papers. Museum Boerhaave, Leyden, and AHQP.
MPG	Max-Planck-Gesellschaft.
NDW	Notgemeinschaft der deutschen Wissenschaft.
Nwn	*Die Naturwissenschaften.*

PA	Max Planck. *Physikalische Abhandlungen und Vorträge.* 3vols. Braunschweig: Vieweg, 1958.
PB	Physikalische Blätter.
PhW	Heinrich Vogel. *Zum philosophischen Wirken Max Plancks. Seine Kritik am Positivismus.* Berlin: Akademie-Verlag, 1961.
PPA	Akademie der Wissenschaften, Berlin. *Max Planck in seinen Akademie-Ansprachen.* Berlin: Akademie-Verlag, 1948.
RF	Rockefeller Foundation Archives, North Tarrytown, New York.
RP	Carl Runge Papers. SPK.
Sb	AW, Berlin. *Sitzungsberichte.*
SPK	Staatsbibliothek Preussischerkulturbesitz, Berlin.
TBL	The Bancroft Library, University of California, Berkeley.
VWPS	*Vierteljahrschrift für wissenschaftliche Philosophie und Soziologie.*
Wege	Max Planck. *Wege zur physikalischen Erkenntnis.* 3rd ed. Leipzig: Hirzel, 1944.
ZPCU	*Zeitschrift für den physikalischen und chemischen Unterricht.*

作者 | J.L. 海耳布朗 John Lewis Heilbron 1934—2023

1934年出生于旧金山，在加州大学伯克利分校相继获得物理学学士（1955）、硕士（1958）学位，以及师从托马斯·库恩获得历史学博士学位（1964）。1990年成为加州大学伯克利分校历史学教授。

他担任学士期刊《物理学史与生物学史研究》的编辑长达25年。

1993年获乔治·萨顿奖。

译者 | 刘兵

北京科技大学科技史与文化遗产研究院教授
清华大学科学史系退休教授
中国科协—清华大学科技传播与普及研究中心主任

出版有《克丽奥眼中的科学》等 16 种专著,《刘兵自选集》等 10 种个人文集,《超导史话》等 6 种科普著作,《近代物理科学与数学科学》(《剑桥科学史》第 5 卷)等 8 种译著,发表学术论文 350 余篇。

普朗克传：正直者的困境

作者 _ [美] J.L. 海耳布朗　著　　译者 _ 刘兵

编辑 _ 邵蕊蕊　　装帧设计 _ 朱镜霖
技术编辑 _ 陈杰　　责任印制 _ 梁拥军　　出品人 _ 李静

鸣谢

曹曼　扈梦秋

果麦
www.goldmye.com

以　微　小　的　力　量　推　动　文　明

图书在版编目（CIP）数据

普朗克传：正直者的困境 / (美) J.L.海耳布朗著；刘兵译. -- 昆明：云南人民出版社，2025.4. -- ISBN 978-7-222-22748-4

Ⅰ. K835.166.11

中国国家版本馆CIP数据核字第2024ZY1358号

John L. Heilbron: Max Planck. Ein Leben für die Wissenschaft 1858–1947
2nd edition
© 2006 S. Hirzel Verlag GmbH,
Maybachstr. 8, D-70469 Stuttgart, Germany All rights reserved.
No part of this book may be translated, reproduced, stored in a retrieval system, or transmitted in any form or by any means, electronic, mechanical, photocopying, microfilming, recording, or otherwise, without written permission from the original copyright holder.

著作权合同登记号：图字：23-2023-099号

责任编辑：李　睿
责任校对：陈　迟
责任印制：李寒东
特约编辑：邵蕊蕊
装帧设计：朱镜霖

普朗克传：正直者的困境
PULANGKE ZHUAN : ZHENGZHIZHE DE KUNJING
〔美〕J.L.海耳布朗　著　　刘兵　译

出版	云南人民出版社
发行	云南人民出版社
社址	昆明市环城西路609号
邮编	650034
网址	www.ynpph.com.cn
E-mail	ynrms@sina.com
开本	880mm×1230mm　1/32
印张	10.25
印数	1—5,000
字数	215千字
版次	2025年4月第1版第1次印刷
印刷	河北鹏润印刷有限公司
书号	ISBN 978-7-222-22748-4
定价	75.00元

如发现印装质量问题，影响阅读，请联系021-64386496调换。

John L. Heilbron
Max Planck. Ein Leben für die Wissenschaft 1858-1947
本书版权经由 S. Hirzel Verlag GmbH 授权获得